Zu diesem Buch

Die hier vorliegende, von Mary Gerold-Tucholsky getroffene Auswahl aus Kurt Tucholskys Schriften und Gedichten folgt dem ersten Taschenbuch-Sammelband «Zwischen Gestern und Morgen» (rororo Nr. 50). Der scharfsinnige Essayist und brillante Stilist gewann als unerschrockener Vorkämpfer des radikalen Sozialismus politische Bedeutung. Tucholsky war Mitarbeiter der «Weltbühne», die er mit dem späteren Friedens-Nobelpreisträger Carl von Ossietzky zu einem der aggressivsten und wirksamsten publizistischen Instrumente der Weimarer Republik machte.

Der am 9. Januar 1890 in Berlin geborene Kurt Tucholsky war einer der bedeutendsten Satiriker und Gesellschaftskritiker im ersten Drittel unseres Jahrhunderts. Nach dem Absturz Deutschlands in die Barbarei, vor dem er prophetisch gewarnt hatte, schied er in Trauer und Zorn über die Unabwendbarkeit des deutschen Schicksals am 21. Dezember 1935 in Hindås / Schweden aus dem Leben.

Von Kurt Tucholsky erschienen außerdem: «Schloß Gripsholm» (rororo Nr. 4; auch als «Literatur für KopfHörer», gelesen von Uwe Friedrichsen), «Rheinsberg» (rororo Nr. 261), «Ein Pyrenäenbuch» (rororo Nr. 474), «Politische Briefe» (rororo Nr. 1183), «Politische Justiz» (rororo Nr. 1336), «Politische Texte» (rororo Nr. 1444), «Schnipsel» (rororo Nr. 1669), «Deutschland, Deutschland über alles» (rororo Nr. 4611), «Briefe aus dem Schweigen 1932–1935» (rororo Nr. 5410), «Literaturkritik» (rororo Nr. 5548), «Die Q-Tagebücher 1934–1935» (rororo Nr. 5604), «Wenn die Igel in der Abendstunde» (rororo Nr. 5658), «Sprache ist eine Waffe» (rororo Nr. 12490), «Deutsches Tempo. Gesammelte Werke Ergänzungsband 1911–1932» (rororo Nr. 12573), «Unser ungelebtes Leben. Briefe an Mary» (rororo Nr. 12752), «Gesammelte Werke» (10 Bde.; rororo Taschenbuch-Kassette), «Ausgewählte Werke» (2 Bde.; Rowohlt 1965), «Briefe an eine Katholikin 1929–1931» (Rowohlt 1970), «Wo kommen die Löcher im Käse her?» (Rowohlt 1981), «Gedichte» (Rowohlt 1983), «Das Kurt Tucholsky-Chanson-Buch» (Rowohlt 1983), «Republik wider Willen. Gesammelte Werke Ergänzungsband 2 1911–1932» (Rowohlt 1989), «Ich kann nicht schreiben, ohne zu lügen. Briefe 1913–1935» (Rowohlt 1989) und das Lesebuch «Wir Negativen» (Rowohlt 1988). In der Reihe «rowohlts monographien» erschien als Band 31 eine Darstellung Kurt Tucholskys mit Selbstzeugnissen und Bilddokumenten von Klaus-Peter Schulz, die eine ausführliche Bibliographie enthält.

Kurt Tucholsky

PANTER, TIGER & CO.

Eine neue Auswahl
aus seinen Schriften und Gedichten
Herausgegeben von
Mary Gerold-Tucholsky

Rowohlt

733.–742. Tausend Februar 1992

Veröffentlicht im Rowohlt Taschenbuch Verlag GmbH,
Hamburg, Dezember 1954
Copyright © 1960 by Rowohlt Taschenbuch Verlag GmbH,
Reinbek bei Hamburg
Aufführungsrechte Rowohlt Theater Verlag, Reinbek bei Hamburg
Umschlaggestaltung Barbara Hanke unter Verwendung einer Illustration
von Karl Gröning jr. und Gisela Pferdmenges
Gesetzt aus der Linotype-Cornelia
Gesamtherstellung Clausen & Bosse, Leck
Printed in Germany
880-ISBN 3 499 10131 9

733.–742. Tausend Februar 1992

Veröffentlicht im Rowohlt Taschenbuch Verlag GmbH,
Hamburg, Dezember 1954
Umschlaggestaltung Barbara Hanke unter Verwendung einer Illustration
von Karl Gröning jr. und Gisela Pferdmenges
Gesetzt aus der Linotype-Cornelia
Gesamtherstellung Clausen & Bosse, Leck
Printed in Germany
880-ISBN 3 499 10131 9

Zu diesem Buch

Die hier vorliegende, von Mary Gerold-Tucholsky getroffene Auswahl aus Kurt Tucholskys Schriften und Gedichten folgt dem ersten Taschenbuch-Sammelband «Zwischen Gestern und Morgen» (rororo Nr. 50). Der scharfsinnige Essayist und brillante Stilist gewann als unerschrockener Vorkämpfer des radikalen Sozialismus politische Bedeutung. Tucholsky war Mitarbeiter der «Weltbühne», die er mit dem späteren Friedens-Nobelpreisträger Carl von Ossietzky zu einem der aggressivsten und wirksamsten publizistischen Instrumente der Weimarer Republik machte.

Der am 9. Januar 1890 in Berlin geborene Kurt Tucholsky war einer der bedeutendsten Satiriker und Gesellschaftskritiker im ersten Drittel unseres Jahrhunderts. Nach dem Absturz Deutschlands in die Barbarei, vor dem er prophetisch gewarnt hatte, schied er in Trauer und Zorn über die Unabwendbarkeit des deutschen Schicksals am 21. Dezember 1935 in Hindås/Schweden aus dem Leben.

Von Kurt Tucholsky erschienen außerdem: «Schloß Gripsholm» (rororo Nr. 4; auch als «Literatur für KopfHörer», gelesen von Uwe Friedrichsen), «Rheinsberg» (rororo Nr. 261), «Ein Pyrenäenbuch» (rororo Nr. 474), «Politische Briefe» (rororo Nr. 1183), «Politische Justiz» (rororo Nr. 1336), «Politische Texte» (rororo Nr. 1444), «Schnipsel» (rororo Nr. 1669), «Deutschland, Deutschland über alles» (rororo Nr. 4611), «Briefe aus dem Schweigen 1932–1935» (rororo Nr. 5410), «Literaturkritik» (rororo Nr. 5548), «Die Q-Tagebücher 1934–1935» (rororo Nr. 5604), «Wenn die Igel in der Abendstunde» (rororo Nr. 5658), «Sprache ist eine Waffe» (rororo Nr. 12490), «Deutsches Tempo. Gesammelte Werke Ergänzungsband 1911–1932» (rororo Nr. 12573), «Unser ungelebtes Leben. Briefe an Mary» (rororo Nr. 12752), «Gesammelte Werke» (10 Bde.; rororo Taschenbuch-Kassette), «Ausgewählte Werke» (2 Bde.; Rowohlt 1965), «Briefe an eine Katholikin 1929–1931» (Rowohlt 1970), «Wo kommen die Löcher im Käse her?» (Rowohlt 1981), «Gedichte» (Rowohlt 1983), «Das Kurt Tucholsky-Chanson-Buch» (Rowohlt 1983), «Republik wider Willen. Gesammelte Werke Ergänzungsband 2 1911–1932» (Rowohlt 1989), «Ich kann nicht schreiben, ohne zu lügen. Briefe 1913–1935» (Rowohlt 1989) und das Lesebuch «Wir Negativen» (Rowohlt 1988). In der Reihe «rowohlts monographien» erschien als Band 31 eine Darstellung Kurt Tucholskys mit Selbstzeugnissen und Bilddokumenten von Klaus-Peter Schulz, die eine ausführliche Bibliographie enthält.

Kurt Tucholsky

PANTER, TIGER & CO.

Eine neue Auswahl
aus seinen Schriften und Gedichten
Herausgegeben von
Mary Gerold-Tucholsky

Rowohlt

Im Grünen fings an und endete blutigrot. Und wenn sich der Verfasser mit offenen Armen in die Zeit gestürzt hat, so sah er nicht, wie der Historiker in hundert Jahren sehen wird, und wollte auch nicht so sehen. Er war den Dingen so nah, daß sie ihn schnitten und er sie schlagen konnte. Und sie rissen ihm die Hände auf, und er blutete, und einige sprachen zu ihm: «Bist du gerecht?» — Und er hob die blutigen Hände — blutig von seinem Blute — und zuckte die Achseln und lächelte. Denn man kann über alles lächeln...

Politische Satire
Ignaz Wrobel (1919)

Wir sind fünf Finger an einer Hand.

Der auf dem Titelblatt und:

Ignaz Wrobel. Peter Panter. Theobald Tiger. Kaspar Hauser.

Aus dem Dunkel sind diese Pseudonyme aufgetaucht, als Spiel gedacht, als Spiel erfunden — das war damals, als meine ersten Arbeiten in der «Weltbühne» standen. Eine kleine Wochenschrift mag nicht viermal denselben Namen in einer Nummer haben, und so erstanden, zum Spaß, diese homunculi. Sie sahen sich gedruckt, noch purzelten sie alle durcheinander; schon setzen sie sich zurecht, wurden sicherer, sehr sicher, kühn — da führten sie ihr eigenes Dasein. Pseudonyme sind wie kleine Menschen; es ist gefährlich, Namen zu erfinden, sich für jemand anders auszugeben, Namen anzulegen — ein Name lebt. Und was als Spielerei begonnen, endete als heitere Schizophrenie.

Ich mag uns gern. Es war schön, sich hinter den Namen zu verkriechen und dann von Siegfried Jacobsohn solche Briefe gezeigt zu bekommen:

«Sehr geehrter Herr! Ich muß Ihnen mitteilen, daß ich Ihr geschätztes Blatt nur wegen der Arbeiten Ignaz Wrobels lese. Das ist ein Mann nach meinem Herzen. Dagegen haben Sie da in Ihrem Redaktionsstab einen offenbar alten Herrn, Peter Panter, der wohl das Gnadenbrot von Ihnen bekommt. Den würde ich an Ihrer Stelle ...»

Und es war auch nützlich, fünfmal vorhanden zu sein — denn wer glaubt in Deutschland einem politischen Schriftsteller Humor? dem Satiriker Ernst? dem Verspielten Kenntnis des Strafgesetzbuches, dem Städteschilderer lustige Verse? Humor diskreditiert.

Wir wollten uns nicht diskreditieren lassen und taten jeder seins. Ich sah mit ihren Augen, und ich sah sie alle fünf: Wrobel, einen essigsauren, bebrillten, blaurasierten Kerl, in der Nähe eines Bukkels und roter Haare; Panter, einen beweglichen, kugelrunden, kleinen Mann; Tiger sang nur Verse, waren keine da, schlief er — und nach dem Kriege schlug noch Kaspar Hauser die Augen auf, sah in die Welt und verstand sie nicht. Eine Fehde zwischen ihnen wäre durchaus möglich. Sie dauert schon siebenunddreißig Jahre.

Woher die Namen stammen –?

Die alliterierenden Geschwister sind Kinder eines juristischen Repetitors aus Berlin. Der amtierte stets vor gesteckt vollen Tischen, und wenn der pinselblonde Mann mit den kurzsichtig blinzelnden Augen und dem schweren Birnenbauch dozierte, dann erfand er für die Kasperlebühne seiner «Fälle» Namen der Paradigmata.

Die Personen, an denen er das Bürgerliche Gesetzbuch und die Pfändungsbeschlüsse und die Strafprozeßordnung demonstrierte, hießen nicht A und B, nicht: Erbe und nicht Erblasser. Sie hießen Benno Büffel und Theobald Tiger; Peter Panter und Isidor Iltis und Leopold Löwe und so durchs ganze Alphabet. Seine Alliterationstiere

8

mordeten und stahlen; sie leisteten Bürgschaft und wurden gepfändet; begingen öffentliche Ruhestörung in Idealkonkurrenz mit Abtreibung und benahmen sich überhaupt recht ungebührlich. Zwei dieser Vorbestraften nahm ich mit nach Hause — und, statt Amtsrichter zu werden, zog ich sie auf.

Wrobel — so hieß unser Rechenbuch; und weil mir der Name Ignaz besonders häßlich erschien, kratzbürstig und ganz und gar abscheulich, beging ich diesen kleinen Akt der Selbstzerstörung und taufte so einen Bezirk meines Wesens.

Kaspar Hauser braucht nicht vorgestellt zu werden.

Das sind sie alle fünf.

Und diese fünf haben nun im Lauf der Jahre in der «Weltbühne» gewohnt und anderswo auch. Es mögen etwa tausend Arbeiten gewesen sein, die ich durchgesehen habe, um diese daraus auszuwählen — und alles ist noch einmal vorbeigezogen... Vor allem der Vater dieser Arbeit: Siegfried Jacobsohn.

•

Fruchtbar kann nur sein, wer befruchtet wird. Liebe trägt Früchte, Frauen befruchten, Reisen, Bücher... in diesem Fall tat es ein kleiner Mann, den ich im Januar 1913 in seinem runden Bücherkäfig aufgesucht habe und der mich seitdem nicht mehr losgelassen hat, bis zu seinem Tode nicht. Vor mir liegen die Mappen seiner Briefe: diese Postkarten, eng bekritzelt vom obern bis zum untern Rand, mit einer winzigen, fetten Schrift, die aussah wie ein persisches Teppichmuster. Ich höre das «Ja —?», mit dem er sich am Telephon zu melden pflegte; mir ist, als klänge die Muschel noch an meinem Ohr... Was war es —?

Es war der fast einzig dastehende Fall, daß dem Gebenden ein Nehmender gegenüberstand, nicht nur ein Druckender. Wir senden unsere Wellen aus — was ankommt, wissen wir nicht, nur selten. Hier kam alles an. Der feinste Aufnahmeapparat, den dieser Mann darstellte, feuerte zu höchster Leistung an — vormachen konnte man ihm nichts. Er merkte alles. Tadelte unerbittlich, aber man lernte etwas dabei. Ganze Sprachlehren wiegt mir das auf, was er «ins Deutsche übersetzen» nannte. Einmal fand er eine Stelle, die er nicht verstand. «Was heißt das? Das ist wolkig!» sagte er. Ich begehrte auf und wußte es viel besser. «Ich wollte sagen...», erwiderte ich — und nun setzte ich ihm genau auseinander, wie es gemeint war. «Das wollte ich sagen», schloß ich. Und er: «Dann sags.» Daran habe ich mich seitdem gehalten. Die fast automatisch arbeitende Kontrolluhr seines Stilgefühls ließ nichts durchgehen — kein zu starkes Interpunktionszeichen, keine wilde Stilistik, keinen Gedankenstrich nach einem Punkt (Todsünde!) — er war immer wach.

Und so waren unsere Beiträge eigentlich alle nur Briefe an ihn, für ihn geschrieben, im Hinblick auf ihn: auf sein Lachen, auf seine Billigung — ihm zur Freude. Er war der Empfänger, für den wir funkten.

Ein Lehrer, kein Vorgesetzter; ein Freund, kein Verlagsangestellter; ein freier Mann, kein Publikumshase. «Sie haben nur ein Recht», pflegte er zu sagen, «mein Blatt nicht zu lesen.» Und so stand er zu uns, so hat er uns geholfen, zu uns selbst verholfen, und wir haben ihn alle lieb gehabt.

Wir beide nannten uns, nach einem revolutionären Stadtkommandanten Berlins, gegenseitig: Kalwunde.

«Kalwunde!» sagtest du, wenn du dreiunddreißig Artikel in der Schublade hattest, «Kalwunde, warum arbeitest du gar nicht mehr —?» Und dann fing ich wieder von vorne an. Und wenn das dicke Couvert mit einem satten Plumps in den Briefkasten fiel, dann hatte der Tag einen Sinn gehabt, und ich stellte mir, in Berlin und in Paris, gleichmäßig stark vor, was du wohl für ein Gesicht machen würdest, wenn die Sendung da wäre. Siehst du, nun habe ich das alles gesammelt . . . Und du kannst es nicht mehr lesen . . . «Mensch!» hättest du gesagt, «ick wer' doch det nich lesen! Ich habe es ja alles ins Deutsche übersetzt —!»

Das hast du.

Und so will ich mich denn mit einem Gruß an dich auf den Weg machen.

Starter, die Fahne —! Ab mit 5 PS.

Kurt Tucholsky (1927)

DEM ANDENKEN SIEGFRIED JACOBSOHNS
gestorben am 3. 12. 1926

Die Welt sieht anders aus. Noch glaub ichs nicht.
  Es kann nicht sein.
Und eine leise, tiefe Stimme spricht:
  «Wir sind allein.»

Tag ohne Kampf — das war kein guter Tag.
  Du hasts gewagt.
Was jeder fühlt, was keiner sagen mag:
  du hasts gesagt.

Ein jeder von uns war dein lieber Gast,
  der Freude macht.
Wir trugen alles zu dir hin. Du hast
  so gern gelacht.

Und nie pathetisch. Davon stand nichts drin
  in all der Zeit.
Du warst Berliner, und du hattest wenig Sinn
  für Feierlichkeit.

Wir gehen, weil wir müssen, deine Bahn.
    Du ruhst im Schlaf.
Nun hast du mir den ersten Schmerz getan.
    Der aber traf.

Du hast ermutigt. Still gepflegt. Gelacht.
    Wenn ich was kann:
Es ist ja alles nur für dich gemacht.
    So nimm es an.

                              Theobald Tiger (1927)

HORCH: SIE LEBEN

Sie dichten, komponieren, schmieren Papier
voll und streiten sich um Richtungen, das
muß sein. Sie sind expressionistisch und su-
pranaturalistisch; sie sitzen neben dicken
Damen auf dem Sofa, kriegen plötzlich lyrische Kalbsaugen und sprechen mit gezier-
tem Mündchen, sie sind feige und lassen sich
verleugnen oder lügen telephonisch; sie diri-
gieren Sinfonien und fangen einen kleinen
Weltkrieg an, und sie haben für alles eine
Terminologie. Welche Aufregung —! Welcher Eifer —! Welcher Trubel —! Horch: sie
leben.

Die Bilderausstellung eines Humoristen
Peter Panter (1927)

Das war in Hamburg, wo jede vernünftige Reiseroute aufzuhören hat, weil es die schönste Stadt Deutschlands ist — und es war vor dem dreiteiligen Spiegel. Der Spiegel stand in einem Hotel, das Hotel stand vor der Alster, der Mann stand vor dem Spiegel. Die Morgen-Uhr zeigte genau fünf Minuten vor einhalb zehn.

Der Mann war nur mit seinem Selbstbewußtsein bekleidet, und es war jenes Stadium eines Ferientages, wo man sich mit geradezu wollüstiger Langsamkeit anzieht, trödelt, Sachen im Zimmer umherschleppt, tausend überflüssige Dinge aus dem Koffer holt, sie wieder hineinpackt, Taschentücher zählt und sich überhaupt benimmt wie ein mittlerer Irrer: es ist ein geschäftiges Nichtstun, und dazu sind ja die Ferien auch da. Der Mann stand vor dem Spiegel.

Männer sind nicht eitel. Frauen sind es. Alle Frauen sind eitel. Dieser Mann stand vor dem Spiegel, weil der dreiteilig war und weil der Mann zu Hause keinen solchen besaß. Nun sah er sich, Antinous mit dem Hängebauch, im dreiteiligen Spiegel und bemühte sich, sein Profil so kritisch anzusehen, wie seine egoistische Verliebtheit das zuließ... eigentlich... und nun richtete er sich ein wenig auf — eigentlich sah er doch sehr gut im Spiegel aus, wie —? Er strich sich mit gekreuzten Armen über die Haut, wie es die tun, die in ein Bad steigen wollen... und bei dieser Betätigung sah sein linkes Auge ganz zufällig durch die dünne Gardine zum Fenster hinaus. Da stand etwas.

Es war eine enge Seitenstraße, und gegenüber, in gleicher Etagenhöhe, stand an einem Fenster eine Frau, eine ältere Frau, schien's, die hatte die drübige Gardine leicht zur Seite gerafft, den Arm hatte sie auf ein kleines Podest gelehnt, und sie stierte, starrte, glotzte, äugte gerade auf des Mannes gespiegelten Bauch. Allmächtiger.

Der erste Impuls hieß den Mann vom Spiegel zurücktreten, in die schützende Weite des Zimmers, gegen Sicht gedeckt. So ein Frauenzimmer. Aber es war doch eine Art Kompliment, das war unleugbar; denn wenn jene auch dergleichen vielleicht immer zu tun pflegte — es war eine Schmeichelei. «An die Schönheit.» Unleugbar war das so. Der Mann wagte sich drei Schritte vor.

Wahrhaftig: da stand sie noch immer und äugte und starrte. Nun — man ist auf der Welt, um Gutes zu tun... und wir können uns doch noch alle Tage sehen lassen — ein erneuter Blick in den Spiegel bestätigte das — heran an den Spiegel, heran ans Fenster!

Nein. Es war *zu* schéhnierlich... der Mann hüpfte davon, wie ein junges Mädchen, eilte ins Badezimmer und rasierte sich mit dem neuen Messer, das glitt sanft über die Haut wie ein nasses Handtuch, es war eine Freude. Abspülen («Scharf nachwaschen?» fragte er sich selbst und bejahte es), scharf nachwaschen, pudern... das dauerte gut und gern seine zehn Minuten. Zurück. Wollen doch spaßeshalber einmal sehen —.

Sie stand wahr und wahrhaftig noch immer da; in genau derselben Stellung wie vorhin stand sie da, die Gardine leicht zur Seite gerafft, den Arm aufgestützt, und sah regungslos herüber. Das war denn doch — also, das wollen wir doch mal sehen.

Der Mann ging nun überhaupt nicht mehr vom Spiegel fort. Er machte sich dort zu schaffen, wie eine Bühnenzofe auf dem Theater: er bürstete sich und legte einen Kamm von der rechten auf die linke Seite des Tischchens; er schnitt sich die Nägel und trocknete sich ausführlich hinter den Ohren, er sah sich prüfend von der Seite an, von vorn und auch sonst... ein schiefer Blick über die Straße: die Frau, die Dame, das Mädchen — sie stand noch immer da.

Der Mann, im Vollgefühl seiner maskulinen Siegerkraft, bewegte sich wie ein Gladiator im Zimmer, er tat so, als sei das Fenster nicht vorhanden, er ignorierte scheinbar ein Publikum, für das er alles tat, was er tat: er schlug ein Rad, und sein ganzer Körper machte fast hörbar: Kikeriki! dann zog er sich, mit leisem Bedauern, an.

Nun war da ein manierlich bekleideter Herr, — die Person stand doch immer noch da! —, er zog die Gardine zurück und öffnete mit leicht vertraulichem Lächeln das Fenster. Und sah hinüber.

Die Frau war gar keine Frau.

Die Frau, vor der er eine halbe Stunde lang seine männliche Nacktheit produziert hatte, war — ein Holzgestell mit einem Mantel darüber, eine Zimmerpalme und ein dunkler Stuhl. So wie man im nächtlichen Wald aus Laubwerk und Ästen Gesichter komponiert, so hatte er eine Zuschauerin gesehen, wo nichts gewesen war als Holz, Stoff und eine Zimmerpalme.

Leicht begossen schloß der Herr Mann das Fenster. Frauen sind eitel. Männer —? Männer sind es nie.

Peter Panter (1928)

IN DER HOTELHALLE

«Ein Blick — und die Neese sitzt hinten.»

Wir saßen in der Halle des großen Hotels, in einer jener Hallen, in denen es immer aussieht wie im Film — anders tuts der Film nicht. Es war fünf Minuten vor halb sechs; mein Partner war Nervenarzt, seine Sprechstunde war vorüber, und wir tranken einen dünnen Tee. Er war so teuer, daß man schon sagen durfte: wir nahmen den Tee.

«Sehen sie», sagte er, «es ist nichts als Übung. Da kommen und gehen sie — Männer, Frauen, Deutsche und Ausländer, Gäste, Besucher... und niemand kennt sie. Ich kenne sie. Ein Blick — Hübsch, wenn man sich ein bißchen mit Psychologie abgegeben hat. Ich blättere in den Leuten wie in aufgeschlagenen Büchern.»

«Was lesen Sie?» fragte ich ihn.

«Ganz interessante Kapitelchen.» Er blickte mit zugekniffenen Augen umher. «Keine Rätsel hier — ich kenne sie alle. Fragen Sie mich bitte.»

«Nun . . . zum Beispiel: was ist der da?»

«Welcher?»

«Der alte Herr . . . mit dem Backenbart . . . nein, der nicht . . . ja, der . . .»

«Der?» Er besann sich keinen Augenblick.

«Das ist . . . der Mann hat, wie Sie sehen, eine fulminante Ähnlichkeit mit dem alten Kaiser Franz Joseph. Man könnte geradezu sagen, daß er ein getreues Abbild des Kaisers sei — er sieht aus . . . er sieht aus wie ein alter Geldbriefträger, den die Leute für gütig halten, weil er ihnen die Postanweisungen bringt. Seine Haltung — seine Allüren . . . ich halte den Mann für einen ehemaligen Hofbeamten aus Wien — einen sehr hohen sogar. Der Zusammenbruch der Habsburger ist ihm sehr nahe gegangen, sehr nahe sogar. Ja. Aber sehen Sie doch nur, wie er mit dem Kellner spricht: das ist ein Aristokrat. Unverkennbar. Ein Aristokrat. Sehen Sie — in dem Mann ist der Ballplatz; Wien; die ganze alte Kultur Österreichs; die Hohe Schule, die sie da geritten haben — tu, Felix, Austria . . . Es ist sicher ein Exzellenzherr — irgendein ganz hohes Tier. So ist das.»

«Verblüffend. Wirklich — verblüffend. Woher kennen Sie das nur?»

Er lächelte zu geschmeichelt, um wirklich geschmeichelt zu sein; wie eitel mußte dieser Mensch sein! — «wie ich Ihnen sage: es ist Übung. Ich habe mir das in meinen Sprechstunden angeeignet — ich bin kein Sherlock Holmes, gewiß nicht. Ich bin ein Nervenarzt, wie andere auch — nur eben mit einem Blick. Mit dem Blick.» Er rauchte befriedigt.

«Und die Dame da hinten? Die da am Tisch sitzt und auf jemand zu warten scheint — sehen Sie, sie sieht immer nach der Tür . . .»

«Die? Lieber Freund, Sie irren sich. Die Dame wartet nicht. Sie erwartet wenigstens hier keinen. Sie wartet . . . ja, sie wartet schon. Auf das Wunderbare wartet sie. Lassen Sie . . . einen Moment . . .»

Er zog ein Monokel aus der Westentasche, klemmte es sich ein, das Monokel fühlte sich nicht wohl, und er rückte es zurecht.

«Das ist . . . Also das ist eine der wenigen großen Kokotten, die es noch auf dieser armen Welt gibt. Sie wissen ja, daß die Kokotten aussterben wie das Wort. Die bürgerliche Konkurrenz . . . Ja, was ich sagen wollte: eine Königin der käuflichen Lust. Minder pathetisch: eine Dame von großer, aber wirklich großer Halbwelt. Donner . . . Donnerwetter . . . haben Sie diese Handbewegung gesehen? Die frißt Männer. Sie frißt sie. Das ist eine . . . Und in den Augen — sehen Sie nur genau ihre Augen an . . . sehen Sie sie genau an . . . in den Augen ist ein Trauerkomplex, ein ganzer Garten voller Trauerweiden. Diese Frau sehnt sich: nach so vielen Erfüllungen, die keine gewesen sind, sehnt sie sich. Daran gibt es keinen Zweifel. Fraglich, ob sie jemals das finden wird, was sie sucht. Es ist sehr schwierig, was sie haben will — sehr schwierig. Die Frau hat alles gehabt, in ihrem Leben — alles. Und nun will sie mehr. Das ist nicht leicht. Dieses verschleierte Moll! Kann sein, daß sich ein Mann ihretwegen umgebracht hat — es kann sein — das kann ich nun nicht ge-

nau sagen. Ich bin nicht allwissend; ich bin nur ein Arzt der Seele ...
Ich möchte diese Frau geliebt haben. Verstehen Sie mich — nicht
lieben! Geliebt haben. Es ist gefährlich, diese Frau zu lieben. Sehr
gefährlich. Ja.»

«Doktor ... Sie sind ein Cagliostro ... Ihre Patienten haben
nichts zu lachen.»

«Mir macht man nichts vor», sagte er. «Mir nicht. Was wollen Sie
noch wissen? Weil wir gerade einmal dabei sind ...»

«Der da! Ja, der Dicke, der jetzt aufsteht — er geht — nein, er
kommt wieder. Der mit dem etwas rötlichen Gesicht. Was mag das
sein?»

«Na, was glauben Sie?»

«Tja ... hm ... heute sieht doch einer aus wie der andere ...
vielleicht ...»

«Einer sieht aus wie der andere? Sie können eben nicht *sehen* —
sehen können ist alles. Das ist doch ganz einfach.»

«Also?»

«Der Mann ist Weinhändler. Entweder der Chef selbst oder der
Prokurist einer großen Weinfirma. Ein energischer, gebildeter Mann;
ein willensstarker Mann — ein Mann, der selten lacht und trotz des
Weines nicht viel von Humor hält. Ein ernster Mann. Ein Mann des
Geschäftslebens. Unerbittlich. Haßt große Ansammlungen von Men-
schen. Ein Mann des Ernstes. Das ist er.»

«Und die da? Diese kleine, etwas gewöhnlich aussehende Mada-
me?»

«Panter, wie können Sie so etwas sagen! Das ist — (Monokel) das
ist eine brave, ordentliche Bürgersfrau aus der Provinz ... (Monokel
wieder in den Stall) — eine brave Frau, Mutter von mindestens vier
Kindern, aufgewachsen in den Ehrbegriffen der kleinbürgerlichen
Familien — geht jeden Sonntag in die Kirche — kocht für ihren
Mann, flickt ihren Bälgern die Hosen und Kleidchen — es ist alles in
Ordnung. Die übet Treu und Redlichkeit und weichet keinen Fin-
ger breit ... die nicht.»

«Und der da, Doktor?»

«Sehen Sie — *das* ist der typische Geldmann unserer Zeit. Da
haben Sie ihn ganz. Ich könnte Ihnen seine Lebensgeschichte erzählen — so klar liegt die Seele dieses Menschen vor mir. Ein Raffer.
Ein harter Nehmer in Schlägen. Der läßt sich nicht unterkriegen.
Gibt seine Zeit nicht mit Klimperkram ab; liest keine Bücher; kümmert sich der Teufel um etwas anderes als um sein Geschäft. Da
haben Sie den amerikanisierten Europäer. Mit den Weibern — Him-
melkreuz! — Es ist sechs ... Seien Sie nicht böse — aber ich habe
noch eine dringende Verabredung. Ich muß mir gleich einen Wagen
nehmen. Zahlen! — Die Rechnung ... verbesserte er sich. Der Kellner kam, nahm und ging. Der Doktor stand auf.

«Was bin ich schuldig?» fragte ich aus Scherz.

«Unbezahlbar — unbezahlbar. Alles Gute! Also ... auf bald!»
Weg war er.

17

Und da ergriff mich die Neugier, da ergriff sie mich. Noch saßen alle analysierten Opfer da — alle. Ich schlängelte mich an den Hotelportier heran, der von seinem Stand aus die Halle gut übersehen konnte. Und ich sprach mit ihm. Und ließ etwas in seine Hand gleiten. Und fragte. Und er antwortete. Und ich lauschte:

Der österreichische Höfling war ein Nähmaschinenhändler aus Gleiwitz. Die große Hure mit dem Trauerkomplex eine Mrs. Bimstein aus Chikago — nun war auch ihr Mann zu ihr an den Tisch getreten, unverkennbar Herr Bimstein. Der Prokurist der großen Weinfirma war der Clown Grock. Die pummlige Mama war die Besitzerin eines gastlichen Etablissements in Marseille; der freche Geldmann war ein Dichter der allerjüngsten Schule —

Und nur der Psychologe war ein Psychologe.

Peter Panter (1930)

DER LÖW' IST LOS —!

Am sechsten Juli dieses Jahres beschloß der Löwe Franz Wüstenkönig aus dem großen Raubtierhaus des Berliner Zoologischen Gartens, fürder nicht mehr mitzumachen. Er brach aus.

Das machte er so, daß er, gelegentlich der Reinigung seines Käfigs durch den Oberwärter Pfleiderer in den Nebenkäfig gescheucht, das Schließen der Verbindungstür durch Dazwischenklemmen seines Schweifendes geschickt verhinderte, die Reinigung abwartete, sich dann mit Gebrüll Nr. 3 auf den ahnungslosen Pfleiderer stürzte, diesen über den Haufen rannte und durch die offenstehende Käfigtür das Weite suchte und fand.

Der Löw' ist los —!

Dieser Schreckensruf verbreitete sich, einem Lauffeuer gleich, in den Wandelgängen unseres geliebten Zoologischen Gartens. Die Aufregung der Besucher war unbeschreiblich. Viele ließen in der Eile ihr Bier stehen, ohne zu zahlen, und noch lange nach diesen Ereignissen sah man an den Restaurants des Zoo die Kette der ehrlichen Berliner anstehen, die ihre schuldige Zeche begleichen wollten. Kinderwagen fielen um und ergossen ihren schreienden Inhalt auf die Wege, ältere Damen, die sonst nur mühsam einherschlurchten, liefen plötzlich, daß es eine Freude war — die Lästerallee war wie leergefegt, und nur ängstliche Kellner saßen hoch oben in den Zweigen der Bäume, und ihre schwarzen Fräcke hingen hernieder wie die Schwänze fremdartiger Zaubervögel. Der Löw' ist los —!

Hastig stürzten die aufgeschreckten Menschen auf die Straßen, und ohrenbetäubend verkündete auch dort ihr Geschrei: «Der Löw' ist los! Und seinen Apostroph hat er auch mitgenommen —!»

Die Wirkung war furchtbar.

Wüstenkönig war noch damit beschäftigt, gedankenvoll und langsam in der leeren Waldschänke die dort aufgehängten kleinen Würstchen zu verzehren — da standen draußen schon ganze Stra-

18

ßenzüge auf dem Kopf. Die gewöhnlichen Leute stürzten, haste was kannste, über Rinnsteine, Hunde, Babys, Aktentaschen und dicke Damen, die nicht weiter konnten. Die minder gut gestellten Schichten der Bevölkerung machten sich die Situation rasch zunutze — sie kauften die an die Bordschwellen gespülten Strandgüter der Fliehenden à la baisse und eröffneten damit an den Ecken einen schwunghaften Handel. Die oberen Schichten hingegen bewahrten auch hier ihre überlegene Ruhe, sobald sie erst einmal im Auto saßen — umsichtig und ernst sorgten sie dafür, daß sich keiner an die Wagen hängte. Die Droschkenkutscher schlugen augenblicks um das Achtzehnfache auf — zum erstenmal in Berlin, ohne den Polizeipräsidenten um Erlaubnis zu fragen. Es war ein Höllenlärm. In der Mitte stand, starr und stolz, ein Polizeiwachtmeister, turnte ägyptisch und regelte den Verkehr, und der Verkehr blieb stehen und sah zu, wie er geregelt wurde, und war sehr stolz. Es ging zu wie in einer getauften Judenschule.

Der Löwe Wüstenkönig war inzwischen mit den Würsten fertig geworden. Er brüllte nach dem Kellner — keiner kam. Unwillig mit dem Schweif den kleinen Alltagsreif schlagend, begab sich Wüstenkönig ins Freie. Das majestätische Tier schritt würdevoll dem Ausgang nach dem Kurfürstendamm zu.

Berlin war aufgestört wie ein Ameisenhaufen. Alle Telephone klingelten mit einem Male schrill auf — aber es meldeten sich nur die falschen Verbindungen. Die einzigen, die den Kopf nicht verloren, waren die Damen vom Amt, sie verrichteten kaltblütig ihren Dienst in gewohnter Weise weiter, und so bekam niemand Anschluß. In den Redaktionen der großen Zeitungen drängten sich die Reporter. «Wie soll das jetzt noch in die Abendausgabe?» jammerte Redakteur Ausgerechnet. «Konnte dieser verdammte Löwe nicht eine halbe Stunde früher ausbrechen?» — «Dann machen wir eben eine Extraausgabe!» sagte der Verleger Mülvoss. Und: «Extraausgabe! Extraausgabe!» hallte es durch das Haus. Und die Setzer klapperten mit den Winkelhaken, und die schweren Rotationspressen setzten sich rasch in Bewegung . . .

Die Börse nahm die Nachricht vom Ausbruch des Löwen verhältnismäßig gefaßt auf. (Haben Sie schon mal eine Nachricht gesehen, die die Börse nicht gefaßt aufgenommen hätte?) Montanwerte fester, Gerste leicht angezogen, Brauereien flau, Jakob Goldschmidt immer oben auf. Herbert Guttmann repartiert. Häute fest.

Im Reichswehrministerium tagte gerade eine Unterkommission des Untersuchungsausschusses zur Nachprüfung seiner eigenen Unentbehrlichkeit, als die Schreckensnachricht eintraf. Das Frühstück, Verzeihung, die Sitzung, wurde sofort abgebrochen. Zwei Generalstabsoffiziere arbeiteten hopphopp mit ihren Referenten einen Feldzugsplan für die Bekämpfung des Löwen aus und forderten dazu an:

  2 Armeekorps,
  1 Pressestelle,

24 außeretatmäßige Stabsoffizierstellen,
1 Stück Kanone,
1 Land-Panzerkreuzer.

Der Löwe Wüstenkönig schritt inzwischen, immer majestätisch, wie es ihn seine liebe Mutter gelehrt hatte, durch die Kurfürstenstraße zum Lützowplatz. Menschenleer lagen Straßen und Plätze. Da stand ein großes Löwendenkmal. Mißmutig schnupperte der Löwe. Dann hob er — da rührte sich etwas. Was war das? Nichts. Der Löwe ließ seinen Gefühlen freien Lauf.

Ging und lief dann in langen Sätzen die Lützowstraße entlang durch die Potsdamer Straße und stürmte vor ein großes Warenhaus.

Er war Gourmand, der Löwe Franz Wüstenkönig. Er wollte so eine nette, kleine, pruzlige Verkäuferin zum Frühstück essen — so eine frische, junge... Herrgottnichtnochmal! Das Wasser lief ihm in Appetitschnüren zum Maule heraus und hing in langen Fäden an seinem Bart... Schnurrend legte er sich und wartete.

Die Behörden hatten inzwischen fieberhaft gearbeitet. In aller Eile, so gut das eben in der Geschwindigkeit ging, hatte man eine Reichslöwenabwehrabteilung mit einem Sonderressort für bayrische Löwen begründet, und es handelte sich nur noch darum, ob die Abteilung das ganze Rathaus oder das Hotel Adlon beziehen sollte —

Die Deutsche Volkspartei war wie stets auf dem Posten. Schon nach einer halben Stunde klebten an allen Säulen und Bäumen knallblaue Plakate:

«MITBÜRGER
DER LÖW' IST LOS!
WER IST DARAN SCHULD?
DIE JUDEN!
WÄHLT DIE DEUTSCHE VOLKSPARTEI!»

Das Leben in der Stadt war völlig umgekrempelt. Niemand wagte sich mehr aus dem Hause. Aus allen Stadtteilen wurden Löwen gemeldet — im ganzen zweiundsechzig. Acht große Hunde wurden erschossen, erst an den Hundemarken erkannte man den kleinen Irrtum. Bei Königs ließ die Köchin Babett das Teeservice mit dem gesamten Gedeck fallen, weil ihr der junge Herr von hinten einen Kuß aufgedrückt hatte. Mit dem Ausruf: «Jessas! der Löwe!» brach das brave Mädchen zusammen.

Die Berliner Theaterdirektoren Bindelbands suchten verzweifelt den Löwen. Sie wollten ihn für den Shawschen «Androklus» engagieren. Sie fuhren von Straße zu Straße — kein Löwe. Feuerwehrautos klingelten durch die Gegend — kein Löwe. Der Löwe war fottefliegt.

Der Löwe war gar nicht fort. Er war, des Wartens müde, aufgestanden, schlenderte nun durch die Straßen, erblickte einen Wagen mit Kirschen und warf ihn, durch den hohen Preis erschreckt, um — und dann war er weiter und weiter gegangen.

Also das war Berlin! Dieser traurige Haufe von Steinkästen und schnurgeraden Straßen, die alle ein bißchen unsauber aussahen — das war das Weltdorf Berlin! Der Löwe schüttelte das Haupt. Da hatten ihm die Spatzen im Käfig wer weiß was erzählt — und wenn abends vor der Fütterung aus dem Raubtierhaus, ja aus dem ganzen Zoo ein Schrei aufstieg: «Swoboda!» (Russisch ist nämlich das Volapük der Tiere, und dies heißt so viel wie Freiheit!) — dann meinten alle, die ja zum großen Teil ihre natürliche Heimat nie gesehen hatten, gar nicht Afrika oder die Kordilleren oder Indien — der Schrei hieß: Berlin! — Einmal auf der Rutschbahn im Lunapark fahren, war die Sehnsucht der Krokodile; einmal zum Rennen nach Ruhleben, danach lechzten die Aasgeier; einmal sich in der Bar wälzen können, träumten die wilden Schweine. Abend für Abend. Und das hier war Berlin? Das war es?

Wüstenkönig schüttelte nochmals das Haupt.

Und da rückte es heran. Die Feuerwehr von der einen Seite und die Gebirgs-Marine der Reichswehr von der anderen, Kino-Operateure und Leute, die bei allen Premieren dabei sein müssen, Journalisten, Damen der ersten besten Gesellschaft und die Bindelbands ... Da rückte es heran.

Und das Erstaunliche geschah, daß sich der Löwe Franz Wüstenkönig, der Beherrscher der Tiere, die Majestät der Fauna pp., ruhig abführen ließ — in seinen Käfig zurück, in das große Raubtierhaus des Zoologischen Gartens.

Und als die Tür hinter ihm zugeklappt war und ihn der Oberwärter Pfleiderer vorwurfsvoll angeschnupft hatte, und als sich der ganze Schwarm verlaufen, da senkte der enttäuschte Löwe den Schweif, den er bis dahin glorios nach oben getragen hatte, streckte sich still der Länge lang hin und sagte mit Wärme und Überzeugung: «Nie wieder —!»

Peter Panter (1920)

WIE SIEHT DER ERFINDER DES REISS-VERSCHLUSSES AUS?

Den Erfinder des Reißverschlusses denke ich mir als einen älteren, teils vergnügten, teils mürrischen Mann: vergnügt, wenn seine Frau verreist ist, mürrisch in allen andern Lebenslagen. Er hat schütteres, weißes Haar, obgleich er noch gar nicht so alt ist; ein leicht lahmes Bein, das er unmerklich nachzieht, eine bedächtige Brille, niedrige Klappkragen, wie sie sein Großvater noch getragen hat. Er ist Deutsch-Amerikaner und heißt mit Vornamen Sam.

Eines Nachts kann dieser Sam nicht schlafen. Es ist eine mürrische Nacht, denn die Frau Sams liegt neben ihm und sieht aus wie ein älteres, etwas fettgewordenes Girl, kein sehr erfreulicher Anblick. Sam freut sich auch nicht — er liegt durchaus auf die andere Seite gedreht und denkt nach. Worüber denkt er wohl nach —?

Keineswegs an die Erfindung eines Reißverschlusses. Sam ist weder Ingenieur noch Techniker, sondern Buchhalter in einer Expedition für Blumensamen. Aber in seinen Mußestunden bastelt er an allem, dessen er habhaft werden kann, zum großen Ärger des fetten Girls: an den Uhren, am Rundfunk, am Auto, an den Fensterläden und an den geheiligten Vorrichtungen des Badezimmers. Zurzeit hat er es mit der Handtasche seiner Frau. Irgend etwas gefällt ihm nicht an dieser Tasche.

Nun macht das Girl, das fette, eine lasche Bewegung im Halbschlaf... «Leo», flüsterte sie — denn dies ist ihr erster Mann gewesen. Sam zieht die Nase kraus — er liebt Leo nicht, denn Leo ist ein erfolgreicher Reisender in Essig, trägt so hohe Kragen und hat eine Frau, die aus dem Norden ist und auch so spricht... Ja, also die Handtasche hat einen Bügel, und dieser Bügel behagt Herrn Sam nicht mitnichten. Das fällt ihm jetzt ein. Wenn man... und er versinkt in Grübeln...

Mit einem Schrei fährt das Girl auf. «Sam!» — Kein Sam. «Es sind Einbrecher ——!» In der Küche rumort es, in der Wohnung rumort es. Das Girl stirbt vor Schreck, kommt wieder zu sich, stirbt noch einmal und steckt dann den süß ondulierten Kopf unter die zu diesem Zweck angebrachte Bettdecke. Da steht Sam vor ihr. «Was schreist du so?» grollt er dumpf. Seine Augen leuchten, er ist vergnügt-mürrisch. «Sam! Es sind Einbrecher — hast du ——?» — «Ich habe es gefunden», sagt Sam. «Was hast du gefunden?» sagt das Girl. «Das mit dem Bügel», sagt Sam. «Jetzt in der Nacht?» sagt das Girl. «Jetzt in der Nacht», sagt Sam. Und klettert ins Bett und hört nicht und sieht nicht, und seine alten, gelben Hände machen so sonderbare Bewegungen auf der Decke, daß das Girl nur den Kopf schütteln kann und an Leo denkt, den es glücklich los ist, und an ein ganz anderes Leben, das es hätte führen können, mit einem Douglas Fairbanks für den Vormittag und einem Valentino für den Nachmittag, und weil Valentino nun tot ist, und Leo noch lebt, muß das Girl leise weinen, ganz leise. Sam lächelt.

Am nächsten Tag, einem Sonnabend, sitzt Sam von Mittag an bis zum nächsten Sonntag abend an seinem kleinen Basteltisch und klopft und hämmert und zwickt mit Zangen, und dann geht er ins Gartenhäuschen und schlägt auf dem winzigen Amboß herum und läßt den Schweiß-Apparat aufzischen und ist sehr tätig. Am Montag steht er vor dem Direktor eines großen Konsortiums, der bei Sam, seinen Blumensamen kauft.

«Hier wird gezogen», sagt Sam; «sehen Sie: so — und hier: so —.» Der Direktor sagt nichts; seine Hände machen eine Bewegung, die an das Auf- und Zuklappen der Flügel eines großen Raubvogels erinnern. «Zeigen Sie mal —», sagt er langsam. Und nimmt das kleine, mit Metallzwecken besetzte Lederring, das Sam ihm hinhält, in die Hand. Und zieht. Es ist ganz still in dem kleinen Raum. «Das ist —», sagt der Direktor, faßt sich aber sofort; «das ist — ehm — das ist nicht unbrauchbar; nicht ganz unbrauchbar. Wieviel wollen Sie dafür?» Zahlen schwirren. «Haben Sie eine Beschreibung?» sagt der

Direktor. Nein, die hat Sam nicht. Der Direktor klingelt. Ein minder fettes Girl erscheint; Sam soll diktieren. Er kann nicht diktieren. Der Direktor hilft. Es kommt eine ziemlich zusammengestoppelte Erklärung zustande. Der Direktor ist zufrieden. Sam, der plötzlich einen engbeschriebenen Scheck vor seinen Augen auf- und abtanzen sieht, hat eine Vision. Das minder fette Girl verhilft ihm zu dieser Vision. Sam akzeptiert den Vorschlag des Direktors. Sam, du Ochse.

Kaum ist Sam heraus, so stürzt der Direktor mit ein paar Bogen Papier und dem Ledersäckchen aufs Patentamt...

In der Generalversammlung kriegen sie heiße Köpfe. Das ist... so etwas hat man noch nie... das da ist keiner der ausgekochten Jungen, der nicht sofort wittert, was das ist. Über den korrekt sitzenden Schlipsen bewegen sich die harten amerikanischen Köpfe rasch hin und her. Hier ist die Chance, die große Chance. Und als sie gerade alle auseinandergehen wollen, mit dem festen und sicheren Bewußtsein, die große Gelegenheit ihres Lebens endlich erreicht zu haben und sie — das walte Gott! — richtig auszunutzen: da stellt der Jüngste der Gesellschaft eine Frage. Es ist nur eine kurze Frage — aber es wird ganz still in dem kleinen Saal. «Wie kommt das denn eigentlich zustande?» fragt er.

Die Gespräche sind wie abgehackt. Ja — wie wird es denn eigentlich gemacht —? Nun reden alle mit einem Male. Alle wollen es wissen — niemand weiß es. Hastige Hände blättern in der Beschreibung, die der alte Sam diktiert hat, und die, sauber vervielfältigt, vor jedem auf dem Tisch liegt. Aber da steht nur, wie man den Reißverschluß handhaben muß — aber da steht nicht, warum der Reißverschluß funktioniert, warum, warum... Mit einer energischen Geste hakt der Direktor das kleine Tischtelephon ab und sagt eine Nummer in den Apparat.

«Nicht zu Hause», sagt der Direktor. «Was heißt das — nicht zu Hause? Er soll sofort — Verzeihung, gnädige Frau — aber Ihr Mann ist... wie? Er hat Ihnen nichts davon gesagt? Das ist sehr merkwürdig? Er ist auch schon mittags nicht zu Hause gewesen? — ganz gegen seine Gewohnheit nicht zu Hause ——?» Alle sehen sich betroffen an. Und nun erklären wieder alle mit einem Male, warum ein Reißverschluß, die Hoffnung ihres Lebens, funktioniert, funktionieren muß — aber sie wissen es nicht, niemand weiß es. Wo ist der Erfinder des Reißverschlusses —?

Der Erfinder des Reißverschlusses hat den Scheck zu Geld gemacht. Der Erfinder des Reißverschlusses ist mit einem schlanken, mit einem blonden, mit einem himmlisch gepuderten, mit einem grazilen Girl davongemacht — nach Paris. Denn so steht es in den Büchern; denn so ist das im Film. Sam hat eine Brieftasche mit Dollars; das Girl hat ein Herz (und den Rest) aus Zelluloid. Nun schwimmen sie über den Ozean, und nun sind sie in Paris.

Inzwischen kommen drüben die ersten Taschen mit Reißverschluß heraus, und es gibt eine Sensation. Alle Welt will einen Reißverschluß haben: die Tabaksbeutel und die Handtaschen der Damen und die kleinen Koffer und die Ministerportefeuilles — und es ist nur

schade, daß man nicht alle Damenkleider mit Reißverschluß...
und die Konkurrenz der Branche sieht mit einem nassen Auge das
kleine, eingepreßte Zeichen im Metall an, das da anzeigt, wie gut
dieser verteufelte, kleine Trick geschützt ist... «Never mind!» Man
muß die nächste Chance abwarten. Diese ist dahin.

Und kein Mensch weiß, wie es «gemacht» wird. Kein Mensch
kann sich erklären, warum, warum der Reißverschluß funktioniert.
Niemand weiß es. Die Fabrikanten können ihn herstellen, aber sie
wissen eigentlich auch nicht ganz genau, *was* sie da fabrizieren. Ich
weiß es nicht. Du weißt es nicht. Wir wissen es alle nicht.

Und der einzige Mensch, der es weiß, sitzt, während du dies liest,
in Paris an der Ecke des Boulevards des Italiens und der Rue Helder
und verkauft Zeitungen. Er hat keinen Sou mehr, der arme Sam; das
Zelluloid-Girl ist ihm davongelaufen, mit einem anderen Sam, der
George heißt, die Brieftasche ist leer, die Dollars sind fortgeflogen
— und übriggeblieben ist ein armer, alter Mann, der nachts, wenn
er in das kleine Schlafhotel am Boulevard Sébastopol kriecht, wo er
in einem stickigen Zimmer mit acht Markthelfern schläft, nur eine
einzige, süße, kleine Schadenfreude im Herzen trägt.

Er weiß, warum der scheinbar so einfache, welterobernde Reißverschluß funktioniert. Und er sagts keinem.

Peter Panter (1928)

DER SCHIEFE HUT

Einmal — das war in den Ferien und ist noch gar nicht lange her —,
da wohnte ich in einer Pension bei Luzern und sah auf den grauen
See. Es war ein trübes Wetter, und ich dachte: I, dachte ich, das
Pferderennen da unten wird auch nicht sehr lustig ausfallen. Vielleicht war es gar kein Pferderennen — es kann auch ein Wettsprin-
gen gewesen sein. Ich weiß nicht viel von diesen Dingen; wenn man
mich reiten gesehen hat, dann versteht man, was das ist: Pazifismus.
Wo beim Pferd der Kopf ist, da ist vorn... mehr weiß ich nicht, und
so werde ich nie einen jener hochfeinen Gesellschaftsromane schreiben, bei denen der kleine Angestellte vergessen soll und vergißt,
wohin er gehört. Klassenkampf? Hängt doch den Leuten einen ge-
liehnen Frack auf die Hintertreppe, dann werden sie den Klassenkampf schon vergessen. Ja, also Luzern.

Da saß ich und sah, wie sich der kleine Saal allmählich mit den
Gästen füllte, die hier ihr Abendbrot essen wollten. Da war Frau
Otto aus Magdeburg, die sah aus wie die protestantische Moral. Die
Moral hatte eine Tochter... wenn man sich schon von der Mutter
schwer vorstellen konnte, wie sie zu einer Tochter gekommen war,
so konnte man sich von der Tochter gar nichts vorstellen, und man
wollte das auch nicht. Dann war da der Direktor Zuegli, aus irgendeinem schweizer Ort, der der Aussprache nach im Kehlkopf liegen
mußte; dann eine fromme Dame aus Genf, die so fein war, daß sie

kaum mit sich selbst verkehrte; dann ein alter österreichischer Adliger, der aussah wie Kaiser Franz Joseph und das Personal ebenso unfreundlich behandelte, wie jener es wahrscheinlich getan hat ... da kam Frau Steiner.

Frau Steiner war aus Frankfurt am Main, nicht mehr so furchtbar jung, ganz allein und schwarzhaarig; sie trug Abend für Abend ein andres Kleid und saß still an ihrem Tisch und las feingebildete Bücher. Ich will sie ganz kurz beschreiben: sie gehörte zum Publikum Stefan Zweigs. Alles gesagt? Alles gesagt.

Und da kam nun Frau Steiner, und ich erkannte sie gar nicht wieder.

Ihre vornehmen frankfurter Augen blitzten, eine leise Röte, die nicht von Coty stammte, lag auf ihren Wangen, und ihr Hut ... Der Hut saß um eine Spur, um eine winzige Nuance, um ein Milligramm zu schief. Er saß da oben, so: «Hoppla! Wir sind noch gar nicht so alt! Wenn wir auch eine erwachsene Tochter haben! Das Leben ist doch goldisch!» Was war da geschehen?

Frau Steiner war auf dem Pferderennen gewesen. Sie sagte das zu ihrer Nachbarin, der Frau Otto aus Magdeburg. Und sie erzählte, wie reizend es dort gewesen sei, und wie hübsch die Pferdchen gesprungen seien, und wie nett die Gesellschaft ... Aber das dachte sie nicht, während sie erzählte. Ihr Hut sagte, was sie dachte.

Der schiefe Hut sagte:

«Wir haben junge Männer gesehn! Sie haben so stramm zu Pferde gesessen, die Schenkel an den Sattel gepreßt, stramm und locker zugleich. Wir haben uns jung gefühlt — oh, so jung! Das ist doch erlaubt! Wir haben uns gedacht: jeden von diesen jungen Männern könnten wir glücklich machen! Wenn es drauf ankäme! Es ist aber nicht drauf angekommen. Wir haben uns wunderbar unterhalten: im Hellen mit den Leuten auf der Tribüne, und im Dunkeln mit den Reitern. Die schönen Pferde — haben wir gesagt. Gedacht haben wir nichts, aber gefühlt haben wir. Es war wie Sekt.»

Das sprach der Hut. Die Frau hatte sich keineswegs lächerlich gemacht, es war eben nur die winzige Kleinigkeit, um die der Hut zu schief saß. Denn ein junger Mensch darf sich unbesorgt verliebt geben — ein alter Mensch aber muß sehr vorsichtig damit sein, für den Fall, daß es einer sieht. So sind auch unsre Mamas manchmal nach Hause gekommen, von einem Ball oder einem Tee, mit glänzenden Augen, und wir haben uns gewundert, wie verändert sie waren, und was sie wohl hätten.

Es war Licht, das in einen Tunnel gefallen war. Geblendet schloß die Getroffene die Augen und dachte einen Augenblick an ein Leben, das sie zu führen wohl legitimiert sei und das sie nie geführt hatte.

Peter Panter (1930)

«Es ist ein fremder Hauch auf mir? Was soll das heißen – es ist ein
fremder Hauch auf mir? Auf mir ist kein fremder Hauch. Gib mal
'n Kuß auf Lottchen. In den ganzen vier Wochen, wo du in der
Schweiz gewesen bist, hat mir keiner einen Kuß gegeben. Hier war
nichts. Nein – hier war wirklich nichts! Was hast du gleich gemerkt?
Du hast gar nichts gleich gemerkt... ach, Daddy! Ich bin dir so
treu wie du mir. Nein, das heißt... also ich bin dir wirklich treu!
Du verliebst dich ja schon in jeden Refrain, wenn ein Frauenname
drin vorkommt... ich bin dir treu... Gott sei Dank! Hier war
nichts.

... Nur ein paarmal im Theater. Nein, billige Plätze – na, das
eine Mal in der Loge... Woher weißt du denn das? Was? Wie?
Wer hat dir das erzählt? Na ja, das waren Plätze... durch Bezie-
hungen... Natürlich war ich da mit einem Mann. Na, soll ich vielleicht mit einer Krankenschwester ins Theater... lieber Daddy, das
war ganz harmlos, vollkommen harmlos, mach doch hier nicht in
Kamorra oder Mafia oder was sie da in Korsika machen. In Sizilien
– meinetwegen, in Sizilien! Jedenfalls war das harmlos. Was haben
sie dir denn erzählt? Was? Hier war nichts.

Das war... das ist... du kennst den Mann nicht. Na, das werd
ich doch nicht machen – wenn ich schon mit einem andern Mann ins
Theater gehe, dann geh ich doch nicht mit einem Mann, den du
kennst. Bitte: ich hab dich noch nie kompromittiert. Männer sind
doch so dusslig, die nehmen einem das übel, wenn man schon was
macht, daß es dann ein Berufskollege ist. Und wenn es kein Berufskollege ist, dann heißt es gleich: Fräulein Julie! Man hats wirklich
nicht leicht! Also du kennst den Mann nicht! Du kennst ihn nicht.
Ja – er kennt dich. Na, sei doch froh, daß dich so viele Leute kennen – biste doch berühmt. Das war jedenfalls ganz harmlos. Total.
Nachher waren wir noch essen. Aber sonst war nichts.

Nichts. Nichts war. Der Mann... der Mann ist eben – ich hab
ihn auch im Auto mitgenommen, weil er so nett neben einem im
Auto sitzt, eine glänzende Begleitdogge – so, hat das die Reventlow
auch gesagt? Na, ich nenne das auch so. Aber *nur* als Begleitdogge.
Der Mann sah glänzend aus. Doch, das ist wahr. Einen wunderbaren Mund, so einen harten Mund – gib mal 'n Kuß auf Lottchen,
er war dumm. Es war nichts.

Direkt dumm war er eigentlich nicht. Das ist ja... ich habe mich
gar nicht in ihn verliebt; du weißt ganz genau, daß ich mich bloß
verliebe, wenn du dabei bist – damit du auch eine Freude hast! Ein
netter Mann... aber ich will ja die Kerls gar nicht mehr. Ich nicht.
Ich will das überhaupt alles nicht mehr. Daddy, so nett hat er ja gar
nicht ausgesehn. Außerdem küßte er gut. Na so – es war jedenfalls
weiter nichts.

Sag mal, was glaubst du eigentlich von mir? Glaubst du vielleicht
von mir, was ich von dir glaube? Du – das verbitt ich mir! Ich bin
treu. Daddy, der Mann... das war doch nur so eine Art Laune. Na

ja, erst läßt du einen hier allein, und dann schreibst du nicht richtig, und telephoniert hast du auch bloß einmal — und wenn eine Frau allein ist, dann ist sie viel alleiner als ihr Männer. Ich brauche gewiß keinen Mann... ich nicht. Den hab ich auch nicht gebraucht; das soll er sich bloß nicht einbilden! Ich dachte nur: I, dachte ich — wie ich ihn gesehn habe... Ich habe schon das erstemal gewußt, wie ich ihn gesehn habe — aber es war ja nichts.

Nach dem Theater. Dann noch zwei Wochen lang. Nein. Ja. Nur Rosen und zweimal Konfekt und den kleinen Löwen aus Speckstein. Nein. Ich ihm meinen Hausschlüssel? Bist wohl...! Ich hab ihm meinen Hausschlüssel doch nicht gegeben! Ich werde doch einem fremden Manne meinen Hausschlüssel nicht geben...! Da bring ich ihn lieber runter, Daddy, ich habe ja für den Mann gar nichts empfunden — und er für mich auch nicht — das weißt du doch. Weil er eben solch einen harten Mund hatte... und ganz schmale Lippen. Weil er früher Seemann war. Was? Auf dem Wannsee? Der Mann ist zur See gefahren — auf einem riesigen Schiff, ich habe den Namen vergessen, und er kann alle Kommandos, und er hat einen harten Mund. Ganz schmale Lippen. Mensch, der erzählt ja nicht. Küßt aber gut. Daddy, wenn ich mich nicht so runter gefühlt hätte, dann wäre das auch gar nicht passiert... Es ist ja auch eigentlich nichts passiert — das zählt doch nicht. Was? In der Stadt. Nein, nicht bei ihm; wir haben zusammen in der Stadt gegessen. Er hat bezahlt — na, hast du das gesehn! Soll ich vielleicht meine Bekanntschaften finanzieren... na, das ist doch...! Es war überhaupt nichts.

Tätowiert! Der Mann ist doch nicht tätowiert! Der Mann hat eine ganz reine Haut, er hat... Keine Details? Keine Details! Entweder ich soll erzählen, oder ich soll nicht erzählen. Von mir wirst du über den Mann kein Wort mehr hören. Daddy, hör doch — wenn er nicht Seemannsmaat gewesen wäre, oder wie das heißt... Und ich wer dir überhaupt was sagen:

Erstens war überhaupt nichts, und zweitens kennst du den Mann nicht, und drittens weil er Seemann war, und ich hab ihm gar nichts geschenkt, und überhaupt, wie Paul Graetz immer sagt:

Kaum hat man mal, dann ist man gleich — Daddy! Daddy! Laß mal... was ist das hier? Was? Wie? Was ist das für ein Bild? Was ist das für eine Person? Wie? Was? Wo hast du die kennengelernt? Wie? In Luzern? Was? Hast du mit der Frau Ausflüge gemacht? In der Schweiz machen sie doch immer Ausflüge. Erzähl mir doch nichts... Was? Da war nichts?

Das ist ganz was andres. Na ja, mir gefällt schon manchmal ein Mann. Aber ihr —?

Ihr werft euch eben weg!»

Peter Panter (1930)

«Herrgott, daß die Frau nicht still liegen kann! Manche Frauen schlafen, wie man sie hinlegt, und da schlafen sie dann! Nu lieg doch schon still! Wenn ichs Licht ausmache, liegste auch nicht still. Gut — ich wer ausmachen.

... Nicht möglich, zu schlafen. Ich weiß nicht, was das ist. Das Glas Bier abends kanns nicht sein, geraucht hab ich heute auch nicht — ich muß mal mit Friedmann drüber sprechen. Sport! sagt er immer — treiben Sie Sport! Wir können ja Fußball auf dem Kurfürstendamm zusammen spielen ... lächerlich! Seine letzte Liquidation ist auch noch nicht bezahlt — na, soll er warten. Andre warten auch. Was hat er mir da neulich für'n Witz erzählt ...? Ach so — «Sagen Sie mal: Aaa!» Blendender Witz, den werd ich mal morgen Welsch erzählen, der kugelt sich über gute Witze ... Was ist das für ein Schein ... Die Feuerwehr? Nein, ein Auto ... Gute Autos hat jetzt Berlin, ich sag immer, Ihr sollt euch noch mal solche Autos in Paris suchen; die Londoner taugen auch nicht viel. Was juckt mich denn da immer? Herrgott, jetzt wollt ich heut abend baden und habs vergessen ... Na, morgen. Nein — morgen hab ich wieder keine Zeit — na, also morgen abend. Wir gehn ja nicht auf Brautschau. 45 000 in zwei Jahren zu 18 % macht ... 18 % — die Leute sind ja wahnsinnig ... Jetzt weiß ich das Wort. «amorph» — den ganzen Tag ist mirs nicht eingefallen. «amorph» — Lucie wollts für ihr Kreuzworträtsel wissen, im Geschäft ists mir den ganzen Morgen durch den Kopf gegangen — komisch, was einem so manchmal durch den Kopf geht. Freutel sollte mir doch die Bilanz von Esmarch & Ehrmann vorlegen — wieder hat ers vergessen — man müßt 'n Notizblock am Bett haben — morgen leg ich mir einen hin ... Das Bein juckt wie verrückt. Ist das noch mein Bauch —? Ich wer dick. Wie ich noch die Sache mit Greten gehabt habe, da hat sie mich immer im Bett gekitzelt und hat gesagt: «Na, Dickchen ...?» Ja. — Schläfst du schon ...? Immer schläft sie. Nu, man is ja kein Kind mehr. Wo ist denn Wasser — ich wer 'n bißchen Wasser trinken. Beinah ist die Uhr runtergefallen. Was ist morgen abend —? Morgen abend muß ich im Büro bleiben und aufarbeiten, Dienstag, Mittwoch ... übermorgen gehn wir zu Regierers, Trude kommt mit, die wollt Bescheid haben wegen der Perserbrücke — kriegt sie sehr billig ... Der Joe ist ein ganz ungezogener Bengel, wer ich dem Vater mal bei Gelegenheit sagen, seh ich gar nicht ein — Freitag ham wir Billets für die Oper, nachher sind wir im Bristol — Sonnabend ist die Modevorführung, hat sie mich richtig breitgeschlagen, daß ich hingehe ... Ich hab da nur Interesse an Mokka ... Ausspannen sollt man. Aber da ist jetzt gar nicht dran zu denken — vor Juli wirds nichts ... vielleicht Bozen, Bozen ist mir sehr empfohlen worden ... Vater wollt immer so gern nach Bozen ... er is nie hingekommen ... Wonach riecht denn das hier ...? Ich hab doch Hanni gesagt, ich will das Parfüm hier nicht mehr haben ... Schreckliches Parfüm! Wenn ich nicht Mitleid mit Oskarn gehabt hätte, hätt ichs ihm gar nicht abgekauft. Der hats auch zu nichts gebracht im Leben. Man muß es zu was bringen. Ich hab ... ich wer mal rechnen: hundertdreißigtausend sind im Geschäft, viertausend sind da, dann die zwanzigtausend von Benno, das ist ja wie bar Geld ... Fritz sagt, den Zauberberg sollt ich mal lesen. Der hats gut. Ich komm kaum noch zum Lesen. Nich mal die Memoiren von Wagner, die ich zu Weihnachten bekommen habe, hab ich gelesen. Man kommt zu gar nichts mehr. Ich denk jetzt so oft an den Tod. Quatsch. Doch, ich denk oft an Tod. Das kommt von der Verdauung. Nein, das kommt nicht von der Verdauung. Man wird älter. Wie lange sind wir jetzt verheiratet ...? Nu, für sie ist ja ausgesorgt, so weit bin ich schon, Gott sei Dank. Wenn ich tot bin, wern sie erst wissen, was sie an mir gehabt haben. Man wird viel zu wenig anerkannt, im Leben. Hinterher ist zu spät. Hinterher wern sie weinen. Damals, bei dem alten Leppschitzer waren ja enorm viel Leute. So viel kommen bei mir mindestens auch ... Jetzt kommt das Dienstmädchen erst nach Hause —! Die Tür könnt sie auch leiser zumachen ... Was macht nu son Mädchen abends? Geht zu Freundinnen ... Na, Emma hat ja'n Bräutjam. Eigentlich 'n ganz hübsches Mädchen! Vorn noch alles da — Lieg doch still! Was denken nu sone Leute über unsereinen? Schimpfen sicher mächtig auf die Herrschaft, wenn sie abends zusammensitzen. Wie ich Lehrling war, gabs sone Bolschewistensachen nicht. Wir mußten schuften ... hähä — wenn ich noch dran denke, wie wir dem alten Buchowetzki die Papierschere auf den Tisch geklebt haben ... Und er zog und zog und kriegte sie nicht hoch — hähä! Aber wenn ich tot bin, wern sie weinen. Stresemann hat 'ne glänzende Rede gehalten, neulich auf der Wirtschaftstagung — kann man sagen, was man will. Das Brom hilft auch nicht mehr — vielleicht hab ichs zu früh genommen. Was —? Nichts. Das war nichts. Das war bloß eine Sprungfeder, unten an der Matratze ...

Schrecklich, wenn man nicht einschlafen kann. Wenn man nicht einschlafen kann, ist man ganz allein. Ich bin nicht gern allein. Ich muß Leute um mich haben, Bewegung, Familie, Arbeit ... Wenn ich mit mir allein bin: wenn ich mit mir allein bin, dann ist da gar keiner. Und dann bin ich ganz allein. Hinten juckts mich. Ich kenn das. Jetzt wer ich gleich einschlafen ... Na, denn gut'n —»

Kaspar Hauser (1926)

DIE APOTHEKE

Manche Leute gehen in den fremden Orten immer erst in den Ratskeller, manche zur Sehenswürdigkeit — ich gehe in die Apotheke. Da weiß man doch.

Es beruhigt ungemein, zu sehen, daß auch in Dalarne, in Faido oder in Turn-Severin die Töpfchen der Reihe nach ausgerichtet stehn, jedes mit einem Namen auf dem Bauch, und fast von keinem wissen wir, was es ist. Manche heißen furchtbar unanständig, aber die Apotheker meinen das nicht so. Und immer riecht es nach strengen und herben Sachen, es sind jene Düfte, die dem guten, alten Apotheker langsam zu Kopf steigen, woher er denn den altbewährten Apotheker-Sparren hat. (Protest des Reichsverbandes Deutscher Apotheken-Besitzer. Reue des Autors. Denn ihr habt keine Spezial-Sparren mehr, sogar die Geometer sind vernünftig geworden... ihr habt alle zusammen nur noch eine Verrücktheit: die Berufseitelkeit.) Ja, also die Apotheken.

Mir fehlt eigentlich nie etwas Rechtes, aber es gibt so nette kleine Mittel, die sich hübsch einkaufen: Baldrian oder doppelkohlensaures Natron oder Jodtinktur... irgend etwas wird man schon damit anfangen können. «Bitte geben Sie mir...»

Da kommt dann ein weißer Provisor-Engel angeschwebt, die jüngern Herren haben, wenn es in deutschen Apotheken ist, Schmisse und sehen grimmig-gefurcht drein, so: «Du! Wir sind hier akademisch gebildet, und daß wir dir etwas verkaufen, ist eine große Gnade!» Da wird vor Angst sogar die Tonerde doppelt sauer. Oder es ist da ein Apothekermädchen, blond und drall, und man kann gar nicht verstehen, wie so ein freundliches Wesen alle die vielen lateinischen Namen auswendig weiß. Und immer mixt ein älterer, schweigsamer Mann hinter einem hohen Pult eines der zahllosen Medikamente...

Es gibt übrigens nur fünfzehn, hochgegriffen.

Es gibt nur fünfzehn Medikamente, seit Hippokrates selig, und doch ist es einer weitentwickelten Industrie von Chemieunternehmen und den Fabriken zur serienweisen Herstellung von Ärzten gelungen, aus diesen zehn Medikamenten vierundvierzigtausendvierhundertundvierundvierzig gemacht zu haben; manche werden unmodern, die werfen wir dann fort. Ja, verdient wird auch daran. Aber das ist es nicht allein: die Leidenden wollen das so. Sie glauben nicht nur an den Wundermann — Professor oder Laien —, sie glauben auch an diese buntetikettierten und sauber verpackten Dinge, die mit... «in» oder mit... «an» aufhören und eben einige jener zehn Medikamente in neuer Zusammensetzung enthalten.

Hübsch, so eine Apotheke. Man fühlt sich so geborgen; es kann einem nichts geschehen, weil sie ja hier gegen alle Krankheiten und für alle Menschen ihre Mittel haben. Es ist alles so ordentlich, so schön viereckig, so abgewogen rund — so unwild. Hat der Apotheker einen Vogel? eine treulose Frau? Kummer mit seiner Weltanschauung? Das soll er nicht — wir wollen es jedenfalls nicht wissen. Wir stehen vor ihm, dem Dorfkaplan der I. G. Farben und dem Landprediger der ärztlichen Wissenschaft. Die Apotheke macht besinnlich, wir fordern, nehmen, zahlen und sind schon halb geheilt. Bis zur Tür.

Draußen ist es wesentlich ungemütlicher, und von der sanft duftenden Medizin-Insel steuern wir wieder auf das hohe Meer. Die Apotheke ist das Heiligenbild des ungläubigen kleinen Mannes.

Peter Panter (1930)

Beim ersten Herannahen der Grippe, erkennbar an leichtem Kribbeln in der Nase, Ziehen in den Füßen, Hüsteln, Geldmangel und der Abneigung, morgens ins Geschäft zu gehen, gurgele man mit etwas gestoßenem Koks sowie einem halben Tropfen Jod. Darauf pflegt dann die Grippe einzusetzen.

Die Grippe — auch «spanische Grippe», Influenza, Erkältung (lateinisch: Schnuppen) genannt — wird durch nervöse Bakterien verbreitet, die ihrerseits erkältet sind: die sogenannten Infusionstierchen. Die Grippe ist manchmal von Fieber begleitet, das mit 128° Fahrenheit einsetzt; an festen Börsentagen ist es etwas schwächer, an schwachen fester — also meist fester. Man steckt sich am vorteilhaftesten an, indem man als männlicher Grippekranker eine Frau, als weibliche Grippekranke einen Mann küßt — über das Geschlecht befrage man seinen Hausarzt. Die Ansteckung kann auch erfolgen, indem man sich in ein Hustenhaus (sog. «Theater») begibt; man vermeide es aber, sich beim Husten die Hand vor den Mund zu halten, weil dies nicht gesund für die Bazillen ist. Die Grippe steckt nicht an, sondern ist eine Infektionskrankheit.

Sehr gut haben meinem Mann ja immer die kalten Packungen getan: wir machen das so, daß wir einen heißen Griesbrei kochen, diesen in ein Leinentuch packen, ihn aufessen und dem Kranken dann etwas Kognak geben — innerhalb zwei Stunden ist der Kranke hellblau, nach einer weiteren Stunde dunkelblau. Statt Kognak kann auch Möbelspiritus verabreicht werden.

Fleisch, Gemüse, Suppe, Butter, Brot, Obst, Kompott und Nachspeise sind während der Grippe tunlichst zu vermeiden — Homöopathen lecken am besten täglich je dreimal eine Fünf-Pfennig-Marke, bei hohem Fieber eine Zehn-Pfennig-Marke.

Bei Grippe muß unter allen Umständen das Bett gehütet werden — es braucht nicht das eigene zu sein. Während der Schüttelfröste trage man wollene Strümpfe, diese am besten um den Hals; damit die Beine unterdessen nicht unbedeckt bleiben, bekleide man sie mit je einem Stehumlegekragen. Die Hauptsache bei der Behandlung ist Wärme: also ein römisches Konkordats-Bad. Bei der Rückfahrt stelle man sich auf eine Omnibus-Plattform, schließe aber allen Mitfahrenden den Mund, damit es nicht zieht.

Die Schulmedizin versagt vor der Grippe gänzlich. Es ist also sehr gut, sich ein siderisches Pendel über den Bauch zu hängen: schwingt es von rechts nach links, handelt es sich um Influenza; schwingt es aber von links nach rechts, so ist eine Erkältung im Anzuge. Darauf ziehe man den Anzug aus und begebe sich in die Behandlung Weißenbergs. Der von ihm verordnete weiße Käse muß unmittelbar auf die Grippe geschmiert werden; ihn unter das Bett zu kleben, zeugt von medizinischer Unkenntnis sowie von Herzensroheit.

Keinesfalls vertraue man dieses geheimnisvolle Leiden einem sogenannten «Arzt» an; man frage vielmehr im Grippefall Frau Meyer. Frau Meyer weiß immer etwas gegen diese Krankheit. Bricht in einem Bekanntenkreis die Grippe aus, so genügt es, wenn sich *ein* Mitglied des Kreises in Behandlung begibt – die andern machen dann alles mit, was der Arzt verordnet. An hauptsächlichen Mitteln kommen in Betracht:

Kamillentee. Fliedertee. Magnolientee. Gummibaumtee. Kakteentee.

Diese Mittel stammen noch aus Großmutters Tagen und helfen in keiner Weise glänzend. Unsere moderne Zeit hat andere Mittel, der chemischen Industrie aufzuhelfen. An Grippemitteln seien genannt:

Aspirol. Pyramidin. Bysopeptan. Ohrolox. Primadonna. Bellapholisiin. Aethyl-Phenil-Lekaryl-Parapherinan-Dynamit-Acethylen-Koollomban-Piporol. Bei letzterem Mittel genügt es schon, den Namen mehrere Male schnell hintereinander auszusprechen. Man nehme alle diese Mittel sofort, wenn sie aufkommen – solange sie noch helfen, und zwar in alphabetischer Reihenfolge, ch ist ein Buchstabe. Doppelkohlensaures Natron ist auch gesund.

Besonders bewährt haben sich nach der Behandlung die sogenannten prophylaktischen Spritzen (lac, griechisch; so viel wie «Milch» oder «See»). Diese Spritzen heilen am besten Grippen, die bereits vorbei sind – diese aber immer.

Amerikaner pflegen sich bei Grippe Umschläge mit heißem Schwedenpunsch zu machen; Italiener halten den rechten Arm längere Zeit in gestreckter Richtung in die Höhe; Franzosen ignorieren die Grippe so, wie sie den Winter ignorieren, und die Wiener machen ein Feuilleton aus dem jeweiligen Krankheitsfall. Wir Deutsche aber behandeln die Sache methodisch:

Wir legen uns erst ins Bett, bekommen dann die Grippe und stehen nur auf, wenn wir wirklich hohes Fieber haben: dann müssen wir dringend in die Stadt, um etwas zu erledigen. Ein Telephon am Bett von weiblichen Patienten zieht den Krankheitsverlauf in die Länge.

Die Grippe wurde im Jahre 1725 von dem englischen Pfarrer Jonathan Grips erfunden; wissenschaftlich heilbar ist sie seit dem Jahre 1724.

Die glücklich erfolgte Heilung erkennt man an Kreuzschmerzen, Husten, Ziehen in den Füßen und einem leichten Kribbeln in der Nase. Diese Anzeichen gehören aber nicht, wie der Laie meint, der alten Grippe an – sondern einer neuen. Die Dauer einer gewöhnlichen Hausgrippe ist bei ärztlicher Behandlung drei Wochen, ohne ärztliche Behandlung 21 Tage. Bei Männern tritt noch die sog. «Wehleidigkeit» hinzu; mit diesem Aufwand an Getue kriegen Frauen Kinder.

Das Hausmittel Caesars gegen die Grippe war Lorbeerkranz-Suppe; das Palastmittel Vanderbilts ist Platinbouillon mit weichgekochten Perlen.

Und so fasse ich denn meine Ausführungen in die Worte des bekannten Grippologen, Professor Dr. Dr. Dr. Ovaritius zusammen:

Die Grippe ist keine Krankheit – sie ist ein Zustand –!

Peter Panter (1931)

«Herr Panter, wir haben gestern einen so reizenden Witz gehört, den *müssen* wir Ihnen... also den muß ich Ihnen erzählen. Mein Mann kannte ihn schon... aber er ist zu reizend. Also passen Sie auf.

Ein Mann, Walter, streu nicht den Tabak auf den Teppich, da! Streust ja den ganzen Tabak auf den Teppich, also ein Mann, nein, ein Wanderer verirrt sich im Gebirge. Also der geht im Gebirge und verirrt sich, in den Alpen. Was? In den Dolomiten, also nicht in den Alpen, ist ja ganz egal. Also er geht da durch die Nacht, und da sieht er ein Licht, und er geht grade auf das Licht zu... laß mich doch erzählen! das gehört dazu!... geht drauf zu, und da ist eine Hütte, da wohnen zwei Bauersleute drin. Ein Bauer und eine Bauersfrau. Der Bauer ist alt, und sie ist jung und hübsch, ja, sie ist jung. Die liegen schon im Bett. Nein, die liegen noch nicht im Bett...»

«Meine Frau kann keine Witze erzählen. Laß mich mal. Du kannst nachher sagen, obs richtig war. Also nun werde ich Ihnen das mal erzählen.

Also, ein Mann wandert durch die Dolomiten und verirrt sich. Da kommt er — du machst einen ganz verwirrt, so ist der Witz gar nicht! Der Witz ist ganz anders. In den Dolomiten, so ist das! In den Dolomiten wohnt ein alter Bauer mit seiner jungen Frau. Und die haben gar nichts mehr zu essen; bis zum nächsten Markttag haben sie bloß noch eine Konservenbüchse mit Rindfleisch. Und die sparen sie sich auf. Und da kommt... wieso? Das ist ganz richtig! Sei mal still..., da kommt in der Nacht ein Wandersmann, also da klopft es an die Tür, da steht ein Mann, der hat sich verirrt, und der bittet um Nachtquartier. Nun haben die aber gar kein Quartier, das heißt, sie haben nur ein Bett, da schlafen sie zu zweit drin. Wie? Trude, das ist doch Unsinn... Das kann sehr nett sein!»

«Na, ich könnte das nicht. Immer da einen, der — im Schlaf strampelt..., also ich könnte das nicht!»

«Sollst du ja auch gar nicht. Unterbrich mich nicht immer.»

«Du sagst doch, das wär nett. Ich finde das nicht nett.»

«Also...»

«Walter! Die Asche! Kannst du denn nicht den Aschbecher nehmen?»

«Also... der Wanderer steht da nun in der Hütte, er trieft vor Regen, und er möchte doch da schlafen. Und da sagt ihm der Bauer, er kann ja in dem Bett schlafen, mit der Frau.»

«Nein, so war das nicht. Walter, du erzählst es ganz falsch! Dazwischen, zwischen ihm und der Frau — also der Wanderer in der Mitte!»

«Meinetwegen in der Mitte. Das ist doch ganz egal!»

«Das ist gar nicht egal... der ganze Witz beruht ja darauf.»

«Der Witz beruht doch nicht darauf, wo der Mann schläft!»

«Natürlich beruht er darauf! Wie soll denn Herr Panter den Witz so verstehen... laß mich mal — ich werd ihn mal erzählen! — Also der Mann schläft, verstehen Sie, zwischen dem alten Bauer und seiner Frau. Und draußen gewittert es. Laß mich doch mal!»

«Sie erzählt ihn ganz falsch. Es gewittert erst gar nicht, sondern die schlafen friedlich ein. Plötzlich wacht der Bauer auf und sagt zu seiner Frau — Trude, geh mal ans Telephon, es klingelt. — Nein, also das sagt er natürlich nicht . . . Der Bauer sagt zu seiner Frau . . . Wer ist da? Wer ist am Telephon? Sag ihm, er soll später noch mal anrufen — jetzt haben wir keine Zeit! Ja. Nein. Ja. Häng ab! Häng doch ab!»

«Hat er Ihnen den Witz schon zu Ende erzählt? Nein, noch nicht? Na, erzähl doch!»

«Da sagt der Bauer: Ich muß mal raus, nach den Ziegen sehn — mir ist so, als hätten die sich losgemacht, und dann haben wir morgen keine Milch! Ich will mal sehn, ob die Stalltür auch gut zugeschlossen ist.»

«Walter, entschuldige, wenn ich unterbreche, aber Paul sagt, nachher kann er nicht anrufen, er ruft erst abends an.»

«Gut, abends. Also der Bauer — nehmen Sie doch noch ein bißchen Kaffee! — Also der Bauer geht raus, und kaum ist er raus, da stupst die junge Frau . . .»

«Ganz falsch. Total falsch. Doch nicht das erstemal! Er geht raus, aber sie stupst erst beim drittenmal — der Bauer geht nämlich dreimal raus — das fand ich so furchtbar komisch! Laß mich mal! Also der Bauer geht raus, nach der Ziege sehn, und die Ziege ist da; und er kommt wieder rein.»

«Falsch. Er bleibt ganz lange draußen. Inzwischen sagt die junge Frau zu dem Wanderer —»

«Gar nichts sagt sie. Der Bauer kommt rein . . .»

«Erst kommt er nicht rein!»

«Also . . . der Bauer kommt rein, und wie er eine Weile schläft, da fährt er plötzlich aus dem Schlaf hoch und sagt: Ich muß doch noch mal nach der Ziege sehen — und geht wieder raus.»

«Du hast ja ganz vergessen, zu erzählen, daß der Wanderer furchtbaren Hunger hat!»

«Ja. Der Wanderer hat vorher beim Abendbrot gesagt, er hat so furchtbaren Hunger, und da haben die gesagt, ein bißchen Käse wäre noch da . . .»

«Und Milch!»

«Und Milch, und es wäre auch noch etwas Fleischkonserve da, aber die könnten sie ihm nicht geben, weil die eben bis zum nächsten Markttag reichen muß. Und dann sind sie zu Bett gegangen.»

«Und wie nun der Bauer draußen ist, da stupst sie den, also da stupst die Frau den Wanderer in die Seite und sagt: Na . . .»

«Keine Spur! Aber keine Spur! Walter, das ist doch falsch! Sie sagt doch nicht: Na . . .!»

«Natürlich sagt sie: Na . . .! Was soll sie denn sagen?»

«Sie sagt: Jetzt wäre so eine Gelegenheit . . .»

«Sie sagt im Gegenteil: Na . . . und stupst den Wandersmann in die Seite . . .»

«Du verdirbst aber wirklich jeden Witz, Walter!»

«Das ist großartig! Ich verderbe jeden Witz? *Du* verdirbst jeden Witz — ich verderbe doch nicht jeden Witz! Da sagt die Frau...»

«Jetzt laß *mich* mal den Witz erzählen! Du verkorkst ja die Pointe...!»

«Also jetzt mach mich nicht böse, Trude! Wenn ich einen Witz anfange, will ich ihn auch zu Ende erzählen...»

«Du hast ihn ja gar nicht angefangen... *ich* habe ihn angefangen!» — «Das ist ganz egal — jedenfalls will ich die Geschichte zu Ende erzählen; denn du kannst keine Geschichten erzählen, wenigstens nicht richtig!» — «Und ich erzähle eben meine Geschichten nach meiner Art und nicht nach deiner, und wenn es dir nicht paßt, dann mußt du eben nicht zuhören...!» — «Ich will auch gar nicht zuhören... ich will sie zu Ende erzählen — und zwar so, daß Herr Panter einen Genuß von der Geschichte hat!» «Wenn du vielleicht glaubst, daß es ein Genuß ist, dir zuzuhören...» — «Trude!» — «Nun sagen Sie, Herr Panter — ist das auszuhalten! Und so nervös ist er schon die ganze Woche... ich habe...» — «Du bist...» — «Deine Unbeherrschtheit...» — «Gleich wird sie sagen: Komplexe! Deine Mutter nennt das einfach schlechte Erziehung...» — «Meine Kinderstube...!» — «Wer hat denn die Sache beim Anwalt rückgängig gemacht? Wer denn? Ich vielleicht? Du! Du hast gebeten, daß die Scheidung nicht...» — «Lüge!» — Bumm: Türgeknall rechts. Bumm: Türgeknall links.

Jetzt sitze ich da mit dem halben Witz.

Was hat der Mann zu der jungen Bauersfrau gesagt?

Peter Panter (1931)

WIE WIRD MAN GENERALDIREKTOR?

Manchmal — in den feinen Hotels — da laufen die kleinen Hotelpagen durch die samtgeschwollenen Räume und rufen mit heller Stimme: «Herr Generaldirektor Eisenstein! Herr Generaldirektor Eisenstein!» — so lange, bis irgendein wohlbeleibter Herr mit schmalgefaßter Brille eilig aufsteht und hinter dem Pagen her ans Telephon stürzt... Das ist der Lauf der Welt. Dann muß ich jedesmal denken:

Wie wird man Generaldirektor —?

Einmal war es doch nur Herr Eisenstein, Willy Eisenstein, wissen Sie, sein Vater hat diese Röhrensache gehabt, die hat er später aufgegeben, jetzt hat er sich mit Beheim und Ploschke assoziiert, ganz gute Leute, den Jungen kannt ich noch, wie er so klein... ein ganz tüchtiger Bengel, die Frau ist eine geborene Wüstefeld... ja, das ist Willy Eisenstein. Und der hieß am Telephon: Herr Eisenstein und im Büro: Herr Eisenstein und auf den polizeilichen Anmeldungen: Eisenstein, Willy — und überall: Herr Eisenstein... und nun auf einmal ist er Generaldirektor. Wie wird man das?

35

Macht man ein Examen? Nein, man macht kein Examen. Es ist einer der seltenen Fälle, wo man in Deutschland kein Examen macht. Wir haben Gärtnerburschen, deren Lehrherren glauben, daß Rosenschneiden ohne Abitur nicht die richtige Würze habe; unsere Motorenschlosser müssen das «Einjährige» haben, keine Handwerksinnung, die nicht darauf hält, daß ihre Leute höhere Schulbildung genossen haben, obgleich die doch gar kein Genuß ist... aber Generaldirektor wird man ohne Examen.

Wie wird man es —? Kommt der Reichsverband Deutscher Generaldirektoren und bringt dem neugebackenen Mitglied ein Diplom ins Haus? Singt ein Männeroktett auf dem Hof:

«Heil sei dem Tag, an dem du uns erschienen —
Dideldumm — didellum — didellum —»

und sitzen dann die acht gesungen habenden Generaldirektoren in der Küche des neuen und bekommen pro Mann ein Glas Bier und eine Zigarre? Wird man zum Generaldirektor ernannt? befördert? geweiht? Wie ist das? Wie macht man das?

Schon, wie man gewöhnlicher «Direktor» wird, ist nicht ganz klar und ein biologisch höchst beachtenswerter Vorgang... die Natur hat viele Rätsel. Und nun: «Generaldirektor!» Ist dazu der Nachweis erforderlich, daß man eine Schar hundsgemeiner Direktoren befehlige, einfach unter sich habe, sie beherrsche, wie der General seine Divisionen? Wie wird man Generaldirektor?

Bürgert sich der Titel gewohnheitsrechtlich ein? Oder geht Willy Eisenstein eines Freitagsabends zu Bett, ganz friedlich, nur im Pyjama, noch ohne Titel — und morgens liegt die neue Benennung auf dem Stuhl, und ein Generaldirektor schwimmt in der hochgeehrten Badewanne? Groß sind, o Gott, deine Wunder!

Und was geschieht, wenn den Generaldirektor einer nicht mit dem Titel anspricht? Schmettert ihn ein durchbohrender Blick darnieder? Ergreift der General das Papiermesser und sticht es dem frechen Besucher in die nichtsahnende Brust? Drückt er auf seine Privatsekretärin und befiehlt, man möge den Unbotmäßigen die Treppe hinunterwerfen? Niemand weiß das.

Ja, und wie lange bleibt man Generaldirektor? Wie ist das bei... verzeihen Sie, es ist nur eine theoretische Frage, ich meine... wie ist das bei einem gerichtlichen Verfahren? Wird da der Angeklagte auch mit «Herr Generaldirektor» bezeichnet? Oder ist er ausgestoßen aus der Reihe der Generaldirektoren, degradiert, beschimpft, hinuntergestoßen in den Stand der miserrima plebs? Pleitesse oblige.

Man ist Generaldirektor, oder man ist es nicht. Ich glaube: jeder kann es nicht werden. Es gehört wohl eine Art innerer Würde dazu, ein gußeiserner Halt im Charakter, verbunden mit einer ganz leisen, wehen Sehnsucht nach einem verhinderten Doktortitel... denn einen Titel muß der Mensch haben. Ohne Titel ist er nackt und ein gar grauslicher Anblick. Und Willy Eisenstein sah an sich hinunter, und siehe, er sahe, daß er nackt war und bloß, an der Ekke lauerte das Schund- und Schmutzgesetz... und da bekleidete

36

er sich und nahm das härene Gewand des Generaldirektors auf sich (Marke: Hungerbrokat), und er ging umher und sah, daß alles gut war, und wenn die kleinen Hotelpagen nun im Hotel quäken: «Herr Generaldirektor Eisenstein!» dann erhebt sich ein Generaldirektor und schreitet fürbaß.

In ihm sitzt, ganz klein, ganz niedlich und unverändert, der kleine Willy und lugt aus den Gucklöchern seines Titels. Erweist die Welt dem Hut die Reverenz? «Orden und Titel», sagte der Geheimbderath aus Weimar, «halten manchen Puff ab im Gedränge.» Wobei denn die Frage offen bleiben mag, wie es in einem Gedränge von Generaldirektoren zugehen mag.

Peter Panter (1930)

MAN SOLLTE MAL...

Man sollte mal heimlich mitstenographieren, was die Leute so reden. Kein Naturalismus reicht da heran. Gewiß: in manchen Theaterstücken bemühen sich die Herren Dichter, dem richtigen Leben nachzuahmen — doch immer mit der nötigen epischen Verkürzung, wie das Fontane genannt hat, der sie bei Raabe vermißte, immer leicht stilisiert, für die Zwecke des Stücks oder des Buchs zurechtgemacht. Das ist nichts.

Nein, man sollte wortwörtlich mitstenographieren — einhundertundachtzig Silben in der Minute — was Menschen so schwabbeln. Ich denke, daß sich dabei folgendes ergäbe:

Die Alltagssprache ist ein Urwald — überwuchert vom Schlinggewächs der Füllsel und Füllwörter. Von dem ausklingenden «nicht wahr?» (sprich «nicha?») wollen wir gar nicht reden. Auch nicht davon, daß: «Bitte die Streichhölzer!» eine bare Unmöglichkeit ist, ein Chimborasso an Unhöflichkeit. Es heißt natürlich: «Ach, bitte, sein Sie doch mal so gut, mir eben mal die Streichhölzer, wenn Sie so freundlich sein wollen? Danke sehr. Bitte sehr. Danke sehr!» — so heißt das.

Aber auch, wenn die Leute sich was erzählen — da gehts munter zu. Über Stock und Steine stolpert die Sprache, stößt sich die grammatikalischen Bindeglieder wund, o tempora! o modi!

Das oberste Gesetz ist: der Gesprächspartner ist schwerhörig und etwas schwachsinnig — daher ist es gut, alles sechsmal zu sagen. «Darauf sagt er, er kann mir die Rechnung nicht geben! Er kann mir die Rechnung nicht geben! Sagt er ganz einfach. Na höre mal — wenn ich ihm sage, wenn ich ganz ruhig sage, Herr Wittkopp, gehm Sie mir mal bitte die Rechnung, dann kann er doch nicht einfach sagen, ich kann Ihnen die Rechnung nicht geben! Das hat er aber gesagt. Finnste das? Sagt ganz einfach...» in infinitum.

Dahin gehört auch das zärtliche Nachstreicheln, das manche Leute Pointen angedeihen lassen. «Und da sieht er sie ganz traurig an und sagt: Wissen Sie was — ich bin ein alter Mann: geben Sie mir lieber ein Glas Bier und eine gute Zigarre!» Pause. «Geben Sie mir lieber ein Glas Bier und ein gute Zigarre. Hähä.» Das ist wie Selterswasser, wenn es durch die Nase wiederkommt...

Zweites Gesetz: die Alltagssprache hat ihre eigene Grammatik. Der Berliner zum Beispiel kennt ein erzählendes Futurum. «Ick komm die Straße langjejangn — da wird mir doch der Kuhkopp nachbrilln: Un vajiss nich, det Meechen den Ring zu jehm! Na, da wer ick natierlich meinen linken Jummischuh ausziehen un ihn an Kopp schmeissn...»

Drittes Gesetz: Ein guter Alltagsdialog wickelt sich nie, niemals so ab wie auf dem Theater: mit Rede und Gegenrede. Das ist eine Erfindung der Literatur. Ein Dialog des Alltags kennt nur Sprechende — keine Zuhörenden. Die beiden Reden laufen also aneinander vorbei, berühren sich manchmal mit den Ellenbogen, das ist wahr — aber im großen und ganzen redet doch jeder seins. Dahin gehört der herrliche Übergang: «Nein.» Zum Beispiel:

«Ich weiß nicht (sehr wichtige Einleitungsredensart) — ich weiß nicht: wenn ich nicht nach Tisch meine Zigarre rauche, dann kann ich den ganzen Tag nicht arbeiten.» (Logische Lässigkeit: es handelt sich um den Nachmittag.) Darauf der andere: «Nein.» (Völlig idiotisch. Er meint auch gar nicht: nein. Er meint: mit mir ist das anders. Und überhaupt...) «Nein. Also wenn ich nach Tisch rauche, dann...» folgt eine genaue Lebensbeschreibung, die keinen Menschen interessiert.

Viertes Gesetz: Was gesagt werden muß, muß gesagt werden, auch wenn keiner zuhört, auch, wenn es um die entscheidende Sekunde zu spät kommt, auch wenns gar nicht mehr paßt. Was so in einer «angeregt plaudernden Gruppe» alles durcheinandergeschrien wird — das hat noch keiner mitstenographiert. Sollte aber mal einer. Wie da in der Luft nur für die lieben Engelein faule Pointen zerknallen und gute auch, wie kein Kettenglied des allgemeinen Unterhaltungsgeschreis in das andere einhakt, sondern alle mit weitgeöffneten Zangen etwas suchen, was gar nicht da ist: lauter Hüte ohne Kopf, Schnürsenkel ohne Stiefel, Solo-Zwillinge... das ist recht merkwürdig.

Ungeschriebene Sprache des Alltags! Schriebe sie doch einmal einer! Genau so, wie sie gesprochen wird: ohne Verkürzung, ohne Beschönigung, ohne Schminke und Puder, nicht zurechtgemacht! Man sollte mitstenographieren.

Und das so Erraffte dann am besten in ein Grammophon sprechen, es aufziehen und denen, die gesprochen haben, vorlaufen lassen. Sie wendeten sich mit Grausen und entliefen zu einem schönen Theaterstück, wissen Sie, so eins, Fritz, nimm die Beine da runter, wo man so schön natürlich spricht, reine wie im Leben, haben Sie eigentlich die Bergner, find ich gar nicht, na also, mir ist sie zu...

Man sollte mitstenographieren.

Peter Panter (1927)

DAS IDEAL

Ja, das möchste:
Eine Villa im Grünen mit großer Terrasse,
vorn die Ostsee, hinten die Friedrichstraße;
mit schöner Aussicht, ländlich-mondän,
vom Badezimmer ist die Zugspitze zu sehn —
aber abends zum Kino hast dus nicht weit.

Das Ganze schlicht, voller Bescheidenheit:

Neun Zimmer, — nein, doch lieber zehn!
Ein Dachgarten, wo die Eichen drauf stehn,
Radio, Zentralheizung, Vakuum,
eine Dienerschaft, gut gezogen und stumm,
eine süße Frau voller Rasse und Verve —
(und eine fürs Wochenend, zur Reserve) —,
eine Bibliothek und drumherum
Einsamkeit und Hummelgesumm.

Im Stall: Zwei Ponys, vier Vollbluthengste,
acht Autos, Motorrad — alles lenkste
natürlich selber — das wär' ja gelacht!
Und zwischendurch gehst du auf Hochwildjagd.

Ja, und das hab' ich ganz vergessen:
Prima Küche — erstes Essen —
alte Weine aus schönem Pokal —
und egalweg bleibst du dünn wie ein Aal.
Und Geld. Und an Schmuck eine richtige Portion.
Und noch 'ne Million und noch 'ne Million.
Und Reisen. Und fröhliche Lebensbuntheit.
Und famose Kinder. Und ewige Gesundheit.

Ja, das möchste!

Aber wie das so ist hienieden:
manchmal scheint's so, als sei es beschieden
nur pöapö, das irdische Glück,
Immer fehlt dir irgendein Stück.
Hast du Geld, dann hast du nicht Käten;
Hast du die Frau, dann fehl'n dir Moneten —
hast du die Geisha, dann stört dich der Fächer:
bald fehlt uns der Wein, bald fehlt uns der Becher.

Etwas ist immer.

Tröste dich.

Jedes Glück hat einen kleinen Stich.
Wir möchten so viel: Haben. Sein. Und gelten.
Daß einer alles hat:
das ist selten.

Theobald Tiger (1927)

39

AN DIE BERLINERIN

Mädchen, kein Casanova
hätte dir je imponiert.
Glaubst du vielleicht, was ein dofer
Schwärmer von dir phantasiert?
Sänge mit wogenden Nüstern
Romeo, liebesbesiegt,
würdest du leise flüstern:
«Woll mit die Pauke jepiekt —?»
Willst du romantische Feste,
gehst du beis Kino hin ...
   Du bist doch Mutterns Beste,
   du, die Berlinerin —!

Venus der Spree — wie so fleißig
liebst du, wie pünktlich dabei!
Zieren bis zwölf Uhr dreißig,
Küssen bis nachts um zwei.
Alles erledigst du fachlich,
bleibst noch im Liebesschwur
ordentlich, sauber und sachlich:
Lebende Registratur!
Wie dich sein Arm auch preßte:
gibst dich nur her und nicht hin.
   Bist ja doch Mutterns Beste,
   du, die Berlinerin —!

Wochentags führst du ja gerne
Nadel und Lineal.
Sonntags leuchten die Sterne
preußisch-sentimental.
Denkst du der Maulwurfstola,
die dir dein Freund spendiert?
Leuchtendes Vorbild der Pola!
Wackle wie sie geziert.
Älter wirst du. Die Reste
gehn mit den Jahren dahin.
Laß die mondäne Geste!
   Bist ja doch Mutterns Beste,
   du süße Berlinerin —!

Theobald Tiger (1922)

WIE MANS MACHT...

a) Trost für den Ehemann

Und wenn sie dich so recht gelangweilt hat,
dann wandern die Gedanken in die Stadt...

Du stellst dir vor, wie eine dir,
  und wie du ihr, das denkst du dir …
  Aber so schön ist es ja gar nicht!

Mensch, in den Bars, da gähnt die Langeweile.
Die Margot, die bezog von Rudolf Keile.
Was flüstert nachher deine Bajadere?
Sie quatscht von einer Filmkarriere,
und von dem Lunapark und Feuerwerk,
und daß sie Reinhardt kennt und Pallenberg …
Und eine Frau mit Seele? Merk dies wichtige:
die klebt ja noch viel fester als die richtige.

Du träumst von Orgien und von Liebesfesten.
Ach, Mensch, und immer diese selben Gesten,
derselbe Zimt, dieselben Schweinerein —
was kann denn da schon auf die Dauer sein!
Und hinterher, dann trittst du an
mit einem positiven Wassermann,
  so schön ist das ja gar nicht.
Sei klug. Verfluch nicht deine Frau, nicht deine Klause.
Bleib wo du bist.
                    Bleib ruhig zu Hause.

b) Trost für den Junggesellen

Du hast es satt. Wer will, der kann.
Du gehst jetzt häufiger zu Höhnemann.
Der hat mit Gott zwei Nichten. Zart wie Rehe.
Da gehst du ran. Du lauerst auf die Ehe.

Bild dir nichts ein. Du schüttelst mit dem Kopf?
Ach, alle Tage Huhn im Topf
und Gans im Bett — man kriegt es satt,
man kennt den kleinen Fleck am linken Schulterblatt …
  So schön ist es ja gar nicht!

Sie zählt die Laken. Sagt, wann man großreinemachen
                                          soll.
Du weißt es alles, und du hast die Nase voll.
Erst warst du auf die Heirat wie versessen;
daß deine Frau auch Frau ist, hast du bald vergessen.
Sei klug. Verfluch nicht deine Freiheit, deine Klause.
Bleib wo du bist
                    Bleib ruhig zu Hause.

c) Moral

Lebst du mit ihr gemeinsam — dann fühlst du dich recht
                                          einsam.

41

Bist du aber alleine — dann frieren dir die Beine.
Lebst du zu zweit? Lebst du allein?
Der Mittelweg wird wohl das richtige sein.

Theobald Tiger (1932)

DIE FRAU SPRICHT

1. Die geschiedene Frau

Ja ... da wär nun also wieder einer ...
    das ist komisch!
Vor fünf Jahren, da war meiner;
dann war eine ganze Weile keiner ...
    Und jetzt geht ein Mann in meiner Wohnung um,
    findet manches, was ich sage, dumm;
    lobt und tadelt, spricht vom Daseinszwecke
    und macht auf das Tischtuch Kaffeeflecke —
        Ist das alles nötig —?

Ja ... er sorgt! Und liebt. Und ists ein trüber
Morgen, reich ich meine Hand hinüber ...
    Das ist komisch:
Männer ... so in allen ihren Posen ...
Und frühmorgens, in den Unterhosen ...
    Plötzlich wohnt da einer auch in meiner Seele.
    Quält mich; liebt mich; will, daß ich ihn quäle;
    dreht mein Leben anders, lastet, läßt mich fliegen —
    siegt, und weil ich klug bin, laß ich mich besiegen ...
        Habe ich das nötig —?

Ich war ausgeglichen. Bleiben wir allein,
    ... komisch ...
sind wir stolz. So sollt es immer sein!
    Flackerts aber, knistern kleine Flammen,
    fällt das alles jäh in sich zusammen.
    Er braucht uns. Und wir, wir brauchen ihn.
    Liebe ist: Erfüllung, Last und Medizin.
    Denn ein Mann ist Mann und Gott und Kind,
    weil wir so sehr Hälfte sind.
        Aber das ist schließlich überall:
        der erste Mann ist stets ein Unglücksfall.
        Die wahre Erkenntnis liegt unbestritten
        etwa zwischen dem zweiten und dem dritten.
Dann weißt du. Von Wissen wird man nicht satt,
aber notdürftig zufrieden, mit dem, was man hat,

Amen.

2. Eine Frau denkt

Mein Mann schläft immer gleich ein... oder er raucht seine
Zeitung und liest seine Zigarre
... Ich bin so nervös... und während ich an die Decke starre,
denke ich mir mein Teil.
Man gibt ihnen so viel, wenigstens zu Beginn. Sie sind es
nicht wert.
Sie glauben immer, man müsse hochgeehrt
Sein, weil man sie liebt.
Ob es das wohl gibt:
ein Mann, der so nett bleibt, so aufmerksam
wie am ersten Tag, wo er einen nahm...?
Einer, der Freund ist und Mann und Liebhaber; der uns
mal neckt,
mal bevatert, der immer neu ist, vor dem man Respekt
hat und der einen liebt... liebt... liebt...
ob es das gibt?

Manchmal denke ich: ja.
Dann sehe ich: nein.
Man fällt immer wieder auf sie herein.

Und ich frag mich bloß, wo diese Kerls ihre Nerven haben. —
Wahrscheinlich... na ja. Die diesbezüglichen Gaben
sind wohl ungleich verteilt. So richtig verstehen sie uns nie.
Weil sie faul sind, murmeln sie was von Hysterie.
Ist aber keine. Und wollen wir Zärtlichkeit,
dann haben die Herren meist keine Zeit.
Sie spielen: Symphonie mit dem Paukenschlag.
Unsere Liebe aber verzittert, das ist nicht ihr Geschmack.
Hop-hop-hop — wie an der Börse. Sie sind eigentlich nie
mehr als erotische Statisterie.
Die Hauptrolle spielen wir. Wir singen allein Duett,
leer in der Seele, bei sonst gut besuchtem Bett.

Mein Mann schläft immer gleich ein, oder er dreht sich
um und raucht seine Zigarre.
Warum? Weil...
Und während ich an die Decke starre,
denke ich mir mein Teil.

3. Die Nachfolgerin

Ich hab meinen ersten Mann gesehn —
der ging mit einer!
Hütchen, Rock und Bluse (Indanthren)
und zwei Kopf kleiner!
Sie muß ihn wohl ins Büro begleiten...
Über den Geschmack ist nicht zu streiten.
Na, herzlichen Glückwunsch!

Sein Gehirn ist bei der Liebeswahl
    ganz verkleistert;
wenn er siegt, dann ist er allemal
    schwer begeistert.
  Ob Languettenhemd, ob teure Seiden —
seinetwegen kann man sich in Säcke kleiden...
    Na, herzlichen Glückwunsch!

Frau ist Frau. Wie glücklich ist der Mann,
    dem das gleich ist!
Und für sowas zieht man sich nun an!
    Als ob man reich ist!
Das heißt: für ihn...?
                Wir ziehen unsre Augenbrauen
für und gegen alle andern Frauen.
  Immerhin erwart ich, daß ers merken kann;
  ich will fühlen, daß ich reizvoll bin.
  Dreifach spiegeln will ich mich: im Glas, im Neid, im Mann.
      Und er guckt gar nicht hin.

    Liebe kostet manche Überwindung...
    Männer sind eine komische Erfindung.

4. Lamento

Der deutsche Mann
        Mann
          Mann —
das ist der unverstandene Mann.
  Er hat ein Geschäft, und er hat eine Pflicht.
  Er hat einen Sitz im Oberamtsgericht.
  Er hat auch eine Frau — das weiß er aber nicht.
    Er sagt: «Mein liebes Kind...» und ist sonst ganz
                vergnügt —
    Er ist ein Mann. Und das
          genügt.

Der deutsche Mann
        Mann
          Mann —
das ist der unverstandene Mann.
  Die Frau versteht ja doch nichts, von dem, was ihn quält.
  Die Frau ist dazu da, daß sie die Kragen zählt.
  Die Frau ist daran schuld, wenn ihm ein Hemdknopf fehlt.
    Und kommt es einmal vor, daß er die Frau betrügt:
    Er ist ein Mann. Und das
          genügt.

Der deutsche Mann
                    Mann
                              Mann –
das ist der unverstandene Mann.
        Er gibt sich nicht viel Mühe, wenn er die Frau umgirrt.
        Und kriegt er nicht die eine, kommt die andere
                                                        angeschwirrt.
        Daher der deutsche Mann denn stets befriedigt wird.
                    Hauptsache ist, daß sie bequem und sich gehorsam
                                                        fügt.
                    Denn er ist Mann. Und das
                                        genügt.

Der deutsche Mann
                    Mann
                              Mann –
das ist der unverstandene Mann.
        Er flirtet nicht mit seiner Frau. Er kauft ihr doch den Hut!
        Sie sieht ihn von der Seite an, wenn er so schnarchend ruht.
        Ein kleines bißchen Zärtlichkeit – und alles wäre gut.
                    Er ist ein Beamter der Liebe. Er läßt sich gehn.
                    Er hat sie doch geheiratet – was soll jetzt noch
                                                        geschehn?
                    Der Mensch, der soll nicht scheiden, was Gott
                                                        zusammenfügt.
                    Er ist ein Mann. Und das
                                        genügt.

                                        Theobald Tiger (1931)

45

KLAVIERSPIEL NACH DEM ESSEN

> Da gab es einen englischen General, der war
> so unmusikalisch, daß er nur zwei Musik-
> stücke erkennen konnte. Eins davon war
> God save the King.
>
> Schnipsel
> Peter Panter (1931)

KLAVIERSPIEL NACH DEM ESSEN

Manchmal nach dem Essen setzt sich ein Gast oder eine Gästin hin und spielt etwas auf dem Pianino. Die Dame streift sich die Armbänder ab, der Herr zieht die Halshaut aus dem Kragen — aber habt ihr schon einmal, ein einziges Mal erlebt, daß euch dieses Spiel Vergnügen und Freude gemacht hätte? Kuchen.

Sie «spielen vor», die Affen. Sie produzieren sich. Sie geben ein kleines Konzert. Sie machen etwas vor. Sie wollen angestaunt sein, bewundert, beglückwünscht. Die Mitgäste dürfen dabeisitzen, und das tun sie auch. Sie blicken gelangweilt zur Decke auf, verzweiflungsvoll an den Fußboden, sie bestarren ihre Nägel und sondern viel Innenleben ab. Nachher pritscheln sie diskret in die Handflächen...

Wie schön wäre das, wenn einer einmal, nur ein einziges Mal, so spielte:

Eine Erinnerung an Mozart; ein Stück Symphonie, die aus irgendeinem Grunde dem Freundeskreis ans Herz gewachsen ist, Erinnerung auch sie; ein altes spanisches Volkslied, auf einer Reise gehört; einen dummen Schlager, in Moll und in Dur, als Boston und als Charleston; ein paar Töne aus malayischen Tempelgesängen — und noch ein Häppchen Mozart. Und eine Arie. Und einen alten dunkelgebeizten Walzer von Chopin.

Das befriedigt unsern musikalischen Appetit. Das wäre erst Musik — an Stelle jenes dummen Jahrmarkts der Eitelkeiten. Aber darauf können wir wohl lange warten... «Wollen Sie uns nicht die Freude machen, lieber Meister, uns zu erfreuen...? Ach, bitte, bitte! — Ich weiß, daß es für Sie ein Opfer... Wir haben uns so gefreut... Herr Professor Klotzekuchen wird sich erlauben — darf ich bitten, meine Herrschaften, vielleicht hier Platz zu nehmen, Emmi, sei doch still...!»

Aber nun nichts wie raus.

Kaspar Hauser (1927)

DER GRUNDAKKORD

Da ist diese Geschichte von den beiden Musikern, die wohnten in einer gemeinsamen Wohnung. Und der eine spielte noch spät abends vor dem Schlafengehen Klavier, und er spielte eine ganze große Melodie, mit allen Variationen, und zum Schluß noch einmal das Grundthema, aber das spielte er nur knapp bis zum Schluß, da hörte er auf, und den Schlußakkord, den spielte er nicht mehr. Sondern ging zu Bett.

Nachts um vier aber erhob sich der andere Musiker, schlich leise zum Klavier und schlug den fehlenden Grundakkord an. Und dann ging er beruhigt und erlöst schlafen.

Der Mensch will alles zu Ende machen. Wird er von einer kleinen

Arbeit abgerufen, die grade vor ihrem Ende steht, so kann man hundert gegen eins wetten, daß jeder von uns sagt: «Einen Augenblick mal — ich will das bloß noch...», die Arbeit ist vielleicht gar nicht wichtig, aber man kann sie doch so nicht liegenlassen, denn dann schreit sie. Und immer ist diese kleine Zwangsvorstellung stärker als alle Vernunft.

Der Mensch will auch alles zu Ende lesen — wenn der Schriftsteller etwas taugt. Was ein richtiges Buch ist, das muß einen ganzen Haushalt durcheinanderbringen: die Familie prügelt sich, wer es weiterlesen darf, die Temperatur ist beängstigend, und Mittag wird überhaupt nicht mehr gekocht. Und nichts ist schlimmer, als ein Buch anzufangen und es dann nicht mehr zu Ende lesen zu können. Das ist ganz schrecklich. Haben wir nicht schon alle einmal einen Roman auf der Reise verloren, liegengelassen, «verborgt» (lebe wohl! lebe wohl!) und uns dann krumm geärgert, daß wir nicht wissen, wie es weitergeht? Da gibt es ja dann das probate Mittel, sich das Buch allein zu Ende zu dichten, aber das wahre Glück ist das auch nicht, denn dabei muß man sich anstrengen, während man bei der Lektüre die ganze Geschichte ohne eigene Mühe vor sich ausgebreitet sieht — und dann weiß man doch auch nie, ob man richtig gedichtet hat, nein, das führt zu nichts. Der Dichter muß dichten, und der Leser will lesen. Umgekehrt ist es naturwidrig. Im Theater ist es schon anders. Wie dritte Akte aussehen, weiß ich nicht so ganz genau — ich gehe meist schon nach dem zweiten fort. Da reden sie so lange und dann hören sie gar nicht auf, und was wird denn schon dabei herauskommen! Wenn es eine Operette ist, dann wird zum Schluß die Musik noch lauter werden, und alle kommen an die Rampe getobt und winken ins Publikum, und ich bekomme meinen Mantel viel zu spät, weil vor mir der große, dicke Herr steht, der immer sagt: «Ich warte aber schon so lange...!» und wenn es ein ernstes Stück ist, dann sehn sie sich zum Schluß in die Augen, zart verdämmert die Abendröte im Stübchen, und Olga sagt zu Friedrich: «Auf immer.» Und wieder kriege ich meinen Mantel zu spät. Nein, dritte Akte sind nicht schön. Es gibt ja Leute, die bekommen niemals den Anfang der Stücke zu sehen, weil sie mit ihren Frauen ins Theater gehen müssen, und für solche Paare sind dann die dritten Akte da. Es gibt übrigens eine Sorte Menschen, die schmerzt es, wenn man das Theater vorzeitig verläßt — das sind die Logenschließer. Vor dem Krieg in Berlin, bei «Puppchen, du bist mein Augenstern», und nach dem Krieg in London, bei Wallace, dem bekannten Anhänger der Prügelstrafe, fielen mir beidemal bejahrte Logenschließer in den Paletot: «Sie wollen schon gehen? Aber das schönste kommt ja erst...!» Aber roh und herzlos stieß ich die bekümmerten Greise beiseite und entfloh, ins Freie, wo die fröhlichen Omnibusse rollten und wo ich ein viel schöneres Stück kostenlos zu sehen bekam: «Abend in der Stadt», in vielen Akten.

Soll man vor dem Ende aufhören? «Wenn es am schönsten schmeckt...», ja, das kennen wir. Vielleicht ist es hübsch, vor dem Ende aufzuhören — unten liegt immer so viel Satz. «Es war ja alles sehr schön, was ich in meinem Leben gehabt habe», hat einmal eine reiche Dame gesagt, die wirklich so ziemlich alles durchgekostet hatte, «aber es müßte um elf Uhr aus sein.»

Es ist aber nicht alles um elf Uhr aus. Die Stücke fangen meistens nett an, der zweite Akt bietet mancherlei Spannungen, aber dann zieht sichs, dann zieht sichs, und zum Schluß ... nein, man sollte doch schon immer in Pasewalk aussteigen.

Man hat dann wenigstens diese leise, kleine Sehnsucht in sich. Die Sehnsucht nach dem Grundakkord.

Peter Panter (1931)

LE «LIED»

Bétove ist kein Druckfehler, sondern ein Klavierhumorist. Er hat eine Brille, einen schadhaften Fuß und lange Haare. Er spielt eine ganze Oper vor: mit Chor, Liebesduett und Racherezitativ, genau so schön von vorvorgestern wie die meisten Aufführungen in der Opéra Comique — neulich sah ich daselbst einen älteren, etwas asthmatischen Herrn als Figaro umherrollen, und jedesmal, wenn die Damens die Noten Wolfgang Amadeus Mozarts gesungen hatten, raste das Haus, und das ganze erinnerte an den Humor, der unter Hartmann in Charlottenburg entwickelt wurde und wohl in Görlitz noch entwickelt wird. Becher her, stoßt an! Und die selben Leute, die in der Opéra Comique solchem Gewerke applaudieren, gleich hinter den Boulevards, da, wo der kleine Platz Boiéldieu abends so aussieht, als müßten gleich alle Passanten im Takt zu singen anfangen, und als käme hinter einer Ecke ein Page mit einem rosa Billett herausgelaufen, kommt aber keiner — dieselben Leute freuten sich sehr über Herrn Bétove, weil seine harmlose Parodie lustig anzuhören war. Er parodierte, was hier für die Musikabonnementen im Schwange ist: «Die Regimentstochter».

«Manche Völker sind musikalisch — dem Franzosen ist die Musik nicht unangenehm», hat Jean Cocteau einmal gesagt. Oh, sie sind hier sehr gebildet. Vor einiger Zeit haben sie sogar einen Abend gegeben: «Le lied à travers les âges» — die geschichtliche Entwicklung des deutschen «Liedes», mit gesungenen Beispielen.

Bétove fährt also fort; jetzt singt er etwas Spanisches, er kann kein Wort dieser Sprache, soviel ist einmal sicher, aber er gurgelt und lispelt ein Spanisch, wie er es auffaßt; er hats gehört, wenn die spanischen Paare auf dem Varieté in die kontraktliche Leidenschaft kommen. Sogar die Pause ist da, in der nur die Schritte der Tanzenden rhythmisch auf den Planken schleifen, tschuk-tschuk-tschuk — da setzt die Musik wieder ein. Das ist gewiß nicht neu; wir haben das hundertmal gehört, wie einer englische Songs kopiert, französische näselt. Pallenberg kann das meisterlich und Curt Bois auch ... Aber Bétove kündigt nun noch mehr Nationallieder an, nennt einen Namen, den ich nicht genau verstehen kann. Fritz ...? und beginnt ein Vorspiel. Still —

Das Präludium ist edel-getragen, und der kleine Mann am Klavier macht ein trauriges Gesicht, bekümmert den Kopf schüttelnd blickt er offenbar in das goldige Grün des Waldes, was mag sein blaues Auge sehn? Und nun beginnt er zu singen, und mir läuft ein Schauer nach dem andern den Rücken herunter.

Das ist kein Deutsch. Der Mann kann wahrscheinlich überhaupt nicht Deutsch, aber es ist doch welches. Es ist das Deutsch, wie es ein Franzose hört – Deutsch von außen. Da klingt: le «lied».

Ein deutscher Mann schreitet durch den deutschen Wald, die Linden duften, und die deutsche Quelle strömt treuherzig in einem tiefen Grunde.

Im grünen Wallet
zur Sommerszeit –

Ich verstehe kein Wort, es hat keinen Sinn, was der da singt, aber es kann nichts anderes heißen. Die Musik ist durchaus von Loewe – es ist so viel dunkles Bier, Männerkraft, Rittertum und Tilsiter Käse in diesem Gesang. Soweit ich vor Grauen und Lachen aufnehmen kann, hört es sich ungefähr folgendermaßen an:

A-ha-haa-schaupppttt
da-ha-gerrächchzzz –!

– an die weichen Stellen der Melodie setzt der Kerl jedesmal einen harten Konsonanten und erweckt so den angenehmen Eindruck eines, der lyrisch Lumpen speit. Aber nun wird die Sache bewegter.

Der Eichwald rauschet, der Himmall bezieht sich, im Baß ringt dumpf die Verdauung, der deutsche Mann schreitet nunmehr hügelan, Tauperlen glitzern auf seiner Stirn, die kleinen Veilchen schwitzen, der Feind dräut heimtückisch im Hinterhalt, jetzt schreit der Waldes-Deutsche wie beim Zahnbrecher, vor mir sehe ich Herrn Amtsrichter Jahnke, der am Klavier lahnt und mit seinem weichen, gepflegten Bariton unterm Kalbsbraten hervorbrüllt, und in den Schoß die Schönen – jetzt Welscher, nimm dich in acht! und ich höre so etwas wie

schrrrrrachchchchchtttt –!

da bricht die Seele ganz aus ihm herausser, das Pianoforte gibt her, was es drin hat, und es hat was drin, die Melodie wogt, der kleine Mann auch – und jetzt, jetzt steht er oben auf dem steilen Hügel, weit schaut er ins Land hinein. Burgen ragen stolz beziehungsweise kühn, laßt es aus den Kehlen wallen, ob Fels & Eiche splittern, die Lanzen schmettern hoch in der Luft, das Banner jauchzet im kühlen Wein, frei fließet der Bursch in den deutschen Rhein, jetzt hat Bétove alle zweiundzwanzig Konsonanten mit einem Male im Hals, er würgt, er würgt – da kommt es hervorgebrochen, der Kloß ist heraus! das Klavier ächzt in allen Fugen, der Kaiser ruft zur deutschen Grenz', die Deutschen wedeln mit den – da steht er hehr, ein Bein voran, wenn kein Feind da ist, borg ich mir einen, den blitzenden Flamberg hoch in Händen, mein Weib an der Brust, den geschliffe-

51

nen Helm im Nacken, der Neckar braust, der Adler loht, im deutschen Hintern sitzt das Schrot, es knallt das Roß, ein donnernd Halt, o deutscher Baum im Niederwald, mit eigenhändiger Unterschrift des Reichspräsidenten —!

Die Franzosen klatschen, wie ich sie noch nie habe klatschen hören. Neben mir kämpft der dicke Morus mit einem Erstickungsanfall. Wird gerettet.

Zum erstenmal seit zwei Jahren fühle ich: Fremde. Ich denke: wenn sie wüßten, daß du, einer der Verspotteten, unter ihnen sitzt ... Würden sie dich zerreißen? Unfug. Gewiß, manchmal habe ich nicht gefühlt wie sie, habe nicht mitgelacht, nicht mitgeweint... aber heute ist da, zum erstenmal, das andre, das fremde Blut, auf einmal sind sie drüben, und ich bin hüben.

Das war unsre deutsche Sprache? Die, in der immerhin «Füllest wieder Busch und Tal» gedichtet ist? Das ist Deutsch —? So hört es sich für einen Fremden an? Es muß wohl. Und ich brauche nicht mehr auszuziehen, das Fürchten zu lernen. Ich habe mich gefürchtet.

Es war, wie wenn man sich selbst im Film sieht. Viel schlimmer: wie wenn sich das Spiegelbild aus dem Rahmen löste, sich an den Tisch setzte und grinsend sagte: «Na — wie gefall ich dir?» Da stehe ich auf, weiche einen Schritt zurück und sehe den da, mich entsetzt an ... Das bin ich —

Den ganzen Abend und noch am nächsten Tag getraue ich mich nicht, deutsch zu sprechen. Vor mir selber traue ich mich nicht. Ich höre überhaupt keine Vokale mehr, immer nur Konsonanten. Die Sprache ist wieder in ihren Spiegelrahmen zurückgekehrt, fremd sehen wir uns an, ich mißtrauisch, sie könnte vielleicht jeden Augenblick wieder auskneifen, mir gegenübertreten ... Wir kennen uns nun schon so lange. Zum erstenmal habe ich sie nackt gesehn.

Peter Panter (1926)

DER LINKSDENKER

«Er ist ein Gespenst und doch ein Münchner»
Alfred Polgar

Das war ein heiterer Abschied von Berlin: sechs Wochen Panke und ein Abend Karl Valentin — die Rechnung ging ohne Rest auf.

Ich kam zu spät ins Theater, der Saal war bereits warm und voller Lachen. Es mochte grade begonnen haben, aber die Leute waren animiert und vergnügt wie sonst erst nach einem guten zweiten Akt. Am Podium der Bühne auf der Bühne, mitten in der Vorstadtkapelle, saß ein Mann mit einer aufgeklebten Perücke, er sah aus, wie man sich sonst wohl einen Provinzkomiker vorstellt: ich blickte angestrengt auf die Szene und wußte beim besten Willen nicht, was es da wohl zu lachen gäbe ... Aber die Leute lachten wieder, und der Mann hatte doch gar nichts gesagt ... Und plötzlich schweifte mein

Auge ab, vorn in der ersten Reihe saß noch einer, den hatte ich bisher nicht bemerkt, und das war: ER.

Ein zaundürrer, langer Geselle, mit stakigen, spitzen Don-Quichote-Beinen, mit winkligen, spitzigen Knien, einem Löchlein in der Hose, mit blankem, abgeschabtem Anzug. Sein Löchlein in der Hose — er reibt eifrig daran herum. «Das wird Ihnen nichts nützen!» sagt der gestrenge Orchesterchef. Er, leise vor sich hin: «Mit Benzin wärs scho fort!» Leise sagt er das, leise, wie es seine schauspielerischen Mittel sind. Er ist sanft und zerbrechlich, schillert in allen Farben wie eine Seifenblase; wenn er plötzlich zerplatzte, hätte sich niemand zu wundern.

«Fertig!» klopft der Kapellmeister. Eins, zwei, drei — da, einen Sechzehnteltakt zuvor, setzte der dürre Bläser ab und bedeutete dem Kapellmeister mit ernstem Zeigefinger: «'s Krawattl rutscht Eahna heraus!» Ärgerlich stopft sich der das Ding hinein.

«Fertig!» Eins, zwei, drei . . . So viel, wie ein Auge Zeit braucht, die Wimper zu heben und zu senken, trennte die Kapelle noch von dem schmetternden Tusch — da setzte der Lange ab und sah um sich. Der Kapellmeister klopfte ab. Was es nun wieder gäbe —? «Ich muß mal husten!» sagte der Lange. Pause. Das Orchester wartet. Aber nun kann er nicht. Eins, zwei, drei — tätärätä! Es geht los.

Und es beginnt die seltsamste Komik, die wir seit langem auf der Bühne gesehen haben: ein Höllentanz der Vernunft um beide Pole des Irrsinns. Er ist eine kleine Seele, dieser Bläser, mit Verbandsorgan, Tarif, Stammtisch und Kollegenklatsch. Er ist ängstlich auf seinen vereinbarten Verdienst und ein bißchen darüber hinaus auf seinen Vorteil bedacht. «Spielen Sie genau, was da steht», sagt der Kapellmeister, «nicht zu viel und nicht zu wenig!» «Zu viel schon gar nicht!» sagt das Verbandsmitglied. Oben auf der Bühne will der Vorhang nicht auseinander. «Geh mal sofort einer zum Tapezierer», sagt der Kapellmeister, «aber sofort, und sag ihm, er soll gelegentlich, wenn er Zeit hat, vorbeikommen.» Geschieht. Der Tapezierer scheint sofort Zeit zu haben, denn er kommt gelegentlich in die Sängerin hineingeplatzt. Steigt mit der Leiter auf die Bühne — «Zu jener Zeit, wie liebt ich dich, mein Leben», heult die Sängerin — und packt seine Instrumente aus, klopft, hämmert, macht . . . Seht doch Valentin! Er ist nicht zu halten. Was gibt es da? Was mag da sein? Er hat die Neugier der kleinen Leute. Immer geigend, denn das ist seine bezahlte Pflicht, richtet er sich hoch, steigt auf den Stuhl, reckt zwei Hälse, den seinen und den der Geige, klettert wieder herunter, schreitet durch das Orchester, nach oben auf die Bühne, steigt dort dem Tapezierer auf seiner Leiter nach, geigt und sieht, arbeitet und guckt, was es da Interessantes gibt . . . Ich muß lange zurückdenken, um mich zu erinnern, wann in einem Theater *so* gelacht worden ist.

Er denkt links. Vor Jahren hat er einmal in München in einem Bierkeller gepredigt: «Vorgestern bin ich mit meiner Großmutter in der Oper ‹Lohengrin› gewesen. Gestern nacht hat sie die ganze Oper nochmal geträumt; das wann i gwußt hätt, hätten wir gar nicht erst hingehen brauchen!»

Aber dieser Schreiber, der sich abends sein Brot durch einen kleinen Nebenverdienst aufbessert, wird plötzlich transparent, durchsichtig, über- und unterirdisch und beginnt zu leuchten. Berühren diese langen Beine noch die Erde?

Es erhebt sich das schwere Problem, eine Pauke von einem Ende der Bühne nach dem andern zu schaffen. Der Auftrag fällt auf Valentin. «I bin eigentlich a Bläser!» sagt er. Bläser schaffen keine Pauken fort. Aber, na ... latscht hin. Allein geht es nicht. Sein Kollege soll helfen. Und hier wird die Sache durchaus mondsüchtig. «Schafft die Pauke her!» ruft der Kapellmeister ungeduldig. Der Kollege kneetscht in seinen Bart: «Muß das gleich sein?» Der Kapellmeister: «Bringt die Pauke her!» Valentin: «Der Anderl laßt fragen, wann.» — «Gleich!» Sie drehen sich eine Weile um die Pauke, schließlich sagt der Anderl, er müsse dort stehen, denn er sei Linkshänder. Linkshänder? Vergessen sind Pauke, Kapellmeister und Theateraufführung ... Linkshänder! und nun, ganz shakespearisch: «Linkshänder bist? Alles links? Beim Schreiben auch? Beim Essen auch? Beim Schlucken auch? Beim Denken auch?» Und dann triumphierend: «Der Anderl sagt, er ist links!» Wie diesseits ist man selbst, wie jenseits, wie verschieden, wie getrennt, wie weitab! Mitmensch? Nebenmensch.

Sicherlich legen wir hier das Philosophische hinein. Sicherlich hat Valentin theoretisch diese Gedankengänge nicht gehabt. Aber man zeige uns doch erst einmal einen Komiker als Gefäß, in das man so etwas hineinlegen kann. Bei Herrn Westermeier käme man nicht auf solche Gedanken. Hier aber erhebt sich zum Schluß eine Unterhaltung über den Zufall, ein Hin und Her, kleine magische Funken, die aus einem merkwürdig konstruierten Gehirn sprühen. Er sei unter den Linden spaziert, mit dem Nebenmann, da hätten sie von einem Radfahrer gesprochen — und da sei gerade einer des Wegs gekommen. Dies zum Kapitel: Zufall. Der Kapellmeister tobt. Das sei kein Zufall — das sei Unsinn. Da kämen tausend Radfahrer täglich vorbei. «Na ja», sagt Valentin, «aber es ist grad *einer* kumma!» Unvorstellbar, wie so etwas ausgedacht, geschrieben, probiert wird. Die Komik der irrealen Potentialsätze, die monströse Zerlegung des Satzes: «Ich sehe, daß er nicht da ist!» (was sich da erhebt, ist überhaupt nicht zu sagen!) — die stille Dummheit dieses Witzes, der irrational ist und die leise Komponente des korrigierenden Menschenverstandes nicht aufweist, zwischendurch trinkt er aus einem Seidel Bier, kaut etwas, das er in der Tasche aufbewahrt hatte, denkt mit dem Zeigefinger und hat seine kleine Privatfreude, wenn sich der Kapellmeister geirrt hat. Eine kleine Seele. Als Hans Reimann einmal eine Rundfrage stellte, was sich wohl jedermann wünschte, wenn ihm eine Fee drei Wünsche freistellte, hat Karl Valentin geantwortet: «1. Ewige Gesundheit. 2. Einen Leibarzt.» Eine kleine Seele.

Und ein großer Künstler. Wenn ihn nur nicht einmal die Berliner Unternehmer einfangen! Das Geheimnis dieses primitiven Ensembles ist seine kräftige Naivität. Das ist nun eben so, und wems nicht paßt, der soll nicht zuschauen. Gott behüte, wenn man den zu Duetten und komischen Couplets abrichtete! Mit diesen verdrossenen, verquälten, nervösen Regisseuren und Direktoren auf der Probe, die nicht zuhören und zunächst einmal zu allem nein sagen. Mit diesem Drum und Dran von unangenehmen Berliner Typen, die vorgeben zu wissen, was das Publikum will, mit dem sie ihren nicht sehr heitern Kreis identifizieren, mit diesen überarbeiteten und unfrohen Gesellen, die nicht mehr fähig sind, von Herzen über das Einfache zu lachen, «weil es schon dagewesen ist». Sie jedenfalls sind immer schon dagewesen. Karl Valentin aber nur einmal, weil er ein seltener, trauriger, unirdischer, maßlos lustiger Komiker ist, der links denkt.

Peter Panter (1924)

OTTO REUTTER

Ein schlecht rasierter Mann mit Stielaugen, der aussieht wie ein Droschkenkutscher, betritt in einem unmöglichen Frack und ausgelatschten Stiefeln das Podium. Er guckt dämlich ins Publikum und hebt ganz leise, so für sich hin, zu singen an.

Diese Leichtigkeit ist unbeschreiblich. Es ist gar nicht einmal alles so ungeheuer witzig, was er singt, das kann es wohl auch nicht, denn er singt da gerade das zweitausendvierhundertachtundzwanzigste Couplet seines Lebens, und so viele gute gibt es nicht: aber dieser Fettbauch hat eine Grazie, die immer wieder hinreißt.

Die Pointen fallen ganz leise, wie Schnee bei Windstille an einem stillen Winterabend. Von den politischen will ich gar nichts sagen. Der Mann hat im Kriege geradezu furchtbare Monstrositäten an Siegesgewißheit von sich gegeben — so die typische Bierbankseligkeit des Hurras, die zu gar nichts verpflichtete, bei der schon das Mitbrüllen genügte. Und wenn er heute politisch wird, dann sei Gott davor. Nicht, weil mir die Richtung nicht paßt — sondern weil die Texte verlogen sind.

Diese Pille vorweggenommen: Welch ein Künstler —! Alles geht aus dem leichtesten Handgelenk, er schwitzt nicht, er brüllt nicht, er haucht seine Pointen in die Luft, und alles liegt auf dem Bauch. Ein Refrain immer besser als der andere — wie muß dieses merkwürdige Gehirn arbeiten, daß es zu jeder lustigen Endzeile immer noch eine neue Situation erfindet. Und was für Situationen!

Ein Refrain hieß: «In fünfzig Jahren ist alles vorbei!» Heiliger Fontane, hättest du eine Freude gehabt! — Die Melodie blieb auf «vorbei» in der Terz hängen — erst das Klavier endete sie, und er stand da und machte ein dummes Gesicht. Und sah aus wie ein Kuhbauer und entzückte und charmierte durch seine Grazie. Wenn dich der Zahnarzt, sang er, an einem Zahn durchs Zimmer schleift, und es will gar nimmer enden — «dann mach dir nichts aus der Schweinerei, denn in fünfzig Jahren ist alles vorbei...!»

Und dann ein Lied, meisterhaft, in total besoffenem, von nichts ahnendem Tonfall gesungen: «Ick wunder mir über jahnischt mehr —!» Abends käme er nach Hause, sang er, und da —

> Da steht vor meine Kommode 'n Mann —
> Der sagt: «Sie! Fassen Se mal mit an!
> Alleene is mir det Ding zu schwer ...»
> Ick wunder mir über jahnischt mehr —

Und dazu ein Mondgesicht, unbeteiligt, mild leuchtend durch die Wolken — was soll man dazu sagen?

Die Leute sagen auch gar nichts, sondern liegen unter dem Tisch, und wenn sie wieder hochkommen, dann verbeugt sich da oben ein dicker und bescheidener Mann, der gar nichts von sich hermacht, obgleich er ein so großer Künstler ist.

Peter Panter (1921)

KONVERSATION

Magda spricht. Arthurchen hört zu.

Madga (presto):

«Gott, Sie verstehen doch was vom Theater — endlich mal einer, der was vom Theater versteht. Ich werde Ihnen das also ganz genau erzählen.

Die Leute hatten zunächst die Straub engagiert, die sollte den Dragonerrittmeister spielen. Ich die Lena. Ich habe gesagt, neben einer Hosenrolle komm ich nicht raus. Ich komme doch nicht neben einer Hosenrolle raus —! Mit mir kann man das nicht machen. Wenn ich mir mal was in den Kopf gesetzt habe, alle meine Freunde sagen, ich bin so eigensinnig, und das ist auch wahr. So bin ich eben. Nicht wahr, Sie finden das auch —? Nicht wahr? Ja. Und da habe ich dem Direktor gesagt, ich sage, wenn ich die Lena nicht spielen darf, dann schmeiß' ich ihm seinen Kram vor die Füße. Papa sagt auch ... Finden Sie richtig, nicht wahr —? Ja. Da hat der Direktor natürlich nachgegeben, soo klein war er,

Arthurchen (denkt):

Das kann man wohl sagen, daß ich was vom Theater verstehe — das hat sie ganz hübsch gesagt. Natürlich versteh' ich was vom Theater. Nu leg mal los.

Sie ist ja doch pikant, sie hat was. Nette Beine. Ob sie einen Büstenhalter trägt? Nein, sie trägt wohl keinen. Wenn sie schnell spricht und dabei lacht, dann hat sie so ein nettes Fältchen um die Augen. Sie sollte sich übrigens die Wimpern nicht färben, das steht ihr gar nicht. Aber eine nette Person. Eigentlich ... Wer hat die eigentlich —? Na ja, Franz — aber das füllt sie doch nicht aus! Dabei spricht sie immer von Papa und Mama, wie macht sie das mit dem Ausgehn? Lebt sie zu Hause? Wenn sie auch zu Hause lebt, das kann man arrangieren ...

Die Schwester von dem Kammergerichtsrat? ein übles Aas. Wer weiß, ob die Leute überhaupt so viel Geld haben ...

ich kenn' doch die Schwester von dem Kammergerichtsrat Bonhoeffer, der der Onkel von seinem Geldgeber ist — wissen Sie übrigens, daß Klöpfer die neue Rolle nicht spielen will? Er hat gesagt, so einen Drecktext spricht er nicht. Klöpfer geht zum 1. Juni auf Tournee. Ich sollte erst mit, aber ich mach mir nichts aus Tourneen. Gott, ich hätts ja vielleicht getan — aber wenn jetzt die neue Trustdirektion kommt, dann werden wir ja sehn! Ich hab in diesen Sachen so was Kindliches. Ich bin überhaupt ein großes Kind. Finden Sie nicht auch —? Nicht wahr? Ja. Kennen Sie Gerda, die blonde Gerda? Die, die'n Verhältnis mit der Frau Petschaft hat — na ja, sie hat auch 'n Freund, aber bloß so nebenbei. Der Freund weiß das, natürlich. Mit mir hat sie ... ach, Sie sind'n gräßlicher Mensch — was Sie immer alles gleich denken! Die Gerda ist völlig talentlos. Und frech ist die Person —! Das Gretchen will sie spielen. Was sagten Sie —? Nein. Ja. Ich meine: die Frau darf das einfach nicht spielen. Geht auch gar nicht, weil die neue Kombination Fischer-Hirsch dagegen ist. Und wenn die Kombination nicht dagegen wäre — Himmel, es ist sechs Uhr! Nein, wie man sich mit Ihnen verplaudert! Sie reden so nett und anregend ... Grüß Gott, Doktorchen. Seins nicht bös — aber ich muß fort. Auf baldiges —»

Was hab' ich denn heute für einen Schlips um? Sie guckt mir immer so nach dem Hals ... Das ist doch eine neue Krawatte — hab' ich da 'n Fleck ...? Nein, das war wohl nichts. Wenn sie die Augen zumacht, sieht sie nett aus. A un certain moment — stand neulich in dem Roman. So sieht sie dann aus. Nett. Sie kann doch sehr lustig sein. Es kann doch sehr lustig werden. «Ja, das finde ich auch. Gewiß, gnädiges Frollein.» Reizende Person. Wie spät mag das sein? Sie erzählt ja 'n bißchen viel. Aber jetzt kann ich nicht nach der Uhr sehn. Verdammt, die Uhr im Salon kann man von hier aus auch nicht sehn. Ich wer mal so ganz nongschalang aufstehn ... Sieht man die Uhr auch nicht. Die Gerda —? Die Gerda mit ihr zusammen — wär gar nicht übel. Was ist das für 'n Parfüm, das sie hat? Was ich gesagt habe? Ich hab doch gar nichts gesagt. Mein Gott, spricht die Frau! Mein Gott — aber man müßte sehen, zu irgendeinem Schluß zu kommen, so oder so ... Schnupfst du eigentlich Kokain, mein Engel? Hoffentlich nicht. Sechs? Schockschwerenot, Hilde wartet nie so lange. Und nachher ist die Wohnung zu, und ich habe keinen Schlüssel. Na, dann diese hier. Bin ich heute abend frei. Ja. Sind Sie vielleicht heute abend ... «Auf Wiedersehn!» Wupp. Jetzt ist sie weg.

Kaspar Hauser (1926)

Kaufen Sie sich, lieber Emil Ludwig, Columbia Nummer 14 002, gucken Sie nicht aufs Etikett und lassen Sie die Platte auf dem kostbaren Grammophon laufen, das Ihnen unser Verleger Rowohlt in einem Anfall von Cäsarenwahn geschenkt hat, wie ich hoffe. Folgendes wird sich dann begeben:

Da spielt einer Wagner, und zwar das schöne Lied von dem Herrn Abendstern. Aber wie spielt er es? Auf die einzig mögliche Weise, in der man es noch spielen kann, nämlich als Jazz. Lieber Emil Ludwig, es ist ganz großartig.

Auf einmal ist alles nicht mehr wahr: die Eierkuchensentimentalität nicht und nicht jene butterweiche Rührsamkeit, mit der dieses Gedudel angemacht ist; fort ist das Pathos aus Sachsen und der trutz'ge Krach, der sich als Rassenstolz ausgegeben hat (eine der Kriegsursachen); geblieben ist etwas andres. Geblieben ist eine luftige, lustige und nette Melodie, von der man nur wünschen könnte, der Meister hätte sie so geschrieben, wie sie da gespielt wird: unerbittlich rhythmisch wie eine Nähmaschine und sehr hopp-hopp. Wie da zum Beispiel der Refrain des schönen Couplets

> «Ja, unterm holden Abendstern,
> da hätt ich sie wohl gar zu gern —»

wie diese Zeilen als Tanztakte erklingen, das ist fürwahr ganz wunderbar. Es gibt eine unwiderlegbare Probe für den Wert dieser Umgestaltung: man hört das wackere Lied fortab nur noch im neuen Rhythmus, mit den eingelegten Pausen, hängend am stählernen Tau des Viervierteltakts. Da ist nichts mehr zu retten, so hätte es gleich erklingen sollen; die Parodie rückt das Werk des großen Sachsen erst richtig zurecht, hier ist die wahre Gestalt, und Parodie war nur das Original.

Sehen Sie, auf der Rückseite der Platte haben sie dasselbe mit Chopin gemacht, und da gehts nicht. Selbst Pachmann auf Elektrola kann nicht mehr retten, was an dem veraltet ist, aus vergilbten Tasten steigt ein schwacher Lavendelgeruch auf — und doch ist diese Chopin-Platte verzerrt und nur ein amüsantes Kunststück. Unsterblich klingt der Walzer-Rhythmus durch das Gehämmer, das als Spaß grade noch zu ertragen ist.

Bei Wagnern aber enthüllt es ein ganzes Opus. Es ist viel mehr als ein Offenbachscher Ulk—: es ist die Selbstsicherheit einer neuen klaren Zeit, unbeweglicher Hohn auf die Pendant-Ideale eines gutbürgerlichen Vertikos aus dem Jahre 1891 oder eines Landgerichtsdirektors aus dem Jahre 1931 und die pfeifende Lebensfreude einer Kraft, die Notung, das neidige Schwert, in Serbien bei Armstrong, Krupp und Schneider-Creusot in Auftrag gegeben hat. Viel Vergnügen —!

Peter Panter (1928)

EIN DEUTSCHES VOLKSLIED

«Das Volk ist dof, aber gerissen.» —

In deutschen Landen ist augenblicklich ein Lied im Schwange, das den vollendetsten Ausdruck der Volksseele enthält, den man sich denken kann — ja, mehr: das so recht zeigt, in welcher Zeit wir leben, wie diese Zeit beschaffen ist, und wie wir uns zu ihr zu stellen haben. Während der leichtfertige Welsche sein Liedchen vor sich hinträllert, steht es uns an, mit sorgsamer, deutscher Gründlichkeit dieses neue Volkslied zu untersuchen, und ihm textkritisch beizukommen. Die Worte, die wir philologisch zu durchleuchten haben, lauten:

> Wir versaufen unser Oma sein klein Häuschen —
> sein klein Häuschen — sein klein Häuschen —
> und die erste und die zweite Hypothek!

Bevor wir uns an die Untersuchung machen, sei zunächst gesagt, daß das kindliche Wort «Oma» so viel bedeutet wie «Omama», und dieses wieder heißt «Großmutter». Das Lied will also besagen: «Wir, die Sänger, sind fest entschlossen, das Hab und Gut unsrer verehrten Großmutter, insbesondere ihre Immobilien, zu Gelde zu machen und die so gewonnene Summe in spirituösen Getränken anzulegen.» Wie dies —? Das kleine Lied enthält klipp und klar die augenblickliche volkswirtschaftliche Lage: Wir leben von der Substanz. So, wie der Rentner nicht mehr von seinen Zinsen existieren kann, sondern gezwungen ist, sein Kapital anzugreifen — so auch hier. Man beachte, mit welcher Feinheit die beiden Generationen einander gegenübergestellt sind: die alte Generation der Großmutter, die noch ein Häuschen hat, erworben von den emsig verdienten Spargroschen — und die zweite und dritte Generation, die das Familienvermögen keck angreifen und den sauern Schweiß der Voreltern durch die Gurgel jagen! Mit welch minutiöser Sorgfalt ist die kleine Idylle ausgetuscht; diese eine Andeutung genügt — und wir sehen das behaglich kleinbürgerliche Leben der Großmama vor uns: freundlich sitzt die gute alte Frau im Abendsonnenschein auf ihrem Bänkchen vor ihrem Häuschen und gedenkt all ihrer jungen Enkelkinder, die froh ihre Knie umspielen ...

Das ist lange her, Großmutter sank ins Grab, und die grölende Corona der Enkel lohnt es ihr mit diesem Gesang: «Wir versaufen unser Oma ihr klein Häuschen ...» Ist dies ein Volkslied —? Es ist seine reinste Form. Man darf freilich nicht an früher denken. Früher sang wohl der Wanderbursch sein fröhlich Liedchen von den grünen Linden und den blauäugigen Mägdelein — weil das sein Herz bewegte. Nun, auch dieses Lied singt von dem, was unser Herz bewegt: von den Hypotheken. Hatte früher Walther von der Vogelweide sein «Tandaradei» durch die Lüfte tönen lassen und den Handel den Pfeffersäcken überlassen, so ist es heute an den Kaufleuten, «Tandaradei!» zu blasen, und die Liederdichter befassen sich mit den Hypotheken. Wenn auch freilich in naiver Weise. Denn es ist dem Liedersänger entgangen, daß die Hypothek selbst ja eine

Schuld ist, die man unmöglich vertrinken kann — meint er doch wahrscheinlich die für die eingetragene Hypothek als Darlehn gegebene Summe, die der Schuldner in leichtfertiger Weise verbraucht. So singt das Volk. Hier spricht die Seele deines Volkes. Hier ist es ganz. Es soll uns nicht wundernehmen, wenn nächstens in einem schlichten Volkslied das Wort «Teuerungszulage» oder «Weihnachtsgratifikation» vorkommt — denn dies allein ist heute echte, unverlogene Lyrik.

Dichter umspannen die Welt in brüderlicher Liebe, Poeten sehen Gott in jedem Grashälmchen — das ehrliche Volk aber gibt seinen Gefühlen unverhohlen Ausdruck. Noch lebt es von den Gütern der Alten. Langsam trägt es Sommerüberzieher, Sofas, Überzeugungen und Religionen auf — neue schafft es zurzeit nicht an. Was dann geschieht, wenn die alle dahin sind, darüber sagt das Lied nichts. Vorläufig sind sie noch da — und solange sie noch da sind, lebt das Volk von der Substanz.

Und versauft der Oma sein klein Häuschen.

Peter Panter (1922)

SINGT EENER UFFN HOF

Ick hab ma so mit dir jeschunden,
ick hab ma so mit dir jeplacht.
Ick ha in sießen Liebesstunden
zu dir «Mein Pummelchen» jesacht.
  Du wahst in meines Lehms Auf un Ab
  die Rasenbank am Elternjrab.

Mein Auhre sah den Hümmel offen,
ick nahm dir sachte uffn Schoß.
An nächsten Tach wahst du besoffen
un jingst mit fremde Kerle los.
  Un bist retuhr jekomm, bleich un schlapp —
  von wejen: Rasenbank am Elternjrab!

Du wahst mein schönstet Jlück auf Erden,
nur du — von hinten und von vorn.
Mit uns zwee hätt et können werden,
et is man leider nischt jeworn.
  Der Blumentopp vor deinen Fensta
  der duftet in dein Zimmer rein . . .
  Leb wohl, mein liebes Kind, und wennsta
  mal dreckich jeht, denn denke mein —!

Theobald Tiger (1932)

CHANSON FÜR EINE FRANKFURTERIN

Für Ida Wüst

Wenn die alte Herrn noch e mal Triebe ansetze —
    des find ich goldisch!
Wenn se dann nix wie Dummheite schwätze —
    des find ich goldisch!
Des hab ich von meim alte Herrn:
ich hab halt die Alt-Metalle so gern …
Wenn ich en Bub geworde wär, hätt ich auch Metallercher
        Ja, Jaköbche …   [verzollt —
Rede is Nickel, Schweige is Silber, und du bist mei Gold —!

Wenn se newe mir auf dem Diwan sitze —
    des find ich goldisch!
wenn se sich ganz wie im Ernst erhitze —
    des find ich goldisch!
E Angriffssignal is noch kein Siesch —
ich sag bloß: Manöver is doch kein Kriesch!
Wer will, hat schon fuffzig Prozent. No, un wer zweimal
        En Floh is kei Roß,   [gewollt …
        un e Baiss is kei Hauss …
un Rede is Nickel, Schweige is Silber, un du bist mei Gold —!

Wenn se sich de Hut schief auf die Seite klemme —
    des find ich goldisch!
Wenn se die Ärmcher wie Siescher in die Seite stemme —
    des find ich goldisch!
am liebste nemm ich se dann auf den Schoß.
Aber mer hat sein Stolz. Es ist kurios:
sei Mutter is net aus Frankfort. Er aach net. Und da hab
        ich net gewollt …
        Jetzt waan net, Klaaner —
Berlin ist Nickel, Wiesbaden ist Silber, awwer Frankfort is
        Gold —!
        Theobald Tiger (1929)

FRAGE

Es laufen vor Premieren
Gerüchte durch die Stadt:
Nun kommt, was man in Sphären
noch nicht gesehen hat.
    Doch hat der Rummel sich gelegt
    — so aufgeregt, so aufgeregt —

dann frag ich still, so leis ich kann:
    «Und dazu ziehn Sie 'n Smoking an —?»

Es steigen große Bälle,
und die Plakate schrein.
Man muß auf alle Fälle
da reingetreten sein.
    Der Sekt ist warm, die Garderoben kalt.
    «Ich glaube, Lo, nun gehn wir bald...»
    Zu Hause sehn sich alle an:
        «Und dazu ziehn wir 'n Smoking an —?»

Es prangt in den Journalen
das Bildnis einer Frau.
Schön ist sie angemalen,
hellrosa, beige und blau.
    Dir glückts... ihr Widerstand erschlafft...
    Na, fabelhaft! Na, fabelhaft?
    Grau ist der Morgen... welk der Strauß...
        Und dazu zieh ich 'n Smoking aus —?

Willst du nach oben schweben,
fällst du auf den Popo.
Und überhaupt das Leben,
es ist gemeinhin so:
    Erst viel Geschrei und mächtiger Zimt.
    Sieh nur, wie alles Karten nimmt!
    Aber mehrstenteils, o Smokingmann:
        Zieh ihn gar nicht erst an! Zieh ihn gar nicht erst an —!

                       Theobald Tiger (1930)

SCHLAGER

    Überall, wo Räder rollen
    in den Autos, in den vollen —
    in der Handelskompagnie.
    In den Wäldern unter Fichten,
    in den Oberlandgerichten —
    gibts nur eine Melodie.
    Gents, die ihre Wagen lenken —
    Mädchen, die den Beutel schwenken —
    wo das deutsche Leben zieht —
    singen wir das kleine Lied:

«Wer bezahlt denn meine Steuern?
Bezahl sie *ich* vielleicht? — Bezahlst sie *du* vielleicht?
Bei den Zeiten, bei den teuern —
da muß man froh sein, wenns fürn kleinen Cognac reicht!»

(Wabblige Musik)

Wälder blaß erdunkeln.
Silberteiche funkeln.
Schwer empor steigt Nickelmann,
fängt ein bißchen mit den Elfen an.
Waldesgeister weben.
Elfen nebbich schweben —
auf dem Pfad, wo Mondschein geht —
weil das so bei Richard Wagner steht ...
Und während Poesie die Luft durchzieht,
singt die kleine Elfe leis ihr Lied:

(Husch — husch — die Waldfee!)

«Wer bezahlt denn meine Steuern?
Bezahl sie ich vielleicht? — Bezahlst sie du vielleicht?
Bei den Zeiten, bei den teuern —
da muß man froh sein, wenns fürn kleinen Nektar reicht!»

(Striktes Marschtempo)

Das Militär ist große Mode
in der Politik und auf dem Varieté.
Da hetzen sie das Ding zu Tode —
in Revuen und auf dem Cabaret.
Und kannst du mal nicht weiter —
dann sei nicht bös und barsch —
dann spielste einfach heiter
den Fridericus-Marsch.
Und dann fällt alles — und dann fällt alles
vor Begeisterung auf den Fridericus-Marsch (Hurra!)
auf den Fridericus-Marsch.

(Achtung! Tritt geeee-faßt! Die Augen — licks!)

«Wer bezahlt denn meine Steuern?
Bezahl sie ich vielleicht? — Bezahlst sie du vielleicht?
Bei den Zeiten, bei den teuern —
da muß man froh sein, wenns fürn kleinen Cognac reicht!»

Theobald Tiger (1924)

MITROPA, SCHLAFWAGEN

...ich höre nachts die Lokomotiven pfeifen,
sehnsüchtig schreit die Ferne, und ich drehe
mich im Bett herum und denke: «Reisen...»

Die fünf Sinne
Theobald Tiger (1925)

FAHRT INS GLÜCK

Ich ziehe meinen Rolls-Suiza aus dem Bootsschuppen, prüfe die Propeller und reite ab. Der Landweg führt durchs Holsteinische, vorbei an dem Dörfchen Lütjenburg, wo im Jahr 1601 Jakob Wasa mit Georg dem Heizbaren die berühmte Schlacht bei Lütjenburg schlug, in der ihm sechs Pferde unter dem Leib ... vorüber; Baumwipfel und kleine Kuppen grüßen — und da liegt Mütterchen Ostsee. Die Straße führt durch Haffkrug, Scharbeutz, Timmendorfer Strand.

Wir sind im Herbst, und Villen, Hotels und Kurhäuser stehen leer; nur hier und da ragt noch ein Strandkorb mit Wimpeln und einer Fahne; die Manikür-Fräulein sitzen gelangweilt vor den Frisiersalons in der Sonne und putzen sich selber die Nägel, um nicht aus der Übung zu kommen; Hunde lungern herum und schnüffeln in alten Zeitungen, lesen und heben ein Bein; die Ostsee ist eigentlich schon zugedeckt. Und je weiter ich komme, desto mehr blähe ich mich auf; ich nehme zusehends zu, vor Schadenfreude bekomme ich fast einen kleinen Bauch ... Was tat der Marquis de Sade? Er röstete kleine Mädchen und bestreute sie mit gestoßenem jungem Mann? Das ist gar nichts. Ich — genieße eine Sommerfrische, die ich nicht zu genießen brauche.

Meine wollüstige Phantasie bevölkert diese leeren Straßen und Häuser; es ist heiß, eng und staubig, alles ist besetzt, und die Wirte sind frech wie die Aasgeier, die nur noch aus Übermut fressen. «Ein einzelnes Zimmer geben wir nur an achtköpfige Familien ab —!» Die Ostsee liegt faul da, wie ein alter Tümpel; sie stinkt widerwillig vor sich hin, das gefangene Raubtier, und die Leute sagen: «Nein, wie erfrischend es hier aber ist —!» Eine Wolke von fataler Ausdünstung lagert über Scharbeutz, Timmendorfer Strand und Haffkrug; Teller rasseln, Hunde bellen, Kinder quäken, und ein Brei des Geredes ergießt sich über den Strand:

— «Geh doch ma rrüber, bei Rrröper — sach man, es wehr für uns!»
— «Nu sehn Sie sich bloß mal Frau Lahmers an, wie sie heut wieder aussieht! Wie macht die Frau das bloß?» — «Kuck mal, 'ne Judsche!»
— «Einen Umchain haben diese Goiten!» — «Wer mir an meinen Strandkorb rankommt und will die schwarz-weiß-rote Flagge runterholen, den hau ich — na, das wär gelacht! Wir sind doch hier zur Erholung hier!» — «Hab ich nötig, Schwarz-Rot-Gold aufzuziehen? Wir sind doch zur Erholung hier ...!» — «Hat er dich für heute abend hinbestellt? Würd ich nicht gehen ...! Elli, das kannst du nicht tun! Oder du nimmst mich mit!» — «Das kommt ganz auf die Umstände an, gnäjjes Frollein!» — «Auf welche Umstände, Herr Assessor?» — «Nero! Nero! Komm mal her! Komm mal hierher! Komm mal hier mal her! Nero! Pfuit! Pfuiiiit! Kannst du nicht hören! Nero!» — «Mama, Lilly schmeißt mit Popeln!» — «Frau Doktor! Frau Doktor! Sie haben Ihren Büstenhalter vergessen!» — «Schrei doch nicht so!» — «Na, meinste, man sieht das nicht, daß die ein hat ...?» — «Mir ist die ganze Reise verleidet!» — «Meines Erachtens nach beruht die Rettung Deutschlands wesentlich auf den Kolonien. Also,

meine Herren, England...» — «Ein kleiner Kaffee zwei vierzig, ein Teelöffel achtzig, ein Glas Wasser fünfzig, eine Tasse dreißig, Kuchen haben Sie nicht gehabt, macht vierzig, zusammen...» — «Donnerwetter, hat die Frau Formen —» Und ich bin nicht dabei.

«Mir ist die ganze Reise verleidet —!» Mütter tosen, bei denen man sich aussuchen kann, ob sie zu wenig geliebt oder zu wenig geprügelt worden sind; die Zuckungen in Unordnung geratener Gebärmütter vergiften ganze Existenzen. Kinder heulen, Väter fluchen, die Hunde kneifen gleichfalls den Schwanz ein, und die Grundlage des Staates ist, woran kein Zweifel, die Familie.

Jetzt bin ich aufgepumpt wie ein Ballon, das Gas der Gemeinheit erfüllt meine kleinsten Poren — ah, nicht dabei sein müssen, wenn sich diese Menschheit zwecks Erholung zu scheußlichen Klumpen zusammenballt wie vereinbaren Sie das Herr Panter mit Ihrer sozialen Gesinnung da erholen sich diese armen Leute so gut sie das können und Sie halt die Schnauze es gibt Flammri, der zittert vor Ekel über sich selbst auf dem Teller, alles ersauft in derselben Sauce, abends knallt eine dolle Nummer von Sekt an den Tischen der Réühniong und fließt derselbe in Strömen aus Schmerz über den Schmachfrieden von Versailles ... weil sie sich am Morgen in die wehrlose Ostsee stippen, waschen sie sich nun überhaupt nicht mehr, wieso, wo wir doch morgens baden, Emmy, du bist ein Ferkel, es ist heiß, es ist staubig, es riecht nach Milch und kleinen Kindern und Pipi, es ist überhaupt so schön, wie es nur die Natur und der Bürger vereint zustande bringen — und ich bin nicht dabei.

Hochkragige Fememörder mit Holzfressen, in deren kalten Augen eine stets parate Grausamkeit glitzert; sich erholende Buchhalterinnen für sechs Mark fünfzig den Tag zuzüglich Getränke; sie tragen eine Liebenswürdigkeit im Herzen, die nur für einen ausreicht — dem Rest gegenüber sind sie sauer und so unfreundlich ...

Manchmal ist es schön, allein zu sein. Manchmal ist es schön, keinem Verein anzugehören. Manchmal ist es schön, vorbeizufahren.

Der Herbsttag ist blau, die hohen Bäume rauschen, und violett vor Schadenfreude passiere ich die sommerlichen Stätten der Lust, die nicht so groß sein kann wie meine, an ihr nicht teilnehmen zu müssen. Falscher Nietzsche; der Kollektivismus; der typische bürgerliche Intellektuelle; eine Frechheit; im Namen der Arbeitsgemeinschaft der Reichsverbände Deutscher Ostseebäder-Vereine; der Pariser Jude Peter Panter; eine Geschmakkklosigkeit, antisemitische Äußerungen zu bringen; wo erholen Sie sich denn, Herr? wir lebhaft bedauern müssen, diesem Artikel in unserm Blatt die Aufnahme zu verweigern, das Nähere siehe unter Inserate; Sie haben eben keine Kinder; wo liegt eigentlich Scharbeutz? wir waren dieses Jahr in Zinnowitz, Gottseidank judenrein; wir waren dieses Jahr in Westerland, also wirklich ein sehr elegantes Publikum — versteh ich einfach nicht, was er hat —

— der Herbsttag ist blau, die hohen Bäume rauschen, die Ostsee sächselt, und ich fahre selig durch die holsteinischen Wälder des Herbstes,

hindurch, vorbei, vorüber.

Peter Panter (1928)

DAS WIRTSHAUS IM SPESSART

Würzburg; Sonnabend. Die beiden Halbirren brechen frühmorgens in meine Appartements im «Weißen Lamm» ein. «Aufstehen! Polizei» und «In dieser Luft kannst du schlafen?» Jakopp in einem neuen Anzug, greulich anzusehen, Karlchen, die Zähne fletschend und grinsend in einem Gemisch von falschem Hohn und Schadenfreude. Die seit einem Jahr angesagte, organisierte, verabredete, immer wieder aufgeschobene und endlich zustande gekommene Fußtour beginnt. Du großer Gott —

Abends. Wir hätten sollen nicht so viel Steinwein trinken. Aber das ist schwer: so etwas von Reinheit, von klarer Kraft, von aufgesammelter Sonne und sonnengetränkter Erde war noch nicht da. Und das war nur der offene, in Gläsern — wie wird das erst, wenn die gedrückten Flaschen des Bocksbeutels auf den Tisch gestellt werden...! Oben auf der Festung ist ein Führer, der «erklärt» die alte Bastei und macht sich niedlich, wie jener berühmte Mann auf der Papstburg in Avignon. Aber hier dieser feldwebelbemützte Troubadour singt denn doch ein anderes Lied: er sieht Friderikusn in jedem Baumhöcker, beschimpft die aufrührerischen Bauern wie weiland Luther und überhäuft einen Mann namens Florian Geyer mit Vorwürfen: der habe unten in der Ratsstube gesoffen, während die Bauern hier oben stürmen mußten. Das muß ich in den letzten Jahren schon einmal gehört haben. Der Brunnen ist so tief, daß ein angezündeter Fidibus... wie gehabt. In der Burg liegt Landespolizei und kann auf das weite gewellte Land heruntersehn. Wir hätten sollen in der Gartenwirtschaft Steinwein trinken.

Ochsenfurt; Sonntag. Als die Uhr auf dem Rathaus sechs schlug, ließen wir die Würfel liegen und stürmten hinaus, um uns anzusehen, wie die Apostel ihre Köpfe herausstreckten, die Bullen gegeneinander anliefen und der Tod mit der Hippe nickte. Dann liefen wir aber sehr eilig wieder in die Wirtsstube, wo die Würfel auf dem Tisch plärrten, weil man sie allein gelassen hatte. Wenn wir nicht das Barock des Landes würdigen und, den geschichtlichen Spuren der großen historischen Ereignisse folgend, dieselben auf uns wirken lassen, dann würfeln wir. Wir spielen «Lottchen guckt vom Turm», «Hohe Hausnummer rasend» und «Kastrierter Waldaffe» sowie die von mir erfundenen schwereren Dessins: «Nonnenkräpfchen», «Gretchen bleibt der Kegel weg» und «Das Echo im Schwarzwald». Wir müssen furchtbar aufpassen, weil mindestens immer einer mogelt. Ich würde nie mogeln, wenn es jemand merkt. Auch muß alles aufgeschrieben werden, damit nachher entschieden werden kann, wer den Wein bezahlt. Ich habe schon viermal bezahlt. Es ist eine teure Freundschaft.

Iphofen; Montag. Ich werde mich hüten, aufzuschreiben, wo wir gewesen sind. Als wir das erste Glas getrunken hatten, wurden wir ganz still. Karlchen hat eine «Edelbeeren-Trocken-Spät-Auslese» erfunden, von der er behauptet, sie sei so teuer, daß nur noch Spinnweben in der Flasche ... aber dieser war viel schöner. Ein 21er, tief wie ein Glockenton, das ganz große Glück. (Säuferpoesie, Säuferleber, die Enthaltsamkeitsbewegung — Sie sollten, junger Freund ...) Das ganz große Glück. Das Glück wurde noch durch ein Glanzlicht überhöht: der Wirt hatte einen 17er auf dem Faß, der war hell und zart wie Frühsommer. Man wurde ganz gerührt; schade, daß man einen Wein nicht streicheln kann.

Iphofen ist ein ganz verschlafenes Nest, mit sehr aufgeregten Gänsen auf den Straßen, alten Häusern, einer begrasten Stadtmauer und einem «Geologen und Magnetopathen». Habe Karlchen geraten, sich seine erdigen Fingernägel untersuchen zu lassen. Will aber nicht.

In *Ochsenfurt,* auf dem Wege hierher, haben wir am äußersten Stadttor einen Ratsdiener gesehen, der stand da und regelte den Verkehr. Die Ochsenkutscher, die Mist karrten, streckten den linken Arm heraus, wenn sie ans Tor kamen — hier muß eine schwere Seuche ausgebrochen sein, die sich besonders an Straßenecken bemerkbar macht. Schrecklich, die armen Leute! Das kommt davon, wenn sie auf dem Broadway den Verkehr regeln. Wir nehmen uns jeder zwei Flaschen von dem ganz großen Glück mit, um es unseren Lieben in der Heimat mitzubringen. Jeder hat noch eine Flasche.

Kloster Bronnbach; Mittwoch. Der Herbst tönt, und die Wälder brennen. Wir sind in Wertheim gewesen, wo der Main als ein Bilderbuchfluß dahinströmt, und wo die Leute mit einer Fähre übersetzen wie in einer Hebelschen Erzählung. Drüben, in Kreuzwertheim, war Gala-Pracht-Eröffnungs-Vorstellung des Welt-Zirkus. Vormittags durfte man die wilden Tiere ansehen: einen maßlos melancholischen Eisbären, der in einer vergitterten Schublade vor sich hinroch und schwitzte; etwas Leopard, und einen kleinen Panther, den die Zirkusjungfrau auf den Arm nahm, das Stück Wildnis. Da kratzte er. Und die Jungfrau sagte zur Wildnis: «Du falscher Fuffziga!» Das konnten wir nicht mit ansehen, und da gingen wir fort.

Hier in Bronnbach steht eine schöne Kirche; darin knallt das Gold des alten Barock auf weißgetünchten Mauern. Ein alter Klosterhof ist da, Mönche und die bunte Stille des Herbstes. Wie schön müßte diese Reise erst sein, wenn wir drei nicht da wären!

Hier und da; Donnerstag. Große Diskussion, ob man eine Winzerin winzen kann. Miltenberg, Mespelbrunn und Heiligenbrücken: vergessen. In Wertheim aber stand an einem Haus ein Wahrspruch, den habe ich mir aufgeschrieben. Und wenn ich einst für meine Verdienste um die deutsche Wehrmacht geadelt werde, dann setze ich ihn mir ins Wappen. Er hieß: «Jeder hat ja so recht!»

Lichtenau; Sonnabend. Die Perle des Spessarts. Dies ist nicht das

Wirtshaus im Spessart, das liegt in Rohrbrunn — aber wir benennen das um. Hier ist es richtig.

Unterwegs wurde Jakopp fußkrank; er taumelte beträchtlich, ächzte und betete zu merkwürdigen Gottheiten, auch sagte er unanständige Stammbuchverse auf, daß uns ganz angst wurde, denn wir haben eine gute Erziehung genossen. Wir waren froh, als wir ihn gesund nach Lichtenau gebracht hatten, den alten siechen Mitveteranen. Und als wir ins Gasthaus traten, siehe, da fiel unser Auge auf ein Schild:

Autoverkehr!
Automobil-Leichenwagen nach allen Richtungen!

Des freute sich unser Herz, und froh setzten wir uns zum Mahle. Der Wirt war streng, aber gerecht, nein, doch nicht ganz gerecht, wie sich gleich zeigen wird. Wir gingen ums Haus.

Dies ist eine alte Landschaft. Die gibt es gar nicht mehr; hier ist die Zeit stehengeblieben. Wenn Landschaft Musik macht: dies ist ein deutsches Streichquartett. Wie die hohen Bäume rauschen, ein tiefer Klang; so ernst sehen die Wege aus ... Die Steindachlinie des alten Hauses ist so streng — hier müßten altpreußische Reiter einreiten, etwa aus der Zeit Louis Ferdinands. Die Fenster sind achtgeteilt; um uns herum rauscht der abendliche Parkwald. Wir sitzen zu dritt auf einer Stange und bereden ernste Sachen. Dann gehen wir hinein.

... Wir schmecken einmal, zweimal, dreimal. «Dieser Wein», sage ich alter Kenner, «schmeckt nach Sonne.» — «Und nach dem Korken!» sagen die beiden andern gleichzeitig. Herr Wirt! Drohend naht er sich. Nun heißt's Mut gezeigt! Auf und drauf!

«Herr Wirt ... es ist nämlich ... also: probieren Sie mal den Wein!» — Er weiß schon, was ihm blüht. Und redet in Zungen, ganz schnell. «Wo ist der Korks? Erst muß ich den Korks haben! Zuerst den Korks!» Der «Korks» wird ihm gereicht — er bericht ihn, er schnuffelt an der Flasche, er trinkt den Wein und schmeckt ab; man kann es an seinen Augen sehen, in denen seltsame Dinge vorgehen. Urteil: «Ich hab' gleich gesehen, daß die Herren keine Bocksbeuteltrinker sind! Der Wein ist gut.» Berufung ... «Der Wein ist gut!» — Revision ... «... ist gut!» Raus.

Da sitzen wir nun. Ein mitleidiger Gast, der bei dem Wirte wundermild zur Kur weilt, sieht herüber. «Darf ich einmal versuchen —?» Er versucht. Und geduckten Rückens sagt dieser Feigling: «Meine Herren, der Wein schmeckt nicht nach dem Korken! Wenn er nach dem Korken schmeckt, *dann möpselt es nach — !*» Natürlich möpselt es. Wir hatten keine Ahnung, was das Wort bedeutete — aber es ging sofort in unsern Sprachschatz über. Jeder Weinkenner muß wissen, was «möpseln» ist. Aus Rache, und um den Wirt zu strafen, trinken wir noch viele, viele Flaschen Steinwein, von allen Sorten, und alle, alle schmecken sie nach Sonne.

Lichtenau; Sonntag. Bei uns dreien möpselt es heute heftig nach.
In einem Weindorf; Montag. Auf der Post liegt ein Brief der

schwarzen Prinzessin, den haben sie mir nachgeschickt. Sie sei zufällig in Franken; sie habe gehört, daß ich . . . und ob ich nicht vielleicht . . . und ob sie nicht vielleicht . . . Hm. Sie liebt, neben manchem andern, inständig ihr Grammophon, das ihr irgendein Dummer geschenkt hat. Einmal spielte das Ding — mit der allerleisesten Nadel — die ganze Nacht. Sie hat da so herrliche amerikanische Platten, auf denen die Neger singen. Eine, das weiß ich noch, hört damit auf, daß nach einem infernalischen Getobe von Gegenrhythmen der Bariton eine kleine Glocke läutet, die Musik verstummt, er läutet noch einmal und sagt: «No more!» Ich telegraphiere ihr.

Abends ist Festessen. Wir haben uns eine Gans bestellt, die aber ohne inwendige Äpfel erscheint. Eine Gans für drei Mann ist nicht viel — besonders wenn einer so viel ißt wie Jakopp, so schnell wie Karlchen, so unappetitlich wie ich. Wir nehmen uns gegenseitig alles weg; den Wirt graust's. Jakopp hat die s-Krankheit. Er sagt «Ratshaus» und «Nachtstopf» und «Bratskartoffeln». — «Das sind Bratskartoffeln, wie sie der Geheimrat Brats aus Berlin selbst erfunden hat.» Beim Würfeln gewinne ich furchtbar, und die beiden wollen nicht mehr mit mir spielen. They are bad losers.

Heimbuchenthal; Dienstag. Wie arm hier die Menschen sind! Alle Kinder sehen aus wie alte Leute; blaß, gelb, mit trüben Augen.

Zu Fuß gehen ist recht schön. Manchmal sagen wir gar nichts — wir haben uns ja auch alles gesagt. Wir freuen uns nur, daß wir beisammen sind. Stellenweise hält einer ein Kolleg, keiner hört zu. Manchmal . . . wenn Männer untereinander und allein sind, kommt es vor, daß hie und da einer aufstößt. Es ist sehr befreiend. Bei einer Freundschaft zu dritt verbünden sich meist zwei gegen den Dritten und fallen über ihn her. Das wechselt, die Fäden laufen auf und ab, teilen sich und vereinigen sich; die Dreizahl ist eine sehr merkwürdige Sache. Eine Vierzahl gibt's nicht. Vier sind zwei oder viele.

Würzburg; Mittwoch. Abschiedsbesuch in der Residenz; das grüne Spielzimmer mit den silbernen Wänden, unter dem Grün glänzt das kalte Silber in metallischem Schein. Hier hat Napoleon geschlafen . . . schon gut. Das Gehen fällt uns nicht leicht — der Steinwein fällt uns recht schwer. Die älteren Jahrgänge vom Bürgerspital wollen getrunken sein. Wir trinken sie.

Würzburg; Freitag. Ich habe die beiden auf die Bahn gebracht, mit dem festen Vorsatz, sie nie wiederzusehen. Welche Säufer! Jetzt rollen sie dahin; der eine in sein Hamburger Wasserwerk, der andere in sein Polizeipräsidium. Der gibt sich als ein hohes Tier aus; ist wahrscheinlich Hilfsschutzmann. Und mit so etwas muß man nun umgehen! Um Viertel vier läuft die Prinzessin ein.

Veitshöchheim; Sonnabend. Die Sonne strahlt in den Park, die Putten stehen da und sehen uns an, die Prinzessin plappert wie ein Papagei. Sie sagt «daddy» zu mir, eigentlich höre ich das gerne. Nun ist die Sonne röter, der Abend zieht sachte herauf, und die Prinzessin wird, wie immer, wenn es auf die Nacht geht, Mutter und Wiege und Zuhause. Wir sagen gar nichts — wir haben uns lange nicht alles gesagt, aber das muß man auch nicht, zwischen Mann und Frau. Der

25er wirft uns fast um. Wir fahren nach Würzburg zurück, das Grammophon spielt, Jack Smith flüstert, und ich höre allen Atelierklatsch aus ganz Berlin. Gute — — Wie bitte? Gute Nacht.

Würzburg, den ich weiß nicht wievielten. Auf einmal ist alles heiter, beschwingt, vergnügt — die Läden blitzen, wir trinken mit Maß und Ziel, ich pfeife schon frühmorgens in der Badewanne. Wir werden noch aus dem Hotel fliegen — das tut kein verheirateter Mann.

Auf der schönen Mainbrücke steht ein Nepomuk — wir gehen hin und legen ihm einen Glückspfennig zu Füßen, um die Ehrlichkeit des Heiligen und der Bevölkerung zu prüfen. Morgen wollen wir nachsehen ... (Wir sehen aber nicht nach, und nun liegt der Pfennig wohl heute noch da.) Die Prinzessin lugt schelmisch in die Schaufenster und unterhält sich auffallend viel über Damenwäsche, Kombinations, seidene Strümpfe ... Der schönste Schmuck für einen weißen Frauenhals ist ein Geizkragen.

Gar kein Ort; gar keine Zeit — — — —

Zwischen Nancy und Paris; heute. Der Abschied war gefühlvoll, unsentimental, wie es sich gehört. Jetzt flutet das alles vorbei, in schweren Wellen: Jakopp und das vom Wein leicht angegangene Karlchen; die Barockpuppen im Park der Residenz, das Wasserschloß und der möpselnde Mann; Lichtenau und Miltenberg. Es ist sehr schwer, aus Deutschland zu sein. Es ist sehr schön, aus Deutschland zu sein. Ich sage: «Nun dreh dich um und schlaf ein!» Sie dreht sich, aber zu mir. Gibt die Hand. Am Morgen ist das erste, was ich sehe, ein gelbes, seidenes Haarnetz. Und ein Mund, der vergnügt lächelt. Wie die Bahn rattert! Tackt wie eine Nähmaschine, Takt und Gegentakt. Der Neger singt: «Daddy — o Daddy!», die Musik arbeitet, eine kleine Glocke läutet, jemand sagt «No more», und dann ist alles zu Ende.

Peter Panter (1927)

DENKMAL AM DEUTSCHEN ECK

An der Mosel ging es noch an. Wir soffen uns langsam den Fluß hinab, wir fuhren mit dem Saufbähnchen von Trier nach Bulley hinunter, und auf jeder dritten Station stiegen wir aus und sahen nach, wie es mit dem Weine wäre. Es war. Wenn wir das festgestellt hatten, stiegen wir wieder ein: der Zug führte einen Wåggon mit, der sah innen aus wie ein Salonwagen, von hier aus hätte man ganz bequem Krieg führen können, so mit einem Telephon auf dem Tisch, mit dicken Zigarren und: «Seiner Majestät ist soeben der Sturmangriff gemeldet worden.» Wir führten aber keinen Krieg, sondern drückten auf die Kellnerin, und dann erschien ein Klingelknopf, oder umgekehrt, und dann konnte man auf dem langen Tisch einen naturreinen Mosel trinken und dabei Würfel spielen. Und es entstanden in diesen Bahnstunden die Spiele:

Lottchen dick
Spix ist stolz
und:
Georgine, die ordentliche Blume
sowie:
Karlchen und die Rehlein —

das letztere Spiel zur Erinnerung an Karlchen seine Liebesabenteuer im freien, frischen, frommen Walde, wo ihm einmal die kleinen
Rehlein zugesehen hatten. Ich verlor auf das Grauenerregendste und
mußte immer bezahlen. Aber so ist alles.

Bernkastel, Traben-Trarbach, Bulley... dann aber setzten wir
uns in einen seriösen Zug und fuhren nach Kolbenz. (Diese Aussprache wurde adoptiert, falls Jakopp ein künstliches Gebiß hätte:
es spricht sich leichter aus.) In Kolbenz tranken wir der Geographie
halber einen Rheinwein, und der konnte Papa und Mama sagen, wir
aber nicht mehr. Am nächsten Morgen — es war ein Sonntag hell
und klar — gingen wir spazieren.

Ich kannte Kolbenz nicht. Das erste, was mir auffiel, war ein brei-
tes und lautes Bürgerpublikum von Reisenden, die sich merkwürdig
aufgeregt gebärdeten. So, wie schwarzhaarige Frauen, wenn sie einmal in Paris sind, dem Zauber des Wortes «Paris» erliegen und sich
so benehmen, wie sie es zu Hause niemals täten, so kippten hier die
blonden Damen aus den Pantinen; der Rhein, Vater Rhein, der
deutsche Rhein klingelte in den Gläsern, und es war ziemlich scheuß-
lich anzusehn. Das zweite, was damals auffiel, war die «Schmachch».
Wir sprachen das Wort mit zwei ch, und wir meinten die Franzosen
damit, von deren «schwarzer Schmach» wir so viel in den bildenden
Kinos gesehen hatten. Hier war nur weiße Schmachch, und wir moch-
ten sie nicht. Und zwar nicht etwa, weil wir die Franzosen nicht
mögen, sondern weil wir das Militär nicht mögen. Wir sind nur nicht
so dumm, wie zum Beispiel der Kolbenzer General-Anzeiger, der
nun, nach dem Abzug der Schmachch, Mord und Tod hinter ihnen
herschimpfte, ohne auch nur einen Augenblick lang zu untersuchen:
wie sich die Deutschen in Belgien und Frankreich benommen haben,
was das Militär eigentlich ist und für wen es arbeitet, und wie an
diesem ganzen namenlosen Unglück, am Krieg und seinen Folgen,
Europa schuld ist und seine nationale Zerfetztheit. Statt dessen krähte
die Zeitung in echt kleinbürgerlicher Wut wegen der unbedingt zu
verurteilenden Übergriffe nun hinter ein paar tausend Soldaten her,
deren jugendliche Kraft genau so unproduktiv mißbraucht wird, wie
das mit Soldaten in allen Ländern geschieht — auch in Deutschland.

Wir spazierten also am Rhein entlang, ich hatte wieder einmal
meine Geographie nicht gelernt und ließ mir von Jakopp die Gegend
erklären. Da war der Ehrenbreitstein; auf dem brannte zum Gau-
dium aller Rheinkadetten eine französische Fahne — wirklich, die
Fahne brannte hoch am Fahnenstock, verglomm, leuchtete wieder
auf... mich interessiert Militär nicht, und ich weiß nicht, was sie da
gekokelt haben. Es ist ja auch gleichgültig, so gleichgültig wie alles,

was diese uniformierten Brüder tun. Und da war der Rhein, der kitschumrauschte, und, wie bei Goethe steht, da waren große Schiffe im Begriffe, auf diesem Flusse hier zu sein... und plötzlich bekam ich den größten Schreck auf dieser Reise. Ich weiß es noch ganz genau:

Wir gingen auf der breiten, baumbestandenen Allee; vorn an der Ecke war eine Photographenbude, sie hatten Bilder ausgestellt, die waren braun wie alte Daguerrotypien, dann standen da keine Bäume mehr, ein freier Platz, ich sah hoch... und fiel beinah um.

Da stand – Tschingbumm! – ein riesiges Denkmal Kaiser Wilhelms des Ersten: ein Faustschlag aus Stein. Zunächst blieb einem der Atem weg.

Sah man näher hin, so entdeckte man, daß es ein herrliches, ein wilhelminisches, ein künstlerisches Kunstwerk war. Das Ding sah aus wie ein gigantischer Tortenaufsatz und repräsentierte jenes Deutschland, das am Kriege schuld gewesen ist – nun wollen wir sie dreschen! In Holland.

Zunächst ist an diesem Monstrum kein leerer Fleck zu entdecken. Es hat die Ornamenten-Masern.

Oben jener, auf einem Pferd, was: Pferd! auf einem Roß, was: Roß! auf einem riesigen Gefechtshengst wie aus einer Wagneroper, hoihotoho! Der alte Herr sitzt da und tut etwas, was er all seine Lebtage nicht getan hat: er dräut in die Lande, das Pferd dräut auch, und wenn ich mich recht erinnere, wallt irgend eine Frauensperson um ihn herum und beut ihm etwas dar. Aber da kann mich meine Erinnerung täuschen... vielleicht gibt sie dem Riesen-Pferdchen nur ein Zuckerchen. Und Ornamente und sich bäumende Reptile und gewürgte Schlangen und Adler und Wappen und Schnörkel und erbrochene Lilien und was weiß ich... es war ganz großartig. Ich schwieg erschüttert und sah Jakoppn an.

«Ja», sagte Jakopp, «das ist das Kaiser-Wilhelm-Denkmal am Deutschen Eck.»

Richtig: da floß noch ein zweiter Fluß in den ersten Fluß, und es war, wenn man von den Fabrikschornsteinen absah, eine hübsche Gegend, viel zu hübsch für dieses steinerne Geklump, für diesen Trumm, diesen Trubas von einem Denkmal. «Was... wie...» stammelte ich ergriffen. Da hörte ich ein leises Stimmchen an meiner Linken, ein Knabe war mir unversehens genaht, er hatte wohl meine Ratlosigkeit bemerkt, und sprach: «Soll ich Ihnen mal das Denkmal erklären –?» Rasches Erfassen der Kriegslage ziert den S.A.-Mann, und ich sprach: «Erkläre mir mal das Denkmal.»

Da sah der Knabe überall hin, nur nicht auf den Tortenaufsatz, er schlief im Stehen, seine Augen hatten den Ausdruck einer friedlich grasenden Kuh, ich hatte so etwas noch nie bei einem Menschen gesehen. Er sprach mit modulationsloser, quäkender Stimme. Und weil dieses arme Kind solches nicht allein tat, sondern vier oder fünf seiner Kollegen, wie ich später sah, den ganzen Sonntagvormittag lang gewerbsmäßig dasselbe ausübten, vor dem Denkmal und weiter unten, vor dem Hotel und überall, so habe ich das, was sich die

Knaben eingepaukt hatten, mehrere Male hören können. Nach Verabreichung mehrerer Gläser guten Weines zwecks Auffrischung des Gedächtnisses läßt sich das etwa folgendermaßen an:

«Dieses Denkmal wurde gegründet im Jahre 1897; es stellt dar den berittenen Kaiser Wilhelm den Ersten, sowie auch eine Siegesgöttin benebst die besiegten Feinde. Die Siegesgöttin ist nach verlorenen Kriegen ein Friedensengel und hat eine Flügelbespannung von fünf Meter in die Breite. Das Denkmal wiegt fünf Millionen Kilogramm und hat einen Flächeninhalt von 1200 Quadratmetern, daher ist es ein großes Kunstwerk. Auf dem Grundsockel erhebt sich der Sockel, auf dem das Denkmal aufgebaut ist; auf diesem Sockel steht der richtige Sockel, und auf diesem der Untersockel, worauf sich der Denkmalssockel erhebt. Die Künstler, die an dem Denkmal schuld sind, heißen Schmitz und Hundrieser. Der Spruch, der in das Denkmal eingelassen ist, besagt: «Nimmer wird das Reich zerstöret, wenn ihr einig seid und treu.» Die Köpfe der Seeschlangen bedeuten Deutschlands Feinde, der Granit der Söckel ist aus dem Schwarzwald. Die Mosel fließt hinter dem Denkmal, ihre Strömung ist hier besonders schnell, weil sie an dem Denkmal vorbei muß. Das Denkmal ist in der Regierungszeit Kaiser Wilhelms des Zweiten eröffnet worden und hat daher zwei Millionen Mark gekostet. Das ist das Denkmal am Deutschen Eck.» (Große Trinkgeldpause.)

Wie ich in der Zeitung gelesen habe, sind die Reden, die sie nach dem Abzug der Schmacch gehalten haben, genau so gewesen wie das Denkmal. Aber könnt ihr euch denken, daß sich jemals eine Regierung bereit fände, einen solchen gefrorenen Mist abzukarren —? Im Gegenteil: sie werden gar bald ein neues Mal errichten: das Reichsehrenmal. Wenn es errichtet ist, werden rotzgenäste Knaben hingehn und es uns erklären: die Gastwirtschaften ringsherum werden voll sein, und in den Massengräbern zu Nordfrankreich wird sich ein Geraune erheben:

«Wofür —? Dafür.»

Ignaz Wrobel (1930)

DER REISEBERICHT

Das Auto fuhr den Lago Maggiore entlang. Der Himmel war strahlend blau, für den Monat Dezember geradezu unverschämt blau; die weite Wasserfläche blitzte, die Sonne sonnte sich, und der See tat sein möglichstes, um etwas Romantik zu veranlassen — dieses fast berlinisch gewordene Gewässer, an dessen Ufern die deutschen Geschäftsleute sitzen und über die schweren Zeiten klagen. Vorbei an Locarno, wo die Hoteliers weltgeschichtliche Tafeln in die Mauern gelassen haben — wegen Konferenz; vorbei an Ascona ... eine herrliche Aussicht: oben Emil Ludwig und unten der See, ganz biographisch wird einem da zu Mute ... Brissago ... und dann weiter ... «Soll ich bis an die italienische Grenze fahren?» sagte der Fahrer.

«Allemal», sagte ich in fließendem Schweizerisch. «Dürfen wir?» fragte ich. «Die Grenzer kennen mich», sagte der Fahrer; «ich drehe auf italienischem Boden gleich wieder um.» Das war tröstlich und mochte hingehen, aus vielerlei Gründen. Los.

Noch eine Biegung und noch eine ... die Bremsen knirschten, der Kies rauschte ... nun fuhr der Wagen langsamer, denn da war eine Kette über den Weg gespannt, eine dicke, schwarze Kette ... ein italienischer Soldat hielt sie und senkte sie, der Wagen fuhr darüber hinweg — und nun war ich, zum ersten Male in meinem Leben, in Italien. Zehn Meter rollte der Wagen noch, am Haus der Zollwache vorbei — dann erweiterte sich der Weg zu einem kleinen Rondell, der Fahrer drehte ... Da lag der See. Weit und breit waren nur drei Menschen zu sehen: an der Kette der Soldat; am Ufer schritt ein Bersagliere, er trug ein düsteres Gesicht im Gesicht sowie einen kleinen, dunkeln Bart, den Mantel hatte er vorschriftsmäßig-malerisch um die Schultern geschlagen, er sah aus wie ein Opernstatist. Gleich würde er den Arm hochheben und mitsingen:

> Den Fürsten befreit —
> Den Fürsten befreit —
> Den Fürsten befrei-hei-heit!

Nichts. Er schritt fürbaß. Das dritte menschliche Wesen war ein Knabe; der saß oben auf einem Baum und baumelte mit den Beinen. Am Ufer lag ein alter Stiefel. Der Fahrer drehte und schlug mit dem Wagen einen gewaltigen Reif, dann fuhr er knirschend über die immer noch gesenkte Kette, zurück in die Schweiz; einen Augenblick lang sah ich dem Soldaten in die Augen, es war ein blonder Mann, seine Lippen bewegten sich unhörbar und leise, er grüßte ... Ich war in Italien gewesen. Das Ganze hatte eine einzige Minute gedauert — ich war in Italien gewesen.

Weil ich jedoch weiß, was ich meinem Beruf schuldig bin, und weil ich die Reisebeschreibungen meiner Kollegen hübsch der Reihe nach gelesen habe, und weil es sich überhaupt so gehört, so folge hier der

Bericht von einer italienischen Reise.

An einem strahlenden Dezembertage fährt man aus Italien wieder heraus. Zum wievielten Male? Erinnerungen steigen in einem auf ... Teresita ... Traviata ... Pebecca ..., und dann damit die kleine Schwarze in Verona, bei der man — lange vor den Fascisten — ein nahezu schwarzes Hemd festgestellt hatte ... lassen wir das. Man denkt an Genua, wo einem der portugiesische Ministerpräsident die Hand gedrückt und die prophetischen Worte gesprochen hatte: «Interessanten Tagen sehen wir entgegen!» Die Wirkungen des fascistischen Regimes sind in Italien nicht zu verkennen.

(a. *Für Hugenberg-Blätter*): *Der «Schmied Roms»* hat keine halbe Arbeit geleistet. Seine vielleicht nicht immer starke Gesundheit hat alles überwunden: die Angriffe seiner Gegner, die Angriffe der italienischen Emigranten, ja, sogar eine deutschnationale Lebensbeschreibung hat ihm nichts anhaben können. Die Herrschaft Mussolinis steht, wie ein geübtes Auge sogleich festzustellen in der Lage ist, verhältnismäßig felsenfest. Sein Werk ist in allem und jedem erkennbar:

Stolz die Bevölkerung und mannhaft; schlicht die Kleidung und fest das Auge, ernst die Bärte und wacker der Schritt. Die Ketten, mit denen dieser Mann die destruktiven Elemente Italiens gebunden hat, liegen am Boden — man fühlt sie, aber man sieht sie kaum. Das weibliche Element ist auf den Straßen wenig vertreten — züchtig wirkt das italienische Mädchen, emsig schafft die italienische Frau im Innern des Hauses; die Jungfrau betreut ihre Kinder, die Mutter wartet auf einen Mann, der sie beglücke..., ein echtes und reines Familienleben ist überall bemerkbar.

Kinder werden in Italien auf Bäumen großgezogen.

Stolz trägt der Soldat seine Waffen; die Waffe ist stolz auf den Soldaten, der Soldat ist stolz auf seine Waffe, und überhaupt sind alle — besonders vormittags — sehr stolz. Schon die Art, wie die italienischen Seen an die Ufer schlagen, berührt den deutschen Reisenden heimisch; Welle auf Welle rollt zierlich heran, ordnungsgemäß eine nach der andern, nicht alle zugleich — in keiner Republik wogt so der See, dazu bedarf es einer festen, einer diktatorischen Herrschaft. Handel und Wandel sind gesund, besonders der Wandel — an manchen Stellen steht die gesamte Bevölkerung unter Waffen. Was auffällt, ist das Vorkommen alter Stiefel an Seeufern. Italien aber ist ein Volk der Männer geworden, ein Hort des freien Mannes! Es lebe Italien!

(b. *Für radikale Blätter*.) Das erste, was der Reisende in Italien erblickt, ist das Symbol dieses Landes: Die Kette. Ketten an den Grenzen und Ketten um die Gehirne, alle Taschenuhren liegen gleichfalls an der Kette... Versklavt ist dieses Italien und unfrei. Mürrisch tun die Soldaten ihren Dienst; geht man nah an ihnen vorbei, so hört man sie mit den Zähnen knirschen; kommt so eine Knirschung zur Kenntnis der Behörden, so wird der Betreffende eingesperrt, und zur Strafe muß er manch schwere Arbeit leisten. So hat neulich ein geknirscht habender Universitätsprofessor im Arrest die Frage vorgelegt bekommen: «Wie vereinbaren die deutschen Nationalisten ihre Lobeshymnen auf Mussolini mit seiner Politik in Südtirol?» Worauf hin der Professor dem Wahnsinn verfiel, in dem er heute noch weilt.

Das ganze Land steht unter Waffen. Zivilisten sieht man überhaupt nicht. Die Soldaten haben alle zu enge Stiefel an und sehen daher recht unglücklich aus; an manchen Stellen ist die Landstraße mit Stiefeln besät. Einen Soldaten sah ich, der war an eine lange Kette geschmiedet, die ihm drei Meter nachschleifte. Oben auf den Bäumen fristet die Jugend des Landes ihr kärgliches Leben; dorthin sind viele Knaben vor dem Terror geflohen. Auf den Häusern hingegen lasten schwere Hypotheken. Mussolini selbst ist gänzlich unsichtbar. Wahrscheinlich verbirgt sich dieser feige Tyrann hinter dem Wall seiner bewaffneten Soldateska: ich zum Beispiel habe ihn nicht ein einziges Mal zu sehen bekommen, ein Symptom seiner Herrschaft. Italien ist ein Land der Sklaverei geworden; sogar das Schilf am Seeufer rauscht nicht, wie in freien Ländern — es flüstert nur. Nieder mit Italien!

(c. *Für alle Blätter*.) Die rein menschliche Einstellung der Italiener ist irgendwie sofort erkennbar. Rein kulturpolitisch-geographisch ist die italienische Mentalität typisch südlich: der Staat verhält sich dort zur Kirche wie die Einsteinsche Relativitätsphilosophie zur Kunstauffassung der zweiten chinesischen Kung-Periode und etwa noch wie die Gotik des frühen Mittelalters zu den Fratellinis. Ein Symptom, das dem geschulten Reisenden sogleich in allen Straßen auffällt.

Berückend der menschliche Zauber der Landschaft, die man durchfährt: Pinien gaukeln im Morgensonnenscheine, Cypressen säuseln, Schmetterlinge ziehen fröhlich pfeifend ihre Bahn, die fein geschwungenen Nasen der Kinder laufen mit diesen um die Wette, und wenn es regnet, so fühlt auch der Wanderer aus dem Norden: so kann es nur im sonnigen Italien regnen! Angemerkt mag werden, daß Neapel-Reisenden empfohlen sei, auf der Strecke Brissago—Pallanza nicht in Kottbus umzusteigen, was die Ankunftszeit beträchtlich verzögert.

*

Mein seliger Schwippschwager hat immer zu mir gesagt: «Peter», hat er gesagt, «Reisen bildet. Sieh dich überall um, wohin du auch kommst, beobachte aufmerksam und berichte uns des öfteren aus den fernen Ländern.»

Was hiermit geschehen sei.

Peter Panter (1930)

DIE BEIDEN FLASCHEN

In Wells ...

Nein, nicht Wales — Wales ist, wenn er gut angezogen ist.

In Wells ...

Auch nicht: well — das ist das, was die Engländer sagen, um erst einmal den nötigen Vorschlag des Satzes zu haben; denn hier fängt kein Mensch seinen Satz mit der Hauptsache an. Die Hauptsache steht im Nebensatz. Ich habe neulich in London einen jungen Herrn gefragt, ob hier, an dieser Stelle, wo auch er warte, der Omnibus 176 halte. Was sagte er? «I hope so», sagte er. Ja wäre zu bestimmt gewesen, man kann nie wissen, vielleicht hält er nicht, und die englische Sprache, die so präzis sein kann, liebt die zierlichen Hintertüren, nur so als Notausgang, sie macht wohl selten von ihnen Gebrauch. Sie setzt aber gern hinzu, daß und wann es ganz ernst wird. «Was ist der Unterschied», fragte neulich in einer Revue einer, «zwischen einem Schutzmann und einer jungen Dame? — Wenn der Schutzmann ‹Halt› sagt, dann meint er das auch.» Also in Wells.

Wells ist eine kleine süße Stadt im Somersetchen. Das kann man aber nicht sagen; man sagt wohl: im Hannöverschen — aber es heißt: in Somerset. Wells hat eine schöne Kathedrale und so eine geruhige Luft...! Dabei ist die Stadt nicht traulich, sie ist brav und beinah modern und ordentlich, und alles stimmt, und es ist so nett da!

Da spaziere ich also herum und sehe mir statt der Sehenswürdigkeiten die Schaufenster an, das sind so meine Sehenswürdigkeiten, man kann da immer eine Menge lernen. Bei einem Antiquar stand Glas im Fenster, und wenn Glas im Fenster steht... wie sagt ein altes berlinisches Couplet? «Wer Bildung hat, wird mir verstehn!» Ich kaufe also in Gedanken alles Glas, was da steht — und schließlich sehe ich zwei dunkelgrüne, bauchige, lustige Flaschen. Sie haben ein metallnes Etikett um den Hals gehängt, alle beide, auf der einen steht:

Whisky

und auf der andern:

Gin.

Gin ist ein entfernter Stiefzwilling von Genever — und was Whisky ist, weiß jeder bessere Herr. Und weil mein Whisky immer in diesen langen Flaschen wohnt, in denen man ihn kauft, so beschloß ich, diese grüne Flasche, die, wie man sofort sehen konnte, mit Vornamen Emilie hieß, käuflich zu erwerben. Hinein.

Die Engländer haben eine unsterbliche Seele und schrecklich unregelmäßige Verben. Ich sagte einen Spruch auf — wenn das mein englischer Lehrer gehört hätte, hätte er mich bestimmt hinter die Ohren gehauen. Aber der Verkäufer verstand mich, er sagte viel, was ich verstand, und noch einiges, was ich nicht verstand — diese Engländer haben manchmal so einen komischen Akzent, wie? Und nun begann der Handel.

Sehr teuer war die Flasche nicht. («Was hast du gegeben? Mich interessiert das nämlich, ich habe nämlich meinem Mann auch so eine Flasche...» — Sei doch mal still. Du immer mit deinen Zahlen!) Teuer war sie nicht. Aber, aber, aber:

Diese Whisky-Flasche war nicht allein zu haben. Sie war ein Illing — man mußte die Gin-Flasche dazu kaufen. «Warum —?» fragte ich den Mann. (Dies war der einzige ganz richtige Satz, den ich in dieser Unterhaltung von mir gegeben habe.) Warum —? Und da gab der Mann mir eine Antwort, die so schön war, daß ich sie hier aufschreiben muß, eine Antwort, mit der man ungefähr halb England erklären kann, wenn es einen danach gelüstet. Man hätte denken können, er werde antworten: weil ich die andere nicht allein verkaufen kann. Oder: weil ich dann mehr verdiene. Oder: Diese beiden Flaschen und diese sechs Gläser und dieses Tablett bilden eine Garnitur... ich kann sie nicht auseinanderreißen. Nichts davon — Gläser und Tablett waren ja auch gar nicht da. Der Mann sagte:

«Because they were always together.» Weil sie immer zusammen waren.

In dieser Antwort ist alles, was im Engländer ist: die unverrückbare Festigkeit, mit der Gefügtes stehen bleibt, bis es von selber einfällt, zum Beispiel. Because they were always together. Weil sie immer zusammen waren, sind sie denn auch noch heute zusammen: der Engländer und sein Cricket, jener für den Fremden völlig rätselhafte Vorgang, ein Mittelding zwischen Schachspiel und Religionsübung; zusammen sind der Mann und die Farbe seiner Universität; zusammen der Herr und der Frack, wenn es Abend wird; der Richter und seine Perücke; das Land und die Macht. Because they were always together.

Und da ergriff mich ein Rühren, ich dachte, was geschehen könnte, wenn ich die Flasche Emilie von der Flasche Martha risse, wie Martha weinen würde, und daß ich das nicht alles verantworten könnte. Und da habe ich sie alle beide gekauft. Because they were always together.

Möchte vielleicht jemand die andere Flasche haben —?

Peter Panter (1931)

«NEIN – MEINE SUPPE ESS ICH NICHT –!»

Wenn man in England um die Ecke geht, sieht es immer ganz anders aus als man denkt, und so steht denn gleich hinter Piccadilly Street ein kleines altes Viertel um den Shepherd Market aufgebaut. Daß es da hingehört, kann man am besten daran erkennen, daß es dort gar nicht hingehört. Und da hätten wir ein Haus, schon halb abgerissen, oben drauf liegt eine schwarze Sache, die sieht aus wie Dachpappe, das Ganze macht einen recht traurigen Eindruck, und hinter einigen Fenstern hängen Vorhänge, also ist es bewohnt. Unten bewohnt und oben abgerissen? Was ist das? Das ist ein Mann mit einem Dickkopf.

In diesem Hause wohnt ein Colonel (sprich: «Körnl»), der hat da immer gewohnt. Und eines Tages haben sie ihm gesagt: «Herr Körnl, nun müssen Sie ausziehen, denn das Haus ist verkauft und soll abgerissen werden!» Da hat aber der Körnl seinen Mietvertrag aus der Schublade gezogen und hat gesagt: «Hier!» (und dabei hat er sicherlich jene Bewegung gemacht, die die Leute machen, wenn sie etwas schwarz auf weiß besitzen, sie halten dann die ausgestreckte Hand hin, als sei die das Papier...) — «Hier!» hat er gesagt: «so und so, dies ist mein Mietvertrag, und ich darf hier wohnen bleiben!» «Na ja», haben die andern gesagt, natürlich auf englisch, «na ja, das ist ja gut und schön. Aber sehen Sie mal an — wir wollen doch nun das Haus hier abreißen, wir haben uns das alles so hübsch ausgerechnet, nun machen Sie doch keine Geschichten... was wollen Sie denn noch in dem alten Haus?» — «Wohnen bleiben», hat der Körnl gesagt. Da haben sie ihm eine Abstandssumme geboten. Er ist dageblieben. Dann haben sie ihm schrecklich gut zugeredet. Er ist dageblieben. Und da haben sie angefangen, das Haus abzureißen.

Sie haben aber nur die Teile abgerissen, die er nicht bewohnt, also das Dach und ein halbes linkes Haus mit einer freien Wohnung, aber an seine Wohnung dürfen sie ja nicht heran, und so sieht denn das Haus wie eine alte verwunschene Ruine aus, mitten in London. Aber er hat seinen Willen durchgesetzt und ist wohnen geblieben, und das wird er doch mal sehen.

Nun sieht er es. Das Bedauerliche an der Sache bleibt, daß sie ihm nicht den Keller wegreißen können, denn dann stände seine Wohnung in der Luft und täte sie das: er zöge immer noch nicht aus. England erwartet, daß jeder Mann seine Pflicht tut. Na, und die tut er. Und zieht nicht aus. Und da haben sie angefangen, das Haus abzureißen. Geschichten, wie sie hierzulande geschehen, kann sich kein Mensch ausdenken.

Und jetzt weiß ich auch, warum es in so vielen englischen Schlössern spukt. Die alten Herrschaften wollen da nicht heraus, nicht aus ihren Zimmern, nicht aus den Sälen – sie bleiben da. Ein zähes Volk. Zäh wie Roastbeef. Doch hier muß der Berichterstatter sein Haupt verhüllen, denn sonst kommt er auf die englische Küche zu sprechen, und das ist die einzig schöne Geschichte in England, die keine schöne Geschichte ist.

Den Körnl fichts nicht an. Und komm ich in aber fünfhundert Jahren noch einmal desselbigen Weges gefahren: der Körnl sitzt sicherlich noch da, auf seiner Kehrseite und auf einem Mietvertrag, der wahrscheinlich neunundneunzig Jahre läuft und aber neunundneunzig, und er ißt Roastbeef und wohnt noch immer in dem kleinen schwarzen Haus am Shepherd Market.

Peter Panter (1931)

EINER AUS ALBI

Zugabe. Über Toulouse muß gefahren werden – da kann der kleine Abstecher nur Freude machen. Um so mehr als Toulouse um drei Karat häßlicher ist als Lyon. Reste schöner Architektur stehen museal dazwischen. Unglücklicherweise ist es auch noch Sonntag, und auf den Straßen spazieren: achthundert Frank Monatsgehalt und neuer Sonntagsanzug; kalte Verlobung mit Wohnungseinrichtung; achtundvierzig Jahre Buchführung mit kleiner Pension und eigener Zusatzrente – die Leute wissen nicht recht, was sie mit ihrem freien Nachmittag anfangen sollen, sie gehen so umher: kurz, eine Stadt, wie Valéry Larbaud formuliert, où l'on sent tout l'après-midi une désespérante odeur d'excrément refroidi. Also: Albi.

Als ich abends ankomme, liegt der Ort grade in tiefem Dunkel, nur am Gefängnis brennt einladend eine kleine Laterne. Es muß doch nicht leicht sein, ein Elektrizitätswerk zu leiten. Im Hotel brennt eine Kerze auf einem Tisch. Ich trete in die Tür, strahlendes

Licht flammt auf — kein schlechter Auftritt. Im Speisesaal tagt noch eine schöne Table-d'hôte, dieser Kotillon der Mahlzeiten. Alle Provinzherren stopfen sich die Serviette in den Hals und werden nun hoffentlich gleich rasiert.

Am nächsten Morgen gehe ich langsam durch die gewundenen Straßen, an den Häusern de Guise und Enjalbert vorüber, zwei Renaissancebauten mit herrlichen Portalen.

Da steht die Kathedrale.

Ich bin kein weitgereister Mann und kann nicht nachlässig hinwerfen: «Das Haus des Dalai-Lama in Tibet erinnert mich an der Nordseite an die Peterskirche in Rom . . .» Diese Kathedrale in Albi hat mich an gar nichts erinnert — doch: an eins. An Gott. Ihr Anblick schlägt jeden Unglauben für die Zeit der Betrachtung knockout.

Wie ein tiefer Orgelton braust sie empor. Sie ist rot — die ganze Kirche ist aus rosa Ziegeln gebaut, und sie ist eine wehrhafte Kirche, mit dicken Mauern und Türmen, ein Fort der Metaphysik. Hier ist der Herrgott Seigneur in des Wortes wahrster Bedeutung. Ihr Bau wurde im dreizehnten Jahrhundert begonnen, ihr Stil ist so etwas wie eine Gotik aus Toulouse. Der riesige Turm verjüngt sich nach oben, seine Fenster werden immer kleiner und täuschen eine Höhe vor, die in Wirklichkeit gar nicht da ist. Ach was . . . Wirklichkeit! Diese Kathedrale ist nicht wirklich. Sie ist, im Gegensatz zu den Ereignissen in Lourdes, ein wahres Wunder.

Und rosa schimmern die Bischofsgebäude, die danebenstehen, der Himmel nimmt eine rosa Färbung an —

Innen ist die Kathedrale nicht so schön, es gibt zwar gute Einzelheiten, aber es ist eben eine hohe Kirche, deren Raum man leider aufgeteilt hat. Ich trete wieder heraus und gehe zwergenhaft von allen Seiten an dies Monstrum heran. Es ist zum Erstarren.

Die Gärten des erzbischöflichen Schlosses liegen im Herbstlaub, mit rosa Ziegel als Fond. Von drüben schimmert der Fluß, le Tarn, ich sauge das alles in mich auf.

Im erzbischöflichen Schloß ist ein Museum, eine Bilderausstellung; ach, wer wird denn das jetzt sehn wollen! Aber da fällt mein Blick auf ein kleines Ausstellungsplakat . . . ich muß mich wohl verlesen haben. Nein. «La Galerie de Toulouse-Lautrec.»

Toulouse-Lautrec? Hier? Im Bischofsschloß? Hier im Bischofsschloß. Und da stak ich nun den ganzen Tag.

In Albi ist Toulouse-Lautrec geboren, in Albi ist er gestorben (1901). Und ihm zu Ehren haben sie diese Ausstellung in drei Sälen zusammengebracht. Da hängen:

Die großen Plakate mit Aristide Bruant, das rote Tuch verachtungsvoll-königlich um den Hals; La Goulue, die die Beine wirft, daß man ihr in eine Wäscheausstellung sehen kann; ein altes Schwein, das sich über ein junges Gemüse beugt; die harten Fressen strahlend blonder Luder; der Urgroßvater des Jazz: Cake-walk in einer Bar; ein Kostümball, auf dem Börsenmakler als Marquis Posas mit Pincenez zahlend amüsiert schwitzen; ein kalkiger Jüngling auf grauem

Karton, ein schlaffer, käsiger Mensch, sein ganzes Leben ist auf den paar Quadratzentimetern aufgezeichnet – und Yvette.

«Yvette Guilbert, saluant le public.» Ich bin kein Bilderdieb – außerdem ist das Bild zu groß gewesen. Sie stand da, den Oberkörper etwas vorgebeugt, und stützte sich mit einer Hand am zusammengerafften Vorhang. Die langen schwarzen Handschuhe laufen in Spinnenbeine aus. Sie lächelt. Ihr Lächeln sagt: «Schweine. Ich auch. Aber die Welt ist ganz komisch, wie?» Durchaus «halb verblühende Kokotte, halb englische Gouvernante», wie Erich Klossowski sie charakterisiert hat. Es ist da in ihr ein Stück Mann, das sich über die Frauen lustig macht, selber eine ist, durchaus – und ganz tief im Urgrund schlummert ein totes, kleines Mädchen. Dieser Mund durfte alles sagen. Und er hat alles gesagt.

Und auf jedem zweiten Blatt immer wieder das Theater – das Theater, das Toulouse-Lautrec mit Haßliebe verfolgt hat, ausgezogen, wieder angezogen, abgeschminkt, geküßt, geschminkt und verhöhnt hat. Weiche Mimen legen vor einem Spiegel Rouge auf; ist das eine lächerliche Profession, sich abends, wenn die Lampen brennen, in schmutzigen kleinen Ställen Butter ins Gesicht zu schmieren! Da liegt eine Palette, dort ein Lithographiestein mit dem Bart Tristan Bernards. Spitze Schreie steigen von diesen Blättern auf, Brunst, Inbrunst, Ekel, Genuß am Ekel, in der vollendeten Verkommenheit liegt der Ton auf vollendet.

Ein weher Mund sieht dich an, sah ihn an – alles andere in diesem Frauengesicht ist dann dazugeworfen, wegen dieser Lippen ist er gezeichnet. Zarte Pastellkartons: ein weißes Jabot ist so auf Grau gesetzt, daß man den hauchdünnen Stoff abheben kann, und alle ernsthaften Bilder zeigen, was dieser Mann an technischem Können, an Fleiß, an Gewissenhaftigkeit des Handwerks in sich gehabt hat. Den Ungarn, die ihm heute in Paris frech nachschmieren, sollte man ihre Blätter um die Ohren wischen – es genügt eben nicht, in ein «Haus» zu gehen und grinsend zu kolportieren. Ah, davon ist hier nichts.

Tierstudien sind da, von einer Einfühlung in die Form, Porträts, kleine Landschaften ... und immer wieder Pferde, deren Bewegung er so geliebt hat. Dazwischen alte Kanaillen, mit halb entblößter Brust; wie haargenau sind die Quantitäten von Verfall, gesundem Menschenverstand, ja selbst von so etwas wie anständigem Herzen ausbalanciert ...! Eine hat etwas Mütterliches. Und ein ganzer Salon ist da, der große Empfangssalon im Parterre, da sitzen die Damen, bevor sie nach oben steigen. Ein Salon –? Es ist der Salon. Die Totenmarie und die Stupsnase und das dicke, hübsche Mädchen, und die Gleichgültige und die, die ewig nackt umherläuft ... Und das Schönste von allem: «Étude de Femme 1893.» Ein junges Ding läßt frierend das Hemd gleiten, eine Brust sticht gespitzt in die Luft. Ein herbstlicher Frühling.

Drum herum Gemälde. Zweimal: seine Mutter, Porträts des Malers, Porträts anderer: ein bärtiges Gesicht mit Kneifer und aufgeworfenen Lippen. Einmal eine Verspottung seines verwachsenen Körpers.

Er ist in Albi geboren und gestorben. Wo?

Die Straße heißt heute: «Rue de Toulouse-Lautrec», es ist das Haus Nummer 14. Außen eine glatte Front, eine hohe verschlossene Tür... Sein Vetter, der Doktor Tapie de Céleyran, empfängt mich.

Es ist ein älterer Herr mit schwarzem Käppchen auf dem Kopf; er führt mich ins Allerheiligste. Da liegt in Kästen das Oeuvre Lautrecs: die Lithographien, die Originale und viel Unveröffentlichtes. Und er zeigt mir eine Geschichte, die der Knabe illustriert hat — seltsam gemahnten die angetuschten Federzeichnungen an Kubin. Er hat soviel gearbeitet... Und ich bekomme zu hören, daß die Familie und der Hauptverwalter des Nachlasses, Herr Maurice Joyant in Paris, der an einem großen Werk über den Maler arbeitet, seine Einschätzung durch das Publikum nicht lieben. «Er ist nicht nur der Zeichner der Dirnen gewesen, des Zirkus, des Theaters —! Er hat so viel andres gekonnt!» Zugegeben, daß sich ein Teil seiner Bewunderer stofflich interessieren. Aber hier liegt das Einmalige des Mannes, der bittere Schrei in der Lust, der hohe, pfeifende Ton, der da herausspritzt... Daß dahinter eine Welt an Könnerschaft lag, wer möchte das leugnen —! Und daß Toulouse-Lautrec kein wollüstig herumtaumelnder Zwerg war, oder ob er es war... gebt volles Maß! Und wir scheiden mit einem Händedruck.

Nachmittags bekomme ich im Museum zu sehen, was nicht ausgestellt ist: Entwürfe über Entwürfe, hingehuschte Skizzen, Angefangenes, Wiederverworfenes und Schulhefte, in denen die lateinischen und griechischen Exerzitien ummalt sind von Guirlanden und Figuren. Da ist die Feder träumerisch übers Papier geglitten, weit, weit weg von Cicero und hat Pferde im Sprung aufgefangen, Füchse — die Männerchen, die der hier gemalt hat, sind schon kleine Menschen.

Und als der freundliche Konservator alles wieder zusammengepackt hat, gehe ich noch einmal in die hohen Zimmer und nehme Abschied, von Yvette Guilbert, von den zarten Farben und von dem dröhnenden Schlag eines Spazierstockgriffs auf einen Sektkühler. Es gibt das alles nicht mehr; man ist heute anders unanständig. Mit der Zeit — das geht so schnell! — sinken Gefühle zu Boden, optische Anspielungen, nur von denen einmal verstanden, die sich mitgekitzelt fühlten. Vor manchem stehe ich nun und kann es nicht mehr lesen. Aber ich verstehe es mit dem andern Nervensystem, dem Solarplexus — es springt da etwas über, von dem ich nur weiß, daß es zwinkernd, züngelnd und doch nicht verrucht ist. Es ist das Knistern, das entsteht, wenn sich Menschen berühren: Haßknistern, Spott — und eine etwas lächerliche Formalität. Die Liebe after dinner.

Von Albi sehe ich dann gar nichts mehr. Oder wenigstens: ich habe alles vergessen. Ich weiß nur noch, daß ich in eine Flaschenfabrik hineingehen wollte, wie mögen wohl Flaschen gemacht werden, dachte ich — und da standen zwei ältere Arbeiter vor dem Portal. Sie sagten: «Heute nicht.» —«Warum nicht?» fragte ich. «Es wird gestreikt», sagten sie, «Marokko.» Nun, es war das ein Teilstreik, und sie wußten das auch sehr genau. Sie sagten, es nütze ja

doch nichts. Ich schwieg — denn ich bin in Frankreich. Aber ich wußte: es nützt immer. Nichts ist verloren. Es ist ein Steinchen, wenn
ein paar Fabriken gegen den Staatsmord protestieren, wenn sie nicht
mehr wollen, wenn die Arbeiter ihre Söhne nicht mehr hergeben
wollen ...

Und dann fuhr ich nach Toulouse zurück. Da wohnte noch jemand, den ich zu besuchen hatte.

Eine alte Dame empfing mich in ihrer Wohnung, die in einer stillen Straße liegt. Die Comtesse de Toulouse-Lautrec ist heute vier-
undachtzig Jahre alt. Sie geht langsam, ist frisch, freundlich, gut.
Da kam sie auf mich zu, sah mich durch ihre Stahlbrille an ... und
dann begann sie von ihrem Sohn zu sprechen. Sie spricht von seiner
Jugendzeit, als er so fleißig in Paris gelernt hat; von seinem festen
Willen, und —: «Er war ein so guter Schwimmer, wissen Sie!» sagt
sie. Nur eine Mutter kann das sagen. Und nun wird sie lebhafter und
macht mich auf die Kohlezeichnungen aufmerksam, die da hängen:
die Köpfe zweier alter Damen, es sind die Großmütter Lautrecs.
Wieder sehe ich:

In der Kunst gibt es kein Mogeln. Der Mann war in seiner Aus-
bildung ein Handwerker, ein Akademiezeichner wie Anton von Wer-
ner, und auf diesem Grunde hat er gebaut. Wissen die Leute, daß
George Grosz zeichnen kann wie ein Photograph? Man kann nur
weglassen, wenn man etwas wegzulassen hat. Mogeln gilt nicht.

Und die Mutter zeigt kleine Bildchen, Illustrationen zu einem
Werk Victor Hugos, niemals vollendet; der Verleger machte Geschichten, und Lautrec zerriß langsam das Bild, das er gerade unter
den Händen hatte. Und ein Album mit den ungelenken Zeichnungen
des Knaben, schon sieht hier und da etwas andres heraus als nur die
Kinderhand, die das Zeichnen freut.

Und sie spricht von seinem Leben und erzählt seine kleinen Schul-
geschichten. Wie er stets gearbeitet hat — «Ich bin immer nur ein
Bleistift gewesen, alle meine Tage», hat er einmal von sich gesagt
— und wie er niemals ohne sein Notizbuch ausging, in das er eine
Unsumme von Details aufzeichnete; wie er lebte, und wie sie ihn
doch nicht lange gehabt hat. Er starb mit siebenunddreißig Jahren.
Zum Schluß, als er so krank gewesen ist, hat sie eine Reise nach Japan mit ihm machen wollen; er liebte Japan, da hängt noch ein ja-
panischer Druck, den er sich gekauft hat. Aus der Reise ist nichts
mehr geworden. Und die alte Dame sagt: «Il est si triste d'être
seule.»

Und dann gehe ich von der, die diesen Meister geboren hat.

*

Wenn Er bläst: wird das Jüngste Gericht gerechter sein als die Ver-
waltungsbehörden auf Erden, die sich für Gerichte ausgeben? Wenn
Er bläst, wird auch dieser kleine, etwas vornehme Mann erscheinen.
«Henri de Toulouse!» ruft der Ausrufer. «Huse —» macht es. «Lau-
trec!» ruft der Ausrufer. «Meck-meck!» — lachen die kleinen Teufel.
Da steht er.

«Warum hast du solch einen Unflat gemalt, du?» fragt die große Stimme. Schweigen.

«Warum hast du dich in den Höllen gewälzt — deine Gaben verschwendet — das Häßliche ausgespreizt — sage!»

Henri de Toulouse-Lautrec steht da und notiert im Kopf rasch den Ärmelaufschlag eines Engels.

«Ich habe dich gefragt. Warum?»

Da sieht der verwachsene, kleine Mann den himmlischen Meister an und spricht:

«Weil ich die Schönheit liebte —», sagt er.

Peter Panter (1926)

VOR VERDUN

Längs der Bahn tauchen die ersten Haustrümmer auf — ungefähr bei Vitry fängt das an. Ruinen, dachlose Gebäude, herunterhängender Mörtel, Balken, die in die Luft ragen. Nur eine kleine Partie — dann präsentiert sich die Gegend wieder ordentlich und honett, sauber und schön aufgebaut. Viele Häuser scheinen neu. Der Zug hält. Auf dem Nebengleis steht ein Waggon. «FUMEURS» steht an einer Tür. Ein Pfosten verdeckt die ersten beiden Buchstaben, man kann nur den Rest des Wortes lesen.

Verdun, eine kleine Stadt der Provinz. Hat in der neuen Zeit schon einmal daran glauben müssen: im Jahre 1870. Die Besatzung, die damals mit allen militärischen Ehren kapitulierte, zog ab, und die Stadt kam unter deutsche Verwaltung. Der deutsche Beamte, der ihr und dem Departement der Meuse vorgesetzt war, trug den Namen: von Bethmann-Hollweg.

Man kann ein kleines Heft kaufen: «Verdun vorher und nachher.» Es muß eine hübsche, nette und freundliche Stadt gewesen sein, mit kleinen Häuserchen am Fluß, einer Kathedrale, dem Auf und Ab der Wege auf dem welligen Terrain. Und nach jedem Bild von damals ist ein andres eingefügt. So schlimm sieht es jetzt nicht mehr aus: vieles ist aufgebaut, manche Teile haben gar nicht gelitten, das Rathaus ist fast unversehrt geblieben. Aber es handelt sich ja nicht um Verdun, nicht um die kleine Stadt. Um Verdun herum lagen vierunddreißig Forts.

Gleich am Ausgang der Stadt die Zitadelle. Sie ist in den Fels gehauen, eine riesige Anlage mit Gängen, die in ihrer Gesamtlänge sechzehn Kilometer ausmachen. Dies und jenes darf man sich ansehen. Schlafräume der Soldaten und Offiziere, heizbar und mit elektrischem Licht. Hier, in diesem Verschlag, hat der General Pétain geschlafen. Ein kleiner Raum, mit Holzwänden, oben offen — Waschgeschirr, Eimer und das Bett stehen noch da. Daneben lagen in kleinen Kabinen zu vieren die Offiziere. In einem Saal steht ein langer Tisch. Auf dem standen in Särgen die Überreste von acht unbekannten Kadavern, und ein Militär legte einen Blumenstrauß auf den einen: das wurde der soldat inconnu, der heute unter dem Arc de Triomphe zu Paris begraben liegt. Die sieben andern ruhen in einem gemeinschaftlichen Grab auf dem Kirchhof Faubourg Pavé bei Verdun. Das Bombardement hat der Felszitadelle nichts anhaben können — außen haben sich wohl Mauersteine gelockert, innen ist alles intakt geblieben. Und dann fahren wir hinaus, ins Freie.

Es ist eine weite, hügelige Gegend, mit viel Buschwerk und gar keinem Wald. Immer, wenn man auf eine Anhöhe kommt, kann man weit ins Land hineinsehen. Hier ist eine Million Menschen gestorben.

Hier haben sie sich bewiesen, wer recht hat in einem Streit, dessen Ziel und Zweck schon nach Monaten keiner mehr erkannte. Hier haben die Konsumenten von Krupp und Schneider-Creuzot die heimischen Industrien gehoben. (Und wer wen dabei beliefert hatte, ist noch gar nicht einmal sicher.)

Auf französischer Seite sind vierhunderttausend Menschen gefallen; davon sind annähernd dreihunderttausend nicht mehr auffindbar, vermißt, verschüttet, verschwunden... Die Gegend sieht aus wie eine mit Gras bewachsene Mondlandschaft, die Felder sind fast gar nicht bebaut, überall liegen Gruben und Vertiefungen, das sind die Einschläge. An den Wegen verbogene Eisenteile, zertrümmerte Unterstände, Löcher, in denen einst Menschen gehaust haben. Menschen? Es waren kaum noch welche.

Da drüben, bei Fleury, ist ein Friedhof, in Wahrheit ein Massengrab. Zehntausend sind dort untergebracht worden — zehntausendmal ein Lebensglück zerstört, eine Hoffnung vernichtet, eine kleine Gruppe Menschen unglücklich gemacht. Hier war das Niemandsland: drüben auf der Höhe lagen die Deutschen, hüben die Franzosen — dies war unbesetzt. Lerchen haben sich in die Luft hinaufgeschraubt und singen einen unendlichen Tonwirbel. Ein dünner Fadenregen fällt.

Der Wagen hält. Diese kleine Hügelgruppe: das ist das Fort Vaux. Ein französischer Soldat führt, er hat eine Karbidlampe in der Hand. Einer raucht einen beißenden Tabak, und man wittert die Soldatenatmosphäre, die überall gleich ist auf der ganzen Welt: den Brodem von Leder, Schweiß und Heu, Essensgeruch, Tabak und Menschenausdünstung. Es geht ein paar Stufen hinunter.

Hier. Um diesen Kohlenkeller haben sich zwei Nationen vier Jahre lang geschlagen. Da war der tote Punkt, wo es nicht weiter ging, auf der einen Seite nicht und auf der andern auch nicht. Hier hat es haltgemacht. Ausgemauerte Galerien, mit Beton ausgelegt, die Wände sind feucht und nässen. In diesem Holzgang lagen einst die Deutschen; gegenüber, einen Meter von ihnen, die Franzosen. Hier mordeten sie, Mann gegen Mann, Handgranate gegen Handgranate. Im Dunkeln, bei Tag und bei Nacht. Da ist die Telephonkabine. Da ist ein kleiner Raum, in dem wurde wegen der Übergabe parlamentiert. Am 8. Juni 1916 fiel das Fort. Fiel? Die Leute mußten truppweise herausgehackt werden, mit den Bajonetten, mit Flammenwerfern, mit Handgranaten und mit Gas. Sie waren die letzten zwei Tage ohne Wasser. An einer Mauer ist noch eine deutsche Inschrift, mit schwarzer Farbe aufgemalt, schwach zu entziffern. Und dann gehen wir ins Verbandszimmer.

Es ist ein enges Loch, drei Tische mögen darin Platz gehabt haben. Einer steht noch. An den Wänden hängen kleine Schränke. Oben ist, durch eine Treppe erreichbar, der Alkoven des Arztes. Ich habe einmal die alte Synagoge in Prag besucht, halb unter der Erde, wohin sich die Juden verkrochen, wenn draußen die Steine hagelten. Die Wände haben die Gebete eingesogen, der Raum ist voll Herzensnot. Dieses hier ist viel furchtbarer. An den Wänden kleben die Schreie — hier wurde zusammengeflickt und umwickelt, hier verröchelte, erstickte, verbrüllte und krepierte, was oben zugrunde gerichtet war. Und die Helfer? Welcher doppelte Todesmut, in dieser Hölle zu arbeiten! Was konnten sie tun? Aus blutdurchnäßten Lumpen auswickeln, was noch an Leben in ihnen stak, das verbrannte und zerstampfte Fleisch der Kameraden mit irgendwelchen Salben und Tinkturen bepinseln und schneiden und trennen, losmeißeln und amputieren...

Linderung? Sie wußten ja nicht einmal, ob sie diese Stümpfe noch lebendig herausbekämen! Manchmal war alles abgeschnitten. Die Wasserholer, die Meldegänger — wohl eine der entsetzlichsten Aufgaben des Krieges, hier waren die wahren Helden, nicht im Stabsquartier! —, die Wasserholer, die sich, mit einem Blechnapf in der Hand, aufopferten, kamen in den seltensten Fällen zurück. Und der nächste trat an... Wir sehen uns in dem leeren, blankgescheuerten Raum um. Niemand spricht ein Wort. Oben an dem Blechschirm der elektrischen Lampe sind ein paar braunrote Flecke. Wahrscheinlich Rost...

Vor dem Tor hat man für einige der Gefallenen Gräber errichtet, das sind seltene Ausnahmen, sie liegen allein, und man weiß, wer sie sind. An einem hängt ein kleiner Blechkranz mit silbernen Buchstaben: Mon mari.

Und an einem Abhang stehen alte Knarren, die flachen, schiefgeschnittenen Feldflaschen der Franzosen, verrostet, zerbeult, löcherig. Das wurde einmal an die durstigen Lippen gehalten. Wasser floß in einen Organismus, damit er weitermorden konnte. Weiter, weiter —!

Drüben liegt das Fort Douaumont, das überraschend fiel; da die Höhe 304; da das Fort de Tavannes. Teure Namen, wie? Einem alten Soldaten, der hier gestanden hat und lebendig herausgekommen ist, muß merkwürdig zumute sein, wenn er jetzt diese Gegend wiedersieht, still, stumpf, kein Schuß. Weit da hinten am Horizont raucht das, was dem deutschen Idealismus 1914 so sehr gefehlt hat: das Erzlager von Briey. Und wir fahren weiter.

Die Sturmreihen sind in die Erde versunken, die armen Jungen, die man hier vorgetrieben hat, wenn sie hinten als Munitionsdreher ausgedient hatten. Hier vorn arbeiteten sie für die Fabrikherren viel besser und wirkungsvoller. Die Rüstungsindustrie war ihnen Vater und Mutter gewesen; Schule, Bücher, die Zeitung, die dreimal verfluchte Zeitung, die Kirche mit dem in den Landesfarben angestrichenen Herrgott — alles das war im Besitz der Industriekapitäne, verteilt und kontrolliert wie die Aktienpakete. Der Staat, das arme Luder, durfte die Nationalhymne singen und Krieg erklären. Gemacht, vorbereitet, geführt und beendet wurde er anderswo.

Und die Eltern? Dafür Söhne aufgezogen, Bettchen gedeckt, den Zeigefinger zum Lesen geführt, Erben eingesetzt? Man müßte glauben, sie sprächen: Weil ihr uns das einzige genommen habt, was wir hatten, den Sohn — dafür Vergeltung! Den Sohn, die Söhne haben sie ziemlich leicht hergegeben. Steuern zahlen sie weniger gern. Denn das Entartetste auf der Welt ist eine Mutter, die darauf noch stolz ist, das, was ihr Schoß einmal geboren, im Schlamm und Kot umsinken zu sehen. Bild und Orden unter Glas und Rahmen — «mein Arthur!» Und wenns morgen wieder angeht —?

Der Führer nennt Namen und Zahlen. Er zeigt weit über das Land: da hinten, da ganz hinten lag das Quartier des Kronprinzen. Ein bißchen fern vom Schuß — aber ich weiß: das bringt das Geschäft so mit sich. Und das war früher auch so: die Söhne hatten schon damals die Zentrale für Heimatsdienst. Bäume stecken ihre hölzernen Stümpfe in die Luft, die Verse von Karl Kraus klingen auf: «Ich war ein Wald. Ich war ein Wald.» Das Buschwerk sprießt, überall zieht sich Stacheldraht zwischendurch. An einer Stelle steht ein Denkmal, ein verendeter Löwe. Das war der Punkt, bis zu dem die Deutschen vorgedrungen sind. (Übrigens findet sich nirgends auch nur die leiseste Beschimpfung des Gegners — immer und überall in den Schilderungen, den Beschreibungen, den Aufschriften wird der Feind als ein kämpfender Soldat geachtet und niemals anders bezeichnet.) Bis hierher ging es also. Das Reich erstreckte sich damals von Berlin bis zu dieser Stelle. Abschiedsküsse auf dem Bahnhof, die Fahrt — 8 Pferde oder 40 Mann — und dann der Tod in diesen Feldern. Das war der letzte Zipfel.

Und dahinter das Land. Da lag dieses ungeheure Heerlager, dieser Jahrmarkt der Eitelkeiten, diese Konzentration von Roheit, Stumpfsinn, Amtsverbrechen, falsch verstandener Heldenhaftigkeit; da fuhren, marschierten, rollten, telephonierten, schufteten und schossen die als Soldaten verkleideten Uhrmacher, Telegraphensekretäre, Gewerkschaftler, Oberlehrer, Bankbeamten, geführt und führend, betrügend und betrogen, mordend, ohne den Feind zu sehen, in der Kollektivität tötend, die Verantwortung immer auf den Nächsten abschiebend. Es war eine Fabrik der Schlacht, eine Mechanisierung der Schlacht, überpersönlich, unpersönlich. «Die Division» wurde eingesetzt, hineingeworfen — die Werfer blieben draußen —, sie wurde wieder herausgezogen. Achilles und Hektor kämpften noch miteinander; dieser Krieg wurde von der Stange gekauft. Und archaistisch war nur noch die Terminologie, mit der man ihn umlog: das blitzende Schwert, die flatternden Fahnen, die gekreuzten Klingen. Landsknechte? Fabrikarbeiter des Todes.

Der Horizont ist grau, es ist, als sei kein Leben mehr in diesem Landstrich.

Da kämpften sie, Brust an Brust: Proletarier gegen Proletarier, Klassengenossen gegen Klassengenossen, Handwerker gegen Handwerker. Da zerfleischten sich einheitlich aufgebaute ökonomische Schichten, da wütete das Volk gegen sich selbst, ein Volk, ein einziges: das der Arbeit. Hinten rieben sich welche voller Angst die Hände.

Ein Mauerwerk taucht auf, das ist das Denkmal über der Tranchée des Baïonettes. Am 11. Juni 1916 wurde hier die Besatzung dieses Grabens — es war die zweite Linie — verschüttet. Keiner entrann. Man fand sie so unter der Erde, nur die Bajonette ragten aus der Erde. Der Graben ist seit diesem Tag so erhalten; ein Amerikaner, Herr Georges F. Rand, hat einen großen grauen Steinbau darüber errichten lassen. Unten, auf dem zugeschütteten Graben, stehen ein paar Kreuze, liegen Kränze und ragen die Bajonette. Drei Mann müssen außerhalb des Grabens postiert gewesen sein; die Läufe ihrer Gewehre ragen ein paar Zentimeter hoch aus dem Boden, man stolpert über sie. Eine Mutter kann ihr Kind hierherführen und sagen: «Siehst du? Da unten steht Papa.»

In der Nähe ist ein ossuaire, eine kleine Holzhalle, wo man die Gebeine der Soldaten, die nicht mehr zu identifizieren waren, gesammelt hat. Sie ruhen da, bis eine große Grabkapelle für sie fertiggestellt ist. Die Überbleibsel sind nach Sektoren geordnet. (Was die Offiziere aller Länder anbetrifft, so scheinen sie sämtlich an anstekkenden Krankheiten zugrunde gegangen zu sein — denn warum hat man sie so oft von den Mannschaften abgesondert?) Stereoskope sind aufgestellt mit Bildern aus den Mordtagen. Auf einem ist unter Steintrümmern ein Bein zu sehen. Ein abgerissenes Bein, der Benagelung nach ein deutsches.

Auf einem andern Bild sieht man einen deutschen Gefangenen, einen bärtigen, schlecht genährt aussehenden Mann. Er steht bis zu den Hüften im Graben, er hat kein Koppel mehr, er wartet, was nun noch mit ihm geschehen kann. Im Vordergrund ragen ein Paar Stiefel aus dem Schlamm und ein halber Körper. Den kann man nicht mehr gefangennehmen. Die Franzosen und der Deutsche stehen da zusammen, der Betrachter muß glauben, einen Haufen Wahnsinniger vor sich zu haben. Und das waren sie ja wohl auch.

Jetzt regnet es in dichten Strömen. Der Wagen rollt. Der Schlamm spritzt. Und immer wieder Stacheldraht, Steinbrocken, verrostetes Eisen, Wellblech.

Ist es vorbei —?

Sühne, Buße, Absolution? Gibt es eine Zeitung, die heute noch, immer wieder, ausruft: «Wir haben geirrt! Wir haben uns belügen lassen!»? Das wäre noch der mildeste Fall. Gibt es auch nur eine, die nun den Lesern jahrelang das wahre Gesicht des Krieges eingetrommelt hätte, so, wie sie ihnen jahrelang diese widerwärtige Mordbegeisterung eingebleut hat? «Wir konnten uns doch nicht beschlagnahmen lassen!» Und nachher? als es keinen Zensor mehr gab? Was konntet ihr da nicht? Habt ihr einmal, ein einziges Mal nur, wenigstens nachher die volle, nackte, verlaust-blutige Wahrheit gezeigt?

Nachrichten wollen die Zeitungen, Nachrichten wollen sie alle. Die Wahrheit will keine.

Und aus dem Grau des Himmels taucht mir eine riesige Gestalt auf, ein schlanker und ranker Offizier, mit ungeheuer langen Beinen, Wickelgamaschen, einer schnittigen Figur, den Scherben im Auge. Er feixt. Und kräht mit einer Stimme, die auf den Kasernenhöfen halb Deutschland angepfiffen hat, und vor der sich eine Welt schüttelt in Entsetzen:

«Nochmal! Nochmal! Nochmal —!»

Ignaz Wrobel (1924)

DIE GRENZE

Weit liegt die Landschaft. Berge, Täler und Seen. Die Bäume rauschen, die Quellen springen, die Gräser neigen sich im Wind.

Quer durch eine Waldlichtung, durch den Wald, über die Chaussee hinüber läuft ein Stacheldraht: die Grenze. Hüben und drüben stehen Männer, aber die drüben haben blaue Uniformen mit gelben Knöpfen und die hüben rote Uniformen mit schwarzen Knöpfen. Sie stehen mit ihren Gewehren da, manche rauchen, alle machen ein ernstes Gesicht.

Ja, das ist also nun die Grenze. Hier stoßen die Reiche zusammen — und jedes Reich paßt auf, daß die Bewohner des andern nicht die Grenze überschreiten. Hier diesen Halm darfst du noch knicken, diesen Bach noch überspringen, diesen Weg noch überqueren. Aber dann — halt! Nicht weiter! Da ist die Grenze. Einen Schritt weiter — und du bist in einer anderen Welt. Einen Schritt weiter — und du wirst vielleicht für etwas bestraft, was du hier noch ungestraft tun könntest. Einen Schritt weiter — und du darfst den Papst lästern. Einen Schritt weiter — und aus dir ist ein ziemlich vogelfreies Individuum, ein «Fremder» geworden.

Pfui, Fremder —! Du bist das elendeste Wesen unter der Sonne Europas. Fremder —! Die alten Griechen nannten die Fremden Barbaren — aber sie übten Gastfreundschaft an ihnen. Du aber wirst von Ort zu Ort gejagt, du Fremder unserer Zeit, du bekommst hier keine Einreiseerlaubnis und dort keine Wohnungsgenehmigung, und dort darfst du keinen Speck essen, und da von da keinen mitnehmen — Fremder!

Und das Ding, das sie Europa nennen, ist ein Lappen von bunten Flicken geworden, und jeder ist fremd, wenn er nur die Nase aus seinem Dorf heraussteckt. Es gibt mehr Fremde als Einwohner in diesem gottgesegneten Erdteil ...

Nach diesem Krieg, nach solchen Verschiebungen, gegen die die kleinen Tagereisen der Völkerwanderung ein Kinderspiel waren, nach blutigen Märschen der Völker durch halb Europa, sind die Kirchturmangelegenheiten jedes Sprengels zu höllischen Wichtigkeiten geworden. Greiz-Schleiz-Reuß ältere Linie und der Volksstaat

Bayern und das autonome Oberschlesien und Frankreich und Kongreßpolen — es ist immer dasselbe. Jeder hält seinen Laden für den allerwichtigsten und ist nicht gesonnen, auch nur den kleinsten Deut nachzugeben. Zunächst einmal und zum Anfang ziehen wir eine Demarkationslinie. Wir trennen uns ab. Wir brauchen eine Grenze. Denn wir sind eine Sache für sich.

Eine Erde aber wölbt sich unter den törichten Menschen, *ein* Boden unter ihnen und *ein* Himmel über ihnen. Die Grenzen laufen kreuz und quer wirr durch Europa. Niemand aber vermag die Menschen auf die Dauer zu scheiden — Grenzen nicht und nicht Soldaten —, wenn die nur nicht wollen.

Wie lachten wir heute über einen, der mit schwärmerischem Pathos anfeuerte, die Grenzen zwischen Berlin und Magdeburg einzureißen! So, genau so wird man einmal über einen internationalen Pazifisten des Jahres 1920 lachen, wenn die Zeit gekommen ist. Sie rascher heraufzuführen, sei unser aller Aufgabe.

Peter Panter (1920)

GEFÜHLE

Kennen Sie das Gefühl: «Déjà vu» —?
Sie gehen zum Beispiel morgens früh,
auf der Reise, in einem fremden Ort
von der kleinen Hotelterrasse fort,
wo die andern alle noch Zeitungen lesen.
Sie sind niemals in dem Dorf gewesen.
Da gackert ein Huhn, da steht eine Leiter,
und Sie fragen — denn Sie wissen nicht weiter —
eine Bauersfrau mit riesiger Schute . . .
Und plötzlich ist Ihnen so zumute
— wie Erinnerung, die leise entschwebt —:
    Das habe ich alles schon mal erlebt.

Kennen Sie das Hotelgefühl —?
Sie sitzen zu Hause. Das Zimmer ist kühl.
Der Tee ist warm. Die Reihen der Bücher
schimmern matt. Das sind Ihre Leinentücher,
Ihre Tassen, Ihre Kronen —
Sie wissen genau, daß Sie hier wohnen.
Da sind Ihre Kinder, Ihre Alte, die gute —
Und plötzlich ist Ihnen so fremd zumute:
    Das gehört ja alles gar nicht mir . . .
    Ich bin nur vorübergehend hier.

Kennen Sie . . . das ist schwer zu sagen.
Nicht das Hungergefühl. Nicht den leeren Magen.
Sie haben ja eben erst Frühstück gegessen.
Sie dürfen arbeiten, für die Interessen

des andern, um sich Brot zu kaufen
und wieder ins Bureau zu laufen.
Hunger nicht.
        Aber ein tiefes Hungern
nach allem, was schön ist: nicht immer so lungern —
auch einmal ausschlafen — reisen können —
sich auch einmal Überflüssiges gönnen.
Nicht immer nur Tag-für-Tag-Arbeiter,
ein bißchen mehr, ein bißchen weiter...
Sein Auskommen haben, jahraus, jahrein...?
Es ist alles eine Nummer zu klein.

Hunger nach Farben, nach der Welt, die so weit —
Kurz: das Gefühl der Popligkeit.

Eine alte, ewig böse Geschichte.
Aber darüber macht man keine Gedichte.
                              Theobald Tiger (1925)

IMMER RAUS MIT DER MUTTER...!

Für Paul Graetz

Verdumpft, verengt, verpennt, blockiert,
so geht das seit zehn Jahren.
Wie sind die Deutschen dezimiert,
die einst von Goethe waren!
    Ein Mittel gibts — und das ist rar.
    Das Mittel das ist dies:
    Mensch, einmal auf dem Buhlewar!
    Mensch, einmal in Paris!

Als Ludendorff einst Lüttich nahm
und nachher nicht mehr rausfand —
Welch Tag für ihn! Der Brave kam
zum erstenmal ins Ausland.
    Man denk ihn sich mit Schnurrbarthaar,
    mit Orden, Helm und Spieß,
    Mensch, einmal auf dem Buhlewar!
    Mensch, einmal in Paris!

Hannover-Süd und Franken-Nord.
Der Horizont wird kleiner.
Von Hause kommen Wenige fort
Und in die Welt fast Keiner.
    Ich wünsch der Angestelltenschar
    statt Brandenburger Kies:
    nur einmal auf dem Buhlewar!
    nur einmal in Paris!

93

Da draußen kümmert sich kein Bein
um eure Fahrdienstleiter.
Ihr könnt Hep-Hep und Hurra schrein:
die Welt geht ruhig weiter.
Die Völker leben. Freude lacht.
Wir stehn in letzter Reihe.
Was sich bei uns so mausig macht,
das sollte mal ins Freie!
   Den Richtern, Bonzen, ja, sogar
   Herrn Hitler wünsch ich dies:
   Mensch, einmal auf dem Buhlewar!
   Mensch, einmal nach Paris —!

Theobald Tiger (1924)

TRÄUMEREI AUF EINEM HAVELSEE

Ich bin Prokurist einer Wäschefabrik,
Sternberg, Guttmann & Sohn.
Mein Segelboot heißt «Heil und Sieg»,
zwei Stunden lieg ich hier schon
   und seh auf die Kiefern und in das Wasser hinein —
     auf meinem Boot ganz allein.

Urlaub hatte ich im August,
ich war in Norderney,
mit Lilly... ihre linke Brust
sieht aus wie ein kleines Ei.
   Wenn man sie da kneift, dann wird sie gemein —
     auf meinem Boot ganz allein.

Graske ist ein gemeiner Hund,
ein falsches Aas — er tut bloß so...
er weiß, der Alte ist nicht ganz gesund;
wenn mans merkt, bleibt er länger im Büro.
   Und dem Junior kriecht er jetzt auch hinten rein —
     auf meinem Boot ganz allein.

Mutter wird alt. Wie alt... warte mal.
vierundsechzig, nein: achtundsechzig, genau.
Grete soll ganz still sein; sie pöbelt mit ihrem Personal
wie eine Schlächtersfrau.
   Ich frage mich: muß eigentlich Verwandtschaft sein?
     auf meinem Boot ganz allein.

Ich habe es schließlich zu was gebracht,
ich geh auf den Presseball;
auf Reisen fahre ich Zweiter; die Jacht
hier hieß früher «Nachtigall».
Quatsch. Jetzt heißt sie richtig. Manchmal lade ich Willi und
               Ottmar ein —

nein, Ottmar nicht, der hat mich bei den jungen Aktien
nicht mitgenommen — schließlich werde ich dem Affen doch
nicht nachlaufen, das hab ich nicht nötig; stehen jetzt 192,
193 . . . wo ist denn die Zeitung? —
    auf meinem Boot ganz allein.

Das ist meine liebste Erholungszeit.
    auf meinem Boot ganz allein.
Kein Mensch ist zu sehen weit und breit —
    kann man einsamer sein?
Eine Welle gluckst. Ich bin einsam. Zwar
    die Inventur beginnt morgen,
und wie die Sirenen mit schwimmendem Haar
    ziehn im See meine Sorgen:

    Lilly, Mama und die Wäschefabrik,
    die Reparatur von «Heil und Sieg»,
    Graske und Ottmar, der Egoist;
    wer im Silbenrätsel «Fayence-Maler» ist —;
    der Krach mit dem Chef von der Expedition;
    die Weihnachtsgratifikation —
    sonst aber schwimme ich hier im märkischen Sonnenschein —
        auf meinem Boot ganz allein.

                Theobald Tiger (1928)

DIE REPORTAHSCHE

Nichts ist verächtlicher, als wenn Literaten
Literaten Literaten nennen.

Schnipsel
Peter Panter (1932)

Einmal hieß alles, was da kreucht und fleucht, «nervös», dann «fin de siècle», dann «Übermensch», dann hatten sie es mit den «Hemmungen», und heute haben sie es mit der Reportahsche, als welches Wort man immer so schreiben sollte. Lieber Egon Erwin Kisch, was haben Sie da angerichtet! Sie sind wenigstens ein Reporter und ein sehr guter dazu — aber was nennt sich heute nur alles «Reportage». Es ist völlig lächerlich.

Es gibt von allen Arten.

Es gibt «soziale Reportagen» und einer trägt eine «Reportage» vor, und Paul Fechter, der Klopf-Fechter der ‹Deutschen Allgemeinen›, macht «Versuche einer Rollen-Reportage», die denn auch so ausgefallen sind, daß man sich verwundert fragt, wie einer das schreiben kann, ohne dabei einzuschlafen. Dafür tuts denn der Leser. Und dann gibt es «Reportagen-Romane», und das sind die allerschlimmsten.

Der richtige Reportage-Roman ist im Präsens geschrieben und so lang wie ein mittelkräftiger Bandwurm. Der romancierende Reporter nimmt sich ein Milljöh vor, und das bearbeitet er. Das kann man nun endlos variieren, aber es ist immer dasselbe Buch. Nicht die Spur einer Vertiefung, nichts, was man nicht schon wüßte, bevor man das Buch angeblättert hat, keine Bewegung, keine Farbe — nichts. Aber Reportage. Was einen höchst mäßigen Essay abgäbe, das gibt noch lange keinen Roman. Wie überhaupt bei uns jede kleine Geschichte gern «Roman» genannt wird — die Kerle sind ja größenwahnsinnig. «Krieg und Frieden» ist ein Roman. Das da sind keine.

Sie kommen sich so wirklichkeitsnah vor, die Affen — und dabei haben sie nichts reportiert, wenn sie nach Hause kommen. Nur ein paar Notizen, die sie auswalzen. Reportahsche... Reportahsche...

Auf dieses Wort gibt es einen Reim: deshalb schreibe ich es so.

Vor dem Kriege hat einmal die Kaffee-Firma Tengelmann ein Preisausschreiben in die Zeitungen gesetzt; sie wollte ein kurzes Gedicht für ihre Reklamen haben: die Firma sollte darin genannt sein, die Vorzüglichkeit ihrer Produkte, ihre Tee- und Kaffeeplantagen und das alles in gefälliger, gereimter Form.

Der große Schauspieler Victor Arnold gewann zwar den Preis nicht — aber er hatte einen der schönsten Verse gefunden. Und der hieß so:

> Mein lieber guter Tengelmann!
> Was geht denn mich dein Kaffee an
> und deine Teeplantage —
> Ach............!

Na, dann reportiert man.

Peter Panter (1931)

WERBEKUNST
oder:
DER TEXT UNSRER ANZEIGEN

«Sags ihr mit Schmus!» Henry Ford

Die hängenden Gärten der Semiramis waren ein Weltwunder. Auch heute noch läßt die Dame von Welt ihren Büstenhalter nur ungern auf dem zierlich gedeckten Frühstückstisch liegen. Sie sollte in der Tat nie versäumen, ihn anzulegen; unsachgemäße Behandlung der überaus empfindlichen Haut verstärkt einen Mangel, an dem schon manches Herzensbündnis jäh zerschellt ist. Welch ein Staunen, wenn ein Geschenk auf dem Gabentisch liegt, das mit vornehmem Takt einen geheimen Wunsch errät! Schenken Sie «Tetons Büstenformer», Marke «Eierbecher»!

*

Die blaue Stunde des Harems naht heran. Vom nahen Minarett ertönt der Gesang des bärtigen Moslems, der dort Allah ehrt, und die zarten Wölkchen der Zigaretten kräuseln sich um die entschleierten Angesichter schwarzäugiger Türkinnen. Der Fachmann atmet ihren Duft ein und spürt sofort am blauen Dunst: «Die gute Haberland-Zigarette!» Unsre besonders bewährten Fachleute eilen im fernen Osten von Tabakfeld zu Tabakfeld und graben selbst die zarten Tabakpflänzchen ein, ordnen die Blätter in alphabetischer Reihenfolge und überwachen ihre sachgemäße Mischung mit den guten heimischen Kräutern der Uckermark. Es ist uns gelungen, den Herstellungspreis unsrer Qualitätszigarette auf 2 Pfennige herunterzudrücken. Versuchen Sie also unsre 15-Pfennig-Zigarette «Bilanz», und Sie werden eine Zigarette finden, die, edel, schnittig und rassig im Format, ein vornehmes Geschenk darstellt. Keine Qualität, nur Ausstattung!

*

«Was kann es nur sein?» denkt sich jener Tänzer, um den sich früher die reizvollsten Erscheinungen der großen Salons geschart haben, während er heute allein und verlassen in der Ecke sitzt. Ist es der Tabaksgeruch, den er ausströmt? Oder gar andere Charakterfehler? Nein. Der junge, elegante Mann hat leider vergessen, einen Hosenknopf zu schließen, und indigniert und beschämt sehen die Damen von Geschmack beiseite, weil ein inkonsequenter Charakter auf Frauen keinen Eindruck hervorzuzaubern versteht. Gebrauchen Sie «Automatos», den selbsttätigen Reißverschluß, und Ihre Haut wird niemals spröde und rissig werden.

*

Ein problematisches Symbol ist für so viele die sitzende Lebensführung bei ernster Berufsarbeit im Amt und Büro. Unsre Zeit ist eine Übergangzeit, und trutzig ragt manches deutsche Standbild in die deutsche Geschichte, Erinnerung und Wahrzeichen an harte Kriegsläufte und stolze Kämpfe um städtische Freiheit. Daher sollten auch

Sie nicht versäumen, «Lissauers Stuhlzäpfchen» zu gebrauchen, die, rassig, edel und einfach in vornehmer Linienführung, dem Geist unsrer Zeit entsprechen.

*

Die Flaschen unseres Jahreskonsums aufeinandergestellt, ergeben die Höhe der Kölner Synagogenspitze. Nur eine Sektmarke international anerkannter Qualität, schnittig, edel und rassig im Geschmack, vermag sich solche Anerkennung zu erringen. Ein zarter Fichtennadelgeschmack ermöglicht es, unsern in Deutschland auf Flaschen gefüllten Sekt auch als Badezusatz zu verwenden.

*

Gehört diese Geste noch in unsre Zeit? So fragen wir uns, wenn wir den deutschen Ritter Götz von Berlichingen am Burgfenster stehen sehen. Der tadellos gepflegte Hauptmann, dem er seinen Gruß hinausruft, wird seiner Aufforderung wohl nicht Folge leisten; sicher ist, daß kein starres Gesetz ihm dies vorschreibt. Jedem ist dieser Ausdruck der Verehrung nach eignem Gefühl überlassen. Wenn aber das Mittelalter schon unser «Altes Lavendel» gekannt hätte, wird dieses Gefühl zum Gesetz. Verlangen Sie die kreuzweise Packung.

*

Im Banne der Liebe ermüdet man leicht. Die Nerven sind aufs höchste angespannt; die Luft im Raum ist heiß, drückend und schwül mit ü. In solchen Augenblicken erfrischt nichts so sehr wie eine Tasse klarer Nudelboillon, die Sie aus «Lurbarschs Suppenwürfel» gewinnen können. Ein Täßchen heißer Brühe bringt Ruhe und Sicherheit, vielleicht das Glück!

*

Wenn Baby die Tintenflasche ausgetrunken hat, geben Sie ihm einen Bogen von Hermann Burtes Löschpapier zu essen. Dieses Mittel wird von den Kleinchen erfahrungsgemäß gern genommen, und auch durchnäßte Erwachsene profitieren häufig davon. Gepflegte Kinder in gutbürgerlichen Haushalten sollten von Zeit zu Zeit diese Kur machen — der kleine Steppke, den Sie hier im Bilde sehen, weiß seit seiner Geburt nicht, was Feuchtigkeit ist. Kein Volk ohne Löschpapier! Hermann Burte & Hans Grimm, Löschpapier en gros.

*

Temperamentvolle Frauen halten sich bedeutend länger, wenn man sie nachts auf den Frigidaire legt; sie bleiben auf diese Weise schmackhaft und bekömmlich in jeder Jahreszeit. Die andauernd gleiche und trockne Atmosphäre konserviert jede Dame von Welt; unser Kühlapparat wird an gesundheitlicher Wirkung von keiner Ehe übertroffen.

*

Mehr als ein Souvenir — ein Zaubermittel wie vom Hexenmeister Cagliostro ist Rosens Toilettenpapier. Edel, rassig und schnittig in der Linie, hat es sich rasch in die Aristokratie der Eleganz eingeschmeichelt. Vergessen Sie nicht, bevor Sie das zierlich gebundene

Paketchen verschenken, die Ecken der einzelnen Blätter umzubiegen: Sie geben dadurch Ihrem Geschenk eine persönliche Note.

*

«Ach, wers ihr doch sagen könnte!» — so jung, so schön und schon so gemieden! Menschen mit unreinem Hauch, selbst wenn er dem Munde entströmt, sind einsam. Unter anderm sträubt sich meine Feder, mehr zu sagen: das junge Mädchen hat nicht «Eukal» verwendet, und daher wagt niemand, ihr mit Anträgen zu nahen, denen doch gerade ein sportgeübtes Girl unsrer Zeit gefaßt entgegensehen könnte. Schicken Sie uns Ihre Zähne ein — Sie erhalten sie postwendend gereinigt zurück, blitzend und blendend weiß.

*

Wenn Sie im Kranz Ihrer Geschäftsfreunde und schöner Frauen bei wohlgepflegtem, schäumendem Sekt sitzen, während Ihr behaglicher, vornehmer und taktvoller Haushalt Sie umgibt, dann vergessen Sie nicht, unsern Luxusapparat «Kokmès» bei der Hand zu haben. Die faszinierende Wirkung Ihrer festlichen Geselligkeit wird dadurch noch erhöht; keine elegante und gepflegte Frau von Welt ist ohne denselben denkbar. «Kokmès» ist ohne jede schädliche Nebenwirkung, weil es überhaupt keine hat. Wir fabrizieren es nur, um die hohen Anzeigenpreise wieder hereinzubringen, und wir inserieren, um fabrizieren zu können. Und so symbolisieren wir, was uns am meisten am Herzen liegt: die deutsche Wirtschaft —!

Peter Panter (1927)

DIE ROTSTIFT-SCHERE

Die Kämpfe, die Heine und Börne gegen die Zensur auszufechten hatten, standen unter dem Zeichen des Rotstifts. Der Zensor strich.

Die Kämpfe, der der Film gegen die Zensur auszufechten hat, stehen unter dem Zeichen der Schere. Der Zensor schneidet.

Eine Pressefreiheit gibt es nicht, so man nämlich fragt: «Frei wovon?» Eine Buchfreiheit gibt es so einigermaßen. Jedesmal aber, wenn die Technik ein neues Mittel zur Reproduktion von Meinungsäußerungen erfunden hat, fährt den reaktionären Stieseln ein Schreck ins Gebein. Und jedesmal fallen auch prompt die sogenannten Fortschrittsparteien auf diesen Schreck herein. «Man kann doch aber nicht jeden Film . . .» Genau, genau so hat einst die fromme Geistlichkeit gesprochen, als die Buchdruckerkunst aufkam und jedes Buch das Imprimatur des Erzbischofs oder seines Landesherrn tragen mußte; damals druckte man nur mit allerhöchster Erlaubnis. Es hat lange gedauert, bis sich die Literatur aus diesen Fesseln befreit hat.

Was Radio und Film heute produzieren, ist chemisch gereinigtes Zeug, das seinen Naturgeschmack verloren hat. Der Äther ist eine einzige große Kinderstube, die Filmleinewand ein Sabberlätzchen, das man dem Baby Masse vorgehängt hat. Immer hübsch ein Löffelchen nach dem andern, und nur Milchbrei.

Es ist, wie am Beispiel des Buches zu sehn, einfach dummes Zeug, zu sagen, daß die gewöhnlichen Strafgesetze nicht ausreichten. Natürlich ist ein Bild eindrucksvoller als der Buchstabe. Wenn aber wirklich Schweinereien photographiert werden oder Roheiten oder Beleidigungen, so kommt man mit dem Strafgesetz allemal aus. Rundfunk und Radio sind in Mitteleuropa in der Hand der herrschenden Klasse, und da sind sie nicht gut aufgehoben: sie verbiegt die neuen Instrumente, so daß sie lange nicht alles hergeben, was sie hergeben könnten.

Was jene flaue Ausrede von der «Gesinnung der Andersdenkenden» angeht, «die man nicht verletzen dürfe», so ist das Unfug. Man gewöhne die Herren Schulze und Levi daran, daß sie einen Film, der ihnen nicht gefällt, links oder rechts liegenlassen, und daran, daß man eine Antenne auch erden kann. Die Diktatur dieser Mittelmäßigkeiten ist beinah so schlimm wie der kaum noch verhüllte Faschismus, der im Film und im Radio wütet. Diese Zensur besteht aus Frechheit und aus Angst.

Sie hat nicht einmal System.

Der einzige Pol in der Verbote Flucht ist die deutliche Tendenz gegen links: die Aktien könnten wackeln, wenn jemand einmal aufzeigt, was an der Fabrikation einer Glühlampe nun wirklich verdient wird. Von Thema darf nicht gesprochen werden, sagte jener kaiserliche Schutzmann, ergriff seinen Helm und löste die Versammlung auf. Sonst aber ist von einem Grundgedanken bei dieser lächerlichen Zensur nichts zu merken. Oft ist die Kirche beleidigt, das ist sie ja immer, und ein Scherzgedicht wie das von Klabund über die Heiligen Drei Könige darf zwar gedruckt werden, allerdings nicht ohne daß der Sozialdemokrat Braun in einem jämmerlichen Entschuldigungsschreiben an das Zentrum die Verse «unflätig» nennt — oh, Bebel, Bebel! Gedruckt: ja. Aber im Rundfunk verbreitet werden darf es nicht. Jede Erklärung dieser Inkonsequenz ist eine Lüge. Rundfunk und Film sind einfach wirksamer als das Buch; sie haben sich aber noch nicht ihre Freiheit erkämpft. Also kann man sie knuten, also kann man sie zensurieren.

Lest Bücher! Sie sind kleine Inseln der Freiheit im Meer der Zensur.

Ignaz Wrobel (1931)

EINE KLEINE ERINNERUNG

Paris, im Juni.

In der Pariser National-Bibliothek findet zurzeit eine kleine, sehr interessante Ausstellung statt, zu der sogar die feinen Leute im Automobil vorgefahren kommen. Die Presse hat — mit Recht — sehr viel von dieser Ausstellung gesprochen, obgleich sie räumlich nicht groß ist. Sie enthält eine Auswahl der erlesensten Kostbarkeiten der Bibliothek: Manuskripte, Erstdrucke, Autographen, Einbände, Medaillen und alte Landkarten.

Und unter diesen Renans, Lafontaines, Dantons, den Bouchers, den Goldmünzen und den Lederbänden lese ich auf einmal in einer Vitrine:

Zensurstelle A.O.K. 4
Druck genehmigt.
A. B.

Und dann ein Schmirakel von Unterschrift. Was ist das —?

Das entpuppt sich als der Neudruck eines alten Traktats aus dem Jahre 1661: «Sermon sur l'ambition» («Abhandlung, Ehrgeiz betreffend») — und die Schrift ist von Bossuet. Da liegt das alte Original-Manuskript, aufgeschlagen, und da liegt der Neudruck, an derselben Stelle aufgeschlagen, die da anhebt: «Cette noble idée de puissance . . .» und diese ganze Stelle ist in dem Neudruck schwarz durchgestrichen, und darüber steht der obige Vermerk.

Man hatte nämlich in Brügge, im Jahre 1915, diesen — vierten — Band der Werke Bossuets neu aufgelegt, und dazu brauchte man die Genehmigung der Kommandantur von Thielt, der Brügge unterstand. Die Kommandantur hatte Bedenken gegen den Autor von 1661. Warum —?

Die Stelle lautet:

«Dieser edle Begriff von Macht ist sehr weit von dem entfernt, den sich die weltlichen Mächte von ihm machen. Denn wie es so in der menschlichen Natur liegt, für das Böse mehr als für das Gute empfänglich zu sein («d'estre» im Original), so glauben auch die Großen, daß ihre Macht mehr in Ruinen als in Wohltaten zum Ausdruck kommt. Daher Kriege, daher Gemetzel, daher die stolzen Unternehmungen dieser Landräuber, die wir mit dem Namen ‹Eroberer› belegen. Diese Helden, diese Sieger, mit allen ihren Verherrlichungen, sind auf der Erde nur dazu da, den Frieden der Welt durch ihren maßlosen Ehrgeiz zu stören; so hat sie uns Gott in seinem Zorn gesandt. Ihre Siege verbreiten Trauer und Verzweiflung unter den Witwen und Waisen: sie frohlocken über den Untergang der Völker und die allgemeine Verwüstung — und so lassen sie ihre Macht über uns scheinen.»

Das wollte das Armee-Oberkommando nicht. Schließlich bekam man diese höchst gefährliche Stelle frei.

Aber sie hat sich 260 Jahre lang erstaunlich frisch gehalten.

Peter Panter (1924)

KLEINE BITTE

Wenn einer und er entleiht ein Buch von einer Bibliothek, sagen wir den Marx: Was will er dann lesen? Dann will er den Marx lesen. Wen aber will er mitnichten lesen? Den Herrn Posauke will er mitnichten lesen. Was aber hat der Herr Posauke getan? Der Herr Posauke hat das Buch vollgemalt. Pfui!

Ob man seine eigenen Bücher vollschreiben soll ist eine andere

Frage. (Vgl. hierzu: «Über das Vollschreiben von Büchern, Buchrändern sowie buchähnlichen Gegenständen»; Inaugural-Dissertation von Dr. Peter Panter; der Universität Saarow-Pieskow vorgelegt, meinen lieben Eltern gewidmet.) Mit den eigenen Büchern also beginne man, was man mag. Aber wie verfährt man mit fremden?

Die Preußische Staatsbibliothek, der man die Kosten für eine mittlere Infanterie-Division bewilligen sollte, auf daß sie eine moderne Bibliothek werde, sollte sich auf das schärfste gegen jene schützen, die die Unart haben, entliehene Bücher vollzugeifern, man kann das nicht anders nennen.

— «Oho!» — «Ganz falsch, siehe Volkmar Seite 564.» — «Blödian!» — «Bravo!» — «Nein, diese Theorie ist eben nicht von N. abgelehnt worden!» — «Dumme Frechheit!» ... was soll denn das alles —?

Erstens einmal ist es feige, den Autor anzukrähen: er ist ja nicht dabei und kann sich nicht wehren. Zweitens stört es den nächsten Leser außerordentlich bei der Lektüre: man mag nicht oben auf einer linken Seite zu lesen beginnen, wenn unten rechts etwas angestrichen ist, was man nicht kennt; das Auge wird unruhig, schweift ab ... ja, wenn wir das selber unterstrichen hätten, dann kennen wir auch das Buch, und das ist ganz etwas anderes. Ein Bibliotheksbuch aber gehört allen, und alle sollten es sauber und anständig behandeln.

Stadtbibliotheken und Fachbibliotheken leiden unter dieser Unsitte — wir alle leiden darunter, die wir uns viele Bücher nicht kaufen können. Es ist wie: Stullenpapier im Grunewald liegenlassen,

Kleine Bitte an Bibliotheksbenutzer:

Laßt Marginalien von andern Leuten schreiben — tut es nicht! Malt nicht die Bücher voll, es ist nicht schön. Zeichnet eure Bemerkungen auf; schreibt nicht so viel in die Bücher hinein, schreibt lieber mehr aus ihnen heraus! Beschimpft den Autor nicht am Rande. Schreibt ihm einen Brief.

   Herrn

    Geheimbderath Göthe

        Weimar.

Eine nähere Adresse ist nicht nötig; der Brief kommt schon an. Frick paßt auf. Und malt die Bücher nicht voll. Nein? Tut's nicht mehr!

         Peter Panter (1931)

WO LESEN WIR UNSERE BÜCHER?

Wo —?

Im Fahren.

Denn in dieser Position, sitzend-bewegt, will der Mensch sich verzaubern lassen, besonders wenn er die Umgebung so genau kennt wie der Fahrgast der Linie 57 morgens um halb neun. Da liest er die Zeitung. Wenn er aber zurückfährt, dann liest er ein Buch. Das hat er in der Mappe. (Enten werden mit Schwimmhäuten geboren —

manche Völkerschaften mit Mappe.) Liest der Mensch in der Untergrundbahn? Ja. Was? Bücher. Kann er dort dicke und schwere Bücher lesen? Manche können es. Wie schwere Bücher? So schwer, wie sie sie tragen können. Es geht mitunter sehr philosophisch in den Bahnen zu. Im Autobus nicht so — der ist mehr für die leichtere Lektüre eingerichtet. Manche Menschen lesen auch auf der Straße... wie die Tiere.

Die Bücher, die der Mensch nicht im Fahren liest, liest er im Bett. (Folgt eine längere Exkursion über Liebe und Bücher, Bücher und Frauen — im Bett, außerhalb des Bettes... gestrichen.) Also im Bett. Sehr ungesund. Doch — sehr ungesund, weil der schiefe Winkel, in dem die Augen auf das Buch fallen... fragen Sie Ihren Augenarzt. Fragen Sie ihn lieber nicht; er wird Ihnen die abendliche Lektüre verbieten, und Sie werden nicht davon lassen — sehr ungesund. Im Bett soll man nur leichte und unterhaltende Lektüre zu sich nehmen sowie spannende und beruhigende, ferner ganz schwere, wissenschaftliche und frivole sowie mittelschwere und jede sonstige, andere Arten aber nicht.

Dann lesen die Leute ihre Bücher nach dem Sonntagessen — man kann in etwa zwei bis zweieinhalb Stunden bequem vierhundert Seiten verschlafen.

Manche Menschen lesen Bücher in einem Boot oder auf ihrem eigenen Bauch, auf einer grünen Wiese. Besonders um diese Jahreszeit.

Manche Menschen lesen, wenn sie Knaben sind, ihre Bücher unter der Schulbank.

Manche Menschen lesen überhaupt keine Bücher, sondern kritisieren sie.

Manche Menschen lesen die Bücher am Strand, davon kommen die Bücher in die Hoffnung. Nach etwa ein bis zwei Wochen schwellen sie ganz dick an — nun werden sie wohl ein Broschürchen gebären, denkt man — aber es ist nichts damit, es ist nur der Sand, mit dem sie sich vollgesogen haben. Das raschelt so schön, wenn man umblättert...

Manche Menschen lesen ihre Bücher in... also das muß nun einmal ernsthaft besprochen werden.

Ich bin ja dagegen. Aber ich weiß, daß viele Männer es tun. Sie rauchen dabei und lesen. Das ist nicht gut. Hört auf einen alten Mann — es ist nicht gut. Erstens, weil es nicht gut ist, und dann auch nicht hygienisch, und es ist auch wider die Würde des Dichters, der das Buch geschrieben hat, und überhaupt. Gewiß kann man sich Bücher vorstellen, die man *nur* dort lesen sollte, Völkische Beobachter und dergleichen. Denn sie sind hinterher unbrauchbar: so naß werden sie. Man soll in der Badewanne eben keine Bücher lesen. (Aufatmen des Gebildeten Publikums.)

Merke: Es gibt nur sehr wenige Situationen jedes menschlichen Lebens, in denen man keine Bücher lesen kann, könnte, sollte... Wo aber werden diese Bücher hergestellt? Das ist ein anderes Kapitel.   Peter Panter (1930)

Wenn du ein dickes Erfolgsbuch schreiben willst, so nimm zwischen Daumen und Zeigefinger der linken Hand . . .:

1. Das Buch muß in der grade verwichenen Vergangenheit spielen.

2. Das Buch muß ein Ereignis behandeln, an dem möglichst viel Leute — deine Abnehmer — teilgenommen haben: Weltkrieg erwünscht, kleinere Freikorpskämpfe sind auch sehr schön.

3. Das Buch muß sein wie die amerikanischen Kriegsfilme: so rum und auch so rum. Leg dich auf keinen Standpunkt fest; verleih ihm aber kräftigen Ausdruck.

3 a. Patriotisch darf es sein.

4. In dem Buch müssen einige krasse Szenen enthalten sein. Das Wort «Scheibe» darf heute auf keinem Toilettentisch fehlen. Sei ein Mann! wenn nicht von vorn, dann von hinten.

5. In dem Buch müssen einige zarte Szenen enthalten sein: vergiß der Liebe nicht. Liebe ist hier aber nicht Liebe wie bei dem gottseligen Storm oder Gottfried Keller — Liebe ist zu verstehen als Miniaturmalerei allgemein erheiternder Vorgänge. Jeder Leser ist ein Stückchen Voyeur; gib ihm was zu sehen. Und sag alles, wies ist. Dein Buch muß nur mit einer Hand gelesen werden können.

6. Verwende vierzehn Tage auf die Niederschrift des Buches; zwei Monate auf die Erfindung seines Titels.

7. So wie sein Druck sei auch deine Charakterzeichnung: schwarzweiß. Zeige die Gegner deiner von dir nicht gehabten Meinung als Schurken, Feiglinge, Lumpen, bezahlte Subjekte . . . es darf kein anständiger Kerl unter ihnen sein, wie im Leben. Deine Freunde dagegen seien

8. nicht nur ritterlich, hochbegabt, feinfühlend, edel, wollüstig und kühn —, sondern sie seien auch klug, und zwar deshalb klug, weil sie deiner Meinung sind. Das schmeichelt dem Leser und bringt — schlechtgerechnet — zwanzigtausend Stück mehr.

9. Denk stets daran, das Gute, Wahre und Schöne in deinem Buch hochzuhalten und flatternd ein Banner wehen zu lassen, das keinen Menschen verpflichtet, auch nur einen Deut anders zu leben, als er es gewohnt ist; sei ein strenger Prophet deines Volkes, aber sei ein bequemer Prophet. Verschreibe Diät — ohne Berufsstörung. Wenn die Muse dich küßt, so sieht eine Nation auf dich; die schwere sittliche Verantwortung ruht auf dir, ein Land zu bessern, an dem die Welt einst genas, rühre die Trommel und vergiß nicht,

10. mit deinem Verleger 15 Prozent abzumachen.

Peter Panter (1929)

MIR FEHLT EIN WORT

Ich werde ins Grab sinken, ohne zu wissen, was die Birkenblätter tun. Ich weiß es, aber ich kann es nicht sagen. Der Wind weht durch die jungen Birken; ihre Blätter zittern so schnell, hin und her, daß sie ... was? Flirren? Nein, auf ihnen flirrt das Licht; man kann vielleicht allenfalls sagen: die Blätter flimmern ... aber es ist nicht das. Es ist eine nervöse Bewegung, aber was ist es? Wie sagt man das? Was man nicht sagen kann, bleibt unerlöst – «besprechen» hat eine tiefe Bedeutung. Steht bei Goethe «Blattgeriesel»? Ich mag nicht aufstehen, es ist so weit bis zu diesen Bänden, vier Meter und hundert Jahre. Was tun die Birkenblätter –?

(Chor): «Ihre Sorgen möchten wir ... Hat man je so etwas ... Die Arbeiterbewegung ... macht sich da niedlich mit der deutschen Sprache, die er nicht halb so gut schreibt wie unser Hans Grimm ...» Antenne geerdet, aus.

Ich weiß: darauf kommt es nicht an; die Gesinnung ist die Hauptsache; nur dem sozialen Roman gehört die Zukunft; und das Zeitdokument – oh, ich habe meine Vokabeln gut gelernt. Aber ich will euch mal was sagen:

Wenn Upton Sinclair nun auch noch ein guter Schriftsteller wäre, dann wäre unsrer Sache sehr gedient. Wenn die pazifistischen Theaterstücke nun auch noch prägnant geschrieben wären, daß sich die Sätze einhämmern, dann hätte unsre Sache den Vorteil davon. Sprache ist eine Waffe. Haltet sie scharf. Wer schludert, der sei verlacht, für und für. Wer aus Zeitungswörtern und Versammlungssätzen seines dahinlabert, der sei ausgewischt, immerdar. Lest dazu das Kapitel über die deutsche Sprache in Alfons Goldschmidts «Deutschland heute». Wie so vieles, ist da auch dieses zu Ende gesagt.

Was tun die Birkenblätter –? Nur die Blätter der Birke tun dies; bei den andern Bäumen bewegen sie sich im Winde, zittern, rascheln, die Äste schwanken, mir fehlt kein Synonym, ich habe sie alle. Aber bei den Birken, da ist es etwas andres, das sind weibliche Bäume – merkwürdig, wie wir dann, wenn wir nicht mehr weiterkönnen, immer versuchen, der Sache mit einem Vergleich beizukommen; es hat ja eine ganze österreichische Dichterschule gegeben, die nur damit arbeitete, daß sie Eindrücke des Ohres in die Gesichtssphäre versetzte und Geruchsimpressionen ins Musikalische – es ist ein amüsantes Gesellschaftsspiel gewesen, und manche haben es Lyrik genannt. Was tun die Birkenblätter? Während ich dies schreibe, stehe ich alle vier Zeilen auf und sehe nach, was sie tun. Sie tun es. Ich werde dahingehen und es nicht gesagt haben.

Peter Panter (1929)

St. Clou den 25 Juni 1721

... Ich habe mitt den zeittungen einen
grossen brieff bekommen von dem post-
meister von Bern, er heist Fischer von
Reichenbach; aber sein stiehl ist mir gantz
frembt, ich finde wörtter drinen, so ich
nicht verstehe, alsz zum exempel: «Wir
uns erfrachen dörffen thutt die von I.K.M.
generalpost-verpachtern erst neuer dingen eingeführte francatur aller auswärti-
gen brieffschaften uns zu verahnlassen.»
Dass ist ein doll geschreib in meinem sin,
ich kans weder verstehen, noch begreiffen;
das kan mich recht ungedultig machen.
Ist es möglich, liebe Louise, dass unssere
gutte, ehrliche Teüutschen so alber geworden, ihre sprache gantz zu verderben,
dass man sie nicht mehr verstehen kan?

Lieselotte von der Pfalz.

«Ich habe nun bis ins einzelne verfolgt und nachgewiesen, daß letztere Periodizität der Weltanschauungsformen und erstere Periodizität der Stilformen stets Hand in Hand gehen als religiös-philosophi-
sche bzw. ethisch-ästhetische Ausdrucksformen und Widerspiege-
lungen der organischen Entwicklung jedes Kulturzeitalters von seiner Renaissance bis zu seiner Agonie, und daß auch wieder die ver-
schiedenen Kulturzeitalter sich als Volksaltersstufen entsprechend
organisch auseinander entwickeln, in großen Zügen als patriarchali-
sche Kindheit, feudale Jugend, konstitutionelle Reife, soziales Alter
und kosmopolitisches Greisentum der Völker.»

Und davon kann man leben —?

Offenbar sehr gut, denn dies ist die Lieblingsbeschäftigung vieler Leute: Essays zu schreiben. Die meisten davon sehn so aus wie
diese Probe.

Es hat sich bei jenen Schriftstellern, die ni aliquid, sondern immer
de aliqua re schreiben, ein Stil herausgebildet, den zu untersuchen
lohnt. So, wie es nach Goethe Gedichte gibt, in denen die Sprache
allein dichtet, so gibt es Essays, die ohne Dazutun des Autors aus der
Schreibmaschine trudeln. Jenes alte gute Wort darf auch hier angewandt werden: der Essaystil ist der Mißbrauch einer zu diesem
Zweck erfundenen Terminologie. Es ist eine ganze Industrie, die
sich da aufgetan hat, und sie hat viele Fabrikanten.

Die Redlichkeit des alten Schopenhauer scheint bei den Deutschen
nichts gefruchtet zu haben. Jeder Satz in den beiden Kapiteln «Über
Schriftstellerei und Stil» und «Über Sprache und Worte» gilt noch
heute und sollte, Wort für Wort, den Essaisten hinter die Ohren
geschrieben werden, es wäre das einzig Lesbare an ihnen. «Den

deutschen Schriftstellern würde durchgängig die Einsicht zustatten kommen, daß man zwar, wo möglich, denken soll wie ein großer Geist, hingegen die selbe Sprache reden wie jeder andere. Man brauche gewöhnliche Worte und sage ungewöhnliche Dinge: aber sie machen es umgekehrt.» Jeder kennt ja diese fürchterlichen Diskussionen, die sich nach einem Vortrag zu erheben pflegen; da pakken Wirrköpfe die Schätze ihrer Dreiviertelbildung aus, daß es einen graust, und man mag es nicht hören. Dieser Stil hat sich so eingefressen, daß es kaum einen Essayisten, kaum einen Kaufmann, kaum einen höher'n Beamten gibt, der in seinen Elaboraten diesen schauderhaften Stil vermeidet. Das Maul schäumt ihnen vor dem Geschwätz, und im Grunde besagt es gar nichts. Wer so schreibt, denkt auch so und arbeitet noch schlechter. Es ist eine Maskerade der Seele.

Der Großpapa dieses literarischen Kostümfestes heißt Nietzsche, einer der Väter Spengler, und die österreichischen Kinder sind die begabtesten in der Kunst, sich zu verkleiden. Es gibt Anzeichen, an denen man alle zusammen erkennen kann, untrüglich.

Bei Nietzsche finden sich Hunderte von Proben dieses Essaystils, es sind seine schwächsten Stellen. Sie blenden auf den ersten Blick; auf den zweiten erkennt man, welch spiegelnder Apparat die Blendung hervorgebracht hat — die Flamme ist gar nicht so stark, sie wird nur wundervoll reflektiert. Das sind jene bezaubernden Formeln, die sie ihm seitdem alle nachgemacht haben, allerdings mit dem Unterschied, daß die Nachahmer einzig die Formeln geben, während sie bei Nietzsche meist das Ende langer Gedankenreihen bilden — manchmal freilich sind auch sie nur Selbstzweck, ein kleines Feuerwerk im Park. «Sportsmen der Heiligkeit» — das ist sehr gut gesagt, aber es ist zu spitz gesagt. Auch findet sich in diesem Wort eine Technik angewandt, die sie uns in Wien, also in Berlin bis zum Überdruß vorsetzen: die Vermanschung der Termini. Sie hören in der Lichtsphäre; sie sehen Gerüche; sie spielen sich als gute Fechter auf, aber nur im Kolleg, wo sie sicher sind, daß nicht gefochten wird; sie sind Priester in der Bar, und es ist alles unecht. Nietzsche hat ihnen die Pose geliehen; wieweit man einen Künstler für seine Anhänger und auch noch für die falschen verantwortlich machen kann, steht dahin — Nietzsche hat auf sie jedenfalls mehr im bösen als im guten gewirkt. Von ihm jenes «man», wo «ich» oder das altmodische «wir» gemeint ist; beides hatte einen Sinn, dieses «man» ist eine dumme Mode. «Man geht durch das hohe Portal in die Villa der Greta Garbo...» Quatsch doch nicht. Man? Du gehst. Von Nietzsche jene Wichtigtuerei mit dem Wissen, das bei ihm ein organischer Bestandteil seines Humanismus gewesen ist; die Nachahmer aber sind nur bildungsläufig und lassen ununterbrochen, wie die Rösser ihre Äpfel, die Zeugnisse ihrer frisch erlesenen oder aufgeschnappten Bildung fallen; ich empfehle ihnen Plotin, und sehr hübsch ist auch Polybos statt Hippokrates, man kann das nicht so genau kontrollieren. Von Nietzsche jene Pose der Einsamkeit, die bei den Nachahmern nicht weniger kokett ist als der Ausdruck jener Einsamkeit beim Meister; «man» lese das heute nach, und man wird erstaunt sein, wie blank poliert die Schmerzen aus Sils-Maria sind. Von Nietzsche jene lateinische Verwendung des Superlativs, wo statt der größte: sehr groß gemeint ist. So entstehen diese fatalen Urteile: «das beste Buch des achtzehnten Jahrhunderts», und um das zu mildern, wird der falsche Superlativ mit einem «vielleicht» abgeschwächt. Das lesen wir heute in allen Kritiken. Sie haben an Nietzsche nicht gelernt, gut deutsch zu schreiben. Er war ein wunderbarer Bergsteiger; nur hatte er einen leicht lächerlichen, bunt angestrichenen Bergstock. Sie bleiben in der Ebene. Aber den Bergstock haben sie übernommen.

Aus der Hegelecke naht sich ein Kegelkönig: Spengler. Von diesem Typus sagt Theodor Haecker: «Das Geheimnis des Erfolges besteht genau wie bei Hegel darin, daß jeder, der keck genug ist, auch mittun kann.» Und das tun sie ja denn auch. Sie stoßen einen Kulturjodler aus, und die Jagd geht auf.

Der Italiener sieht sich gern malerisch: er stellt sich vorteilhaft in den Ort. Der deutsche Essayist sieht sich gern historisch: er stellt sich vorteilhaft in die Zeit. So etwas von Geschichtsbetrachtung war überhaupt noch nicht da. Nur darf man das Zeug nicht nach zwei Jahren ansehn, dann stimmt nichts mehr. Sie schreiben gewissermaßen immer eine Mittagszeitung des Jahres, mit mächtigen Schlagzeilen, und zu Silvester ist alles aus. «Wenn einst die Geschichte dieser Bewegung geschrieben wird ...» Keine Sorge, sie wird nicht. Sie eskomptieren die Zukunft. Und die Vergangenheit wiederum ist ihnen nur das Spielfeld ihrer kleinen Eitelkeiten, wo sie den großen Männern Modeetiketten aufpappen: Grüß di Gott, Caesar! Wos is mit die Gallier? Auf der Kehrseite dieser falschen Vertraulichkeit steht dann das Podest, auf das die alten Herren hinaufgeschraubt werden; und wenn sich einer mit Wallenstein befaßt, dann glaubt er, der Geist des in den Geschichtsbüchern so Fettgedruckten sei ihm ins eigene Gehirn geronnen. Welcher Geschichtsschwindel!

Nur wenige Menschen vermögen das, was sie erleben, geschichtlich richtig zu sehn, und ganz und gar kanns keiner. Diese Essayisten tun so, als könnten sies. Wir sehn an alten Kirchen hier und da kleine Dukatenmännchen, die machen Dukaten. So machen sie Geschichte.

Kein Wunder, daß dann der Stil, den sie schreiben, so gräßlich aussieht; auf zwei linken Barockbeinen kommt er einhergewankt. «Das Wollen» gehört hierher. Die geschwollenen Adjektive, denen man kalte Umschläge machen sollte. Die dämliche Begriffsbestimmung, die für jeden Hampelmann eine eigne Welt aufbauen möchte. «Er kommt her von ...» – «Für ihn ist ...» – Der Mißbrauch der Vokabeln: «magisch», «dynamisch», «dialektisch». Diese faden Klischees, die fertig gestanzt aus den Maschinen fallen: «das Wissen um ...» – «wir wissen heute»; der «Gestaltwandel» und dann: der «Raum».

Ohne «Raum» macht ihnen das ganze Leben keinen Spaß. Raum ist alles, und alles ist im Raum, und es ist ganz großartig. «Rein menschlich gesehn, lebt die Nation nicht mehr im Raum ...» Man versuche, sich das zu übersetzen: es bleibt nichts, weil es aufgepustet ist. Früher hätte etwa ein Mann, der eine Bücherei leitete, gesagt: «Männer lesen gewöhnlich andre Bücher als Frauen, und dann kommt es auch noch darauf an, welchem Stand sie angehören.» Viel steht in diesem Satz nicht drin; ich spräche oder schriebe ihn gar nicht, weil er nichts besagt. Heute spricht, nein — der Direktor der städtischen Bücherhallen ergreift das Wort: «Dieser Gegensatz zwischen Mann und Frau ist verschieden nach dem soziologischen Ort, an dem man vergleicht.» Dieser soziologische Ort heißt Wichtigstein a. d. Phrase, aber so blitzen tausend Brillen, so rinnt es aus tausend Exposés, tönt es aus tausend Reden, und das ist ihre Arbeit: Banalitäten aufzupusten wie die Kinderballons. Stich mit der Nadel der Vernunft hinein, und es bleibt ein runzliges Häufchen schlechter Grammatik.

Und es sind nicht nur jene österreichischen Essayisten, von denen jeder so tut, als habe er grade mit Buddha gefrühstückt, dürfe uns aber nicht mitteilen, was es zu essen gegeben hat, weil das schwer geheim sei —: die Norddeutschen können es auch ganz schön. Zu sagen haben sie alle nicht viel — aber so viel zu reden!

Aus einem einzigen Buch:

Abermals ist also der gesamte Komplex der Politik Niederschlag des Kulturgewissens und der geistigen Strömungen unserer Zeit.» — «Was Klaus Mann erlaubt ist, darf nicht Edschmid erlaubt sein, denn er hat sich nicht nur an den Vordergründen zu ergötzen, sondern um die Perspektiven zu wissen und an der Ordnung des Chaotischen beteiligt zu sein.» Da bekommt also der vordergründige Edschmid eine Admonition im Chaotischen. Und man höre den falschen Ton: «Charakteristisch waren zunächst die jungen Männer, welche mit gelassener Hand den Fernsprecher ans Ohr legten und ihrem Bankbevollmächtigten Weisung für Ankauf oder Abstoß von Papieren gaben. Begabte, freundliche, quicke junge Burschen, man soll gegen sie nichts Schlechtes sagen.» — «Junge Burschen ...» das hat der alte Herr Pose selber geschrieben, und diese fett aus dem Wagen winkende Hand ist ein Wahrzeichen vieler Schriftsteller solcher Art. Manchmal winken sie, wenn sie grade in London sitzen, zu Deutschland, manchmal zu den Jungen hinüber, manchmal spielen sie neue Zeit ... auf alle Fälle wedeln sie immer mit irgend etwas gegen irgendwen. Aber: «Wie Blüher die Geschichte des Wandervogels, wie er seine eigne schreibt, das alles ist unverfälscht deutsch: gefurchte Stirn, bedeutende Geste, Ernstnehmen des geringsten Umstandes bis zum Bekennen biographischer Intimitäten, stets bestrebt, sogar Belangloses auf letzte Gründe zu untersuchen und sein Ich ohne Rest zu objektivieren.» Na also! Und dieser Satz schöner Selbsterkenntnis stammt aus demselben Buch, dem alle diese Proben entnommen sind: aus Frank Thiessens «Erziehung zur Freiheit». Ein Mann mit zu viel Verstand, um dumm zu sein, mit zu wenig, um nicht schrecklich eitel zu sein; mit zu viel, um jemals Wolken zu einem Gewitter verdichten zu können, er ist kein Dichter; mit zu wenig Verstand, um einen guten Essayisten abzugeben.

Doch welche Suada! welch gefurchte Stirn, bedeutende Geste ... siehe oben.

Ich habe eine Sammlung von dem Zeug angelegt; sie wächst mir unter den Händen zu breiten Ausmaßen. «Der vollkommene Sieg der Technik reißt unsere ganze Gesinnung ins Planetarische.» — «Hier ist dämonisches Wissen um letzte Dinge der Seele mit einer harten, klaren, grausam scheidenden Darstellungskunst vereint — unendliches Mitleid mit der Kreatur kontrastiert großartig mit einer fast elementaren Unbarmherzigkeit der Gestaltung.» Wo er recht hat, hat er recht, und das hat sich Stefan Zweig wahrscheinlich auf einen Gummistempel setzen lassen, denn es paßt überall hin, weil es nirgends hinpaßt. «Nach den beschreibenden Gedichten der Jugend bemerkt man im Gedicht ‹Karyatide› das Eindringen eines stärker dynamisierenden Wortvorgangs; das Motiv schwindet, zerrinnt fast in den zeitflutenden Verben; das zeithaltige funktionsreiche Ich läßt das Motiv vibrieren und aktiviert den Dingzustand im Prozeß; nun lebt das Motiv stärker, doch nur in der Zentrierung in das Ich; die Bedingtheit der Welt durch das lyrische Ich wird gewiesen.» Dies wieder stammt von Carl Einstein, der bestimmt damit hat probieren wollen, was man alles einer Redaktion zumuten kann. Und wie die obern Zehntausend, so erst recht die untern Hunderttausend.

Man setze den mittlern Studienrat, Syndikus, Bürgermeister, Priester, Arzt oder Buchhändler auf das Wägelchen dieser Essay-Sprache, ein kleiner Stoß — und das Gefährt surrt ab, und sie steuern es alle, alle. «Der heutige Mensch, so er wirken will, muß innerlich verhaftet sein, sei es in seinem Ethos, in seiner Weltanschauung oder in seinem Glauben, aber er darf sich nicht isolieren durch Verharren in seinem Gedankengebäude, sondern muß kraft seines Geistes seine Grundhaltung stets neu verlebendigen und prüfen.» Wenn ich nicht irre, nennt man das jugendbewegt.

Verwickelte Dinge kann man nicht simpel ausdrücken; aber man kann sie einfach ausdrücken. Dazu muß man sie freilich zu Ende gedacht haben, und man muß schreiben, ohne dabei in den Spiegel zu sehn. Gewiß ließen sich Sätze aus einem philosophischen Werk herauslösen, die für den Ungebildeten kaum einen Sinn geben werden, und das ist kein Einwand gegen diese Sätze. Wenn aber ein ganzes Volk mittelmäßiger Schreiber, von denen sich jeder durch einen geschwollenen Titel eine Bedeutung gibt, die seinem Sums niemals zukommt, etwas Ähnliches produziert wie ein Denkmal Platos aus Hefe, bei dreißig Grad Wärme im Schatten, dann darf denn doch wohl dieser lächerliche Essay-Stil eine Modedummheit genannt werden. Unsre besten Leute sind diesem Teufel verfallen, und der große Rest kann überhaupt nicht mehr anders schreiben und sprechen als: «Es wird für jeden von uns interessant sein, die Stellungnahme des Katholizismus zu den einzelnen Lebensproblemen und den aktuellen Zeitfragen kennenzulernen und zu sehen, welche Spannungseinheiten hier zwischen traditionsgebundener Wirtschaftsauffassung und der durch die Notwendigkeiten der Zeit geforderten

Weiterentwicklung bestehen.» So versauen sie durch ihr blechernes
Geklapper eine so schöne und klare Sprache wie es die deutsche ist.
Sie kann schön sein und klar. Die abgegriffenen Phrasen einer in allen Wissenschaftsfächern herumtaumelnden Halbbildung haben sie
wolkig gemacht. Die deutsche Sprache, hat Börne einmal gesagt,
zahlt in Kupfer oder in Gold. Er hat das Papier vergessen.

Der deutsche Essay-Stil zeigt eine konfektionierte humanistische
und soziologische Bildung auf, die welk ist und matt wie ihre Trä-
ger. Und das schreibt in derselben Sprache, in der Hebel geschrieben hat! Man sollte jedesmal, wenn sich so ein wirres und mißtö-
nendes Geschwätz erhebt, von Bäumer bis zu Thiess, von Flake
bis zu Keyserling, die falschen Würdenträger auslachen.

Versuche, einen Roman zu schreiben. Du vermagst es nicht? Dann
versuch es mit einem Theaterstück. Du kannst es nicht? Dann
mach eine Aufstellung der Börsebaissen in New York. Versuch, versuch alles. Und wenn es gar nichts geworden ist, dann sag, es sei ein
Essay.

Ignaz Wrobel (1931)

DIE BELOHNUNG

Mit den Autoren hat mans nicht leicht.

Bespricht man sie gar nicht, sind sie böse; tadelt man sie, nehmen
sie übel, und lobt man sie, zahlen sie nicht. S. J. hat mir erzählt,
man habe nur ein einziges Mal in seinem Leben versucht, ihn zu
bestechen, und da haben sie ihm fünfundsiebzig Mark geboten —
darüber hat er sich oft beklagt ... Immerhin gibt es zum Glück Ausnahmen, ich habe hundert Mark verdient, und der Name des Spen-
ders — Walter Mehring — sei in die Nachttischschublade geritzt.

Chansonwerke Mehring A.-G.

    Groß-Stötteritz

    Propaganda X. B. 12 543   **Vertraulich**

Sehr geehrter Herr!

Im Besitz Ihrer werten Kritik erlauben wir uns, anliegend unsrer
Anerkennung Ausdruck zu geben, welchselbe nach folgendem
Staffelsystem errechnet wurde:

Epitheta ornantia:

37 mittlere	26 Mark		
2 verdiente	0	„	35
115 überschwengliche	50	„	65
Vergleiche mit Theobald Tiger	68	„	20
dito George Grosz	35	„	00
dito Villjon	1	„	80
11 Seelenschreie à 0 Mark 50	0	„	22

Summa 182 Mark 22

Da wir andrerseits das bedauerliche Fehlen von «Zeitnahe» «Ewigkeitswerte» «Zentral» «gekonnt» feststellen mußten, ermäßigt sich obige Anerkennung auf   100 Mark

Und bitten wir Sie, Ihre Zustimmung umgehendst mitzuteilen, um Weiterungen (Berlin Amtsgericht Mitte I) zu vermeiden!

Achtend

gez. Arnolt Lax
Generalsekretär

Und dazu ein funkelnagelalter Hundertmarkschein. Aus der Inflation. (bitter): Dank vom Hause Habsburg!

Peter Panter (1929)

PLAIDOYER GEGEN DIE UNSTERBLICHKEIT

Der felsenfeste Glaube, mit dem sich jeder Autor eines Durchfalls auf die Nachwelt beruft, hat etwas Rührendes: der Fuß stiefelt in dicken Pfützen, aber das Auge sieht mit kälbernem Ausdruck in die Sterne einer neuen Zeit. So ist es immer gewesen.

Nie wird es einem gesunden Menschen einfallen, sich etwa nach einer ausgezischten Premiere auf die Vorwelt zu berufen – und täte ers, so schämte er sich vor sich selbst. So unverrückbar ist in jeden Mitteleuropäer der Glaube an den Fortschritt eingehämmert. Immerhin hat die Rechnung doch ein Loch. Wir, wir selbst, sind Nachwelt, Nachkommen, achtzehnte Generation, nächstes Jahrhundert. Und was tun wir –?

Sind wir Calvinisten oder Anticalvinisten? Haben wir uns für Wallenstein oder gegen ihn entschieden? Tobt bei uns ein erbitterter Streit über Lavaters Physiognomik?

Weltfragen werden nicht beantwortet, sondern vergessen. Große Probleme werden nicht entschieden, sondern liegengelassen. Für einen erwachenden Toten dürfte es schwierig sein, sich in der neuen Umwelt von heute herauszufinden: vergeblich suchte er die alten Parteien, das alte Feldgeschrei, die alten Gruppen. Wohl sieht er welche – aber es sind andere, er versteht sie nicht mehr.

Und wir können ihn auch nicht mehr verstehen – denn was wissen wir von seiner Zeit –? Was ist uns denn überkommen. Es ist ein schwerer Irrtum, zu glauben, daß sich das Wertvollste erhält oder daß das Wertvolle nach Jahrhunderten zu neuem Leben und endgültiger Wirkung auftaucht. Erhalten bleibt: wer am lautesten geschrien hat. Oder: was man später noch einmal gut brauchen kann, als Flicken, willkommenen Zeugen, neu aufzunehmendes Fridericus-Schlagwort. Erhalten bleibt alles durcheinander: ein Tagestrottel, ein Talent, vielleicht das Genie, viele gute Mittelstandsleute. Erhalten zu bleiben ist kein Zeichen von Wert.

Wir leben in einer günstigen Zeit: wir können genau kontrollieren, was «Unsterblichkeit» ist. Wir können kontrollieren, wie wir auf die Nachwelt kommen; die ersten Ansätze zur Geschichtsschreibung der Jahre 1914 – 1920 sind vorhanden. Man lese nun einmal diese verlogenen Schilderungen, diese parteilichen Fälschungen, die ganze würdige Statistik und Archivwissenschaft, die sechzig Jahre später unbesehen und fast ungeprüft übernommen werden wird. Wer hat von den Forschern Zeit, Gelegenheit, Möglichkeit und Geld, sich darum zu kümmern, wie solche offiziellen Berichte zustande gekommen sind? Wer Philologie und Geschichte studiert hat, weiß, wie da immer einer auf dem andern aufgebaut hat, wie dieselbe Lüge, derselbe Fehler sich durch zehn Werke hindurchziehen — unabsetzbar, unverbesserbar, als «Material». Wir kommen würdig auf die Nachwelt, durch Retouchen derart zugerichtet, daß wir uns schon heute nicht mehr erkennen und dem bärtigen Geschichts- und Geschichtenschreiber dauernd zurufen mögen: «Nein! So war es ja gar nicht! Schwindel!» schon heute ist das schwer. Wir sterben. Der Wälzer bleibt in den Bibliotheken liegen. Und lebt.

«Noch mit Schauer werden sich Generationen nach Ihnen erzählen...» Ach, erzähl uns doch nichts. Das Verhältnis der Nachwelt zur Vorwelt ist ziemlich respektlos: bei Parlamentseröffnungen, bei Denkmalsweihen und Schulaufsätzen erinnert sich der Gehrock wohl gern der «Unsterblichkeit» — im großen und ganzen ist jede Nachwelt viel zu sehr mit sich selbst beschäftigt, als daß sie Zeit und Lust verspürte, nun auch die Sorgen der Gräberinsassen auf sich zu laden. Haben Sie einmal die alten Jahrgänge der «Vossischen Zeitung» gelesen? Sie sollten das nicht versäumen. Jede Zeit ist in sich befangen — die verständliche Gier, dieses eine Mal voll auszukosten, diese souveräne Verachtung der Vorwelt, die völlige Gleichgültigkeit gegen alles, was gewesen — treiben wirs nicht geradeso —? Wir wären schön weise, wenn wirs anders machten. Nur manchmal, an Klassikerabenden oder zur Konfirmation oder bei der Einführung eines neuen Steuergesetzes, da haben wirs mit der Nachwelt, daß es nur so hallt. «Die Nachwelt wird...» «Die Nachwelt hat...» Sie wird euch was blasen.

Es gibt noch fünfzig Schriftsteller vom Range Wielands — die sind vergessen. Es gibt noch zwanzig chinesische Napoleons — die kennen wir nicht. Noch acht Edisons — sie besaßen kein Patentmusterschutz. Walther von der Vogelweide hatte neben allem andern: Glück. In dem großen Papierkorb der Vergangenheit kam er obenauf zu liegen, und da liegt er nun — bis auf weiteres.

Werke leben. Und zeugen Kinder. Und daß französische Emigranten einmal nach Berlin gekommen sind, zeigt heute noch manch Wohnungsschild, manches Buch, manche Frauengrazie (und der ganze Fontane). Ein Werk tun, die Welt ändern, mit den Beinen auf der Erde stehen und diesseitig sein — das kann eine anonyme Unsterblichkeit ergeben. Aber schiele nicht nach vorn — da ist für dich nichts zu holen. Als vielleicht ein bißchen Denkmalsstuck oder eine Doktordissertation. In fünfzig Jahren ist alles vorbei — und spätestens in hundert. Unsterblichkeit...? Glaubs nicht. Schwör sie ab. Laß sie unsterblich werden, alle miteinander. Für dich gibt es nur ein Wort, wenn du weise bist, es richtig auszusprechen.

Heute.   Peter Panter (1925)

BEI NÄHERER BEKANNTSCHAFT

Praesentia minuit famam.

Von ferne gleichen die Großen im Geist
   den Göttern, den hehren.
Solange du nichts von ihnen weißt,
   kannst du sie verehren.
Doch hast du mit Deutschlands Musenpracht
erst nähere Bekanntschaft gemacht,
dann schick deine Illusionen man pennen:
   Du mußt sie nicht kennen! Du mußt sie nicht kennen!

Der flicht an der alten Griechen Statt
   die tragische Kette —
doch verreißt ihn das Nordhausener Tageblatt,
   dann fällt er aus't Bette.
Der meckert im Alter wie ein Bock
und kriecht einer Tänzerin unter den Rock.
Und was sie an Damen ihr Eigen nennen:
   Du mußt sie nicht kennen! Du mußt sie nicht kennen!

Denn mit etwas hat Gott sie schön angeschmiert:
   mit ihren Frauen.
«Mein Mann, mein Mann!»
             Dergleichen blamiert:
ein Weibstück, scheeläugig und verschmiert,
   in den himmlischen Gauen.
Der sitzt in der Höhle, ein krötiger Greis,
der spricht nur von sich, weil er sonst nichts weiß ...
Von weitem! Laß sie am Himmel brennen!
In Büchern und an Rundfunkantennen ...
   Aber: Du mußt sie nicht kennen! Du mußt sie nicht kennen!
                   Theobald Tiger (1926)

DAS PERSÖNLICHE

      Schreib, schreib ...
Schreib von der Unsterblichkeit der Seele,
vom Liebesleben der Nordsee-Makrele;
schreib von der neuen Hauszinssteuer,
vom letzten großen Schadenfeuer;
gib dir Mühe, arbeite alles gut aus,
schreib von dem alten Fuggerhaus;
von der Differenz zwischen Mann und Weib ...
Schreib ... schreib ...

Schreib sachlich und schreib dir die Finger krumm:
kein Aas kümmert sich darum.

Aber:
schreibst du einmal zwanzig Zeilen
mit Klatsch — die brauchst du gar nicht zu feilen.
Nenn nur zwei Namen, und es kommen in Haufen
Leser und Leserinnen gelaufen.
«Wie ist das mit Fräulein Meier gewesen?»
Das haben dann alle Leute gelesen.
«Hat Herr Streuselkuchen mit Emma geschlafen?»
Das lesen Portiers, und das lesen Grafen.
«Woher bezieht Stadtrat Mulps seine Gelder?»
Das schreib — und dein Ruhm hallt durch Felder und Wälder.

Die Sache? Interessiert in Paris und in Bentschen
                                    keinen Menschen.
Dieweil, lieber Freund, zu jeder Frist
die Hauptsache das Persönliche ist.

                              Theobald Tiger (1931)

ALL PEOPLE ON BOARD!

Das ist nämlich so in Berlin:
Einer ist plötzlich für Biographien.
Und aus einem Grunde, grad oder krumm,
gefällt diese Sache dem Publikum.
Das Publikum mag das Neue gern kaufen...

Nun kommen sie aber alle gelaufen!

Jetzt schießen, mit und ohne Komfort,
die Biographien aus dem Boden hervor:

Kaiser Gustav der Heizbare; Fürstenberg;
Der Herzbesitzer von Heidelberg;
Frau Neppach, Einstein und Lindberghs Sohn
und vom Landgericht III der Justizrat Cohn —
sie alle bekommen ihre Biographie
(mit Bild auf dem Umschlag) — jetzt oder nie!
Heute so dick wie ein Lexikon,
und morgen spricht kein Mensch mehr davon.
Denn morgen ist da ein neues Glück:
das englische Grusel- und Geisterstück.

Da kommen aber in hellen Haufen
die Theaterdirektoren gelaufen!
«Die Gräfin auf der Kirchhofswand»,
«Sherlock Piel zwischen Lipp und Kelchesrand»,
«Das Bidet im Urwald» — oder wie das so heißt,
und plötzlich hat jedes Theater 'nen Geist.
    «Das kenn Se nich? Das haben Sie noch nicht gesehn —?
    Da müssen Sie unbedingt hingehn —!»

Und auf einen, ders nicht gesehn hat, spucken...
Morgen sind die Achseln ganz müde vom Zucken:
«Wenn ich schon Geisterstücke seh —
            Passé!»

Mal Punktroller und mal Negerplatten;
mal Freud und mal Kreuzworträtsel-Debatten;
mal Tiergeschichten und mal Autorennen;
mal muß man den ganzen Brockhaus kennen —
    («Frag mich was!» — Sie mir auch.)
                    Und so haben nun
die Berliner immer was zu tun.

Denn so ist das in diesem Falle:

Was einer macht, das machen sie alle.
Macht einer Film mit Neckarstrand,
dann nehmen das tausend in die Hand.
Schreibt einer ein Buch vom Dauerlauf,
dann greifen das hundert Verleger auf.
Sie begehren immer, die guten Knaben,
des Nächsten Vieh —
            «Müssen wir auch mal haben!»
Sie möchten niemals die eigenen Sachen.
«Das? Das müssen wir auch mal machen —!»

Lasset uns dieserhalb nicht weinen.
Wo nichts ist, da borg ich mir einen.
Nur ist da eines — o völkische Schmach! —
komisch:
            uns macht keiner nach.
                        Theobald Tiger (1927)

JUNGE AUTOREN

Was sie nur wollen —!
Da schimpfen sie auf die Ollen,
und die sind stieke
und überlassen die ganze Musike
den Jungen.
            Und die machen ein Geschrei!
Und es sind alle dabei:

Da sieht man ältere Knaben,
die schon ihre fünfzig auf dem Buckel haben,
in kurzen Hosen umeinanderlaufen;
wenn sie schnell gehen, kriegen sie das Schnaufen —
aber bloß nicht hinten bleiben!
Modern! modern müssen sie schreiben!

Nur nicht sein Leben zu Ende leben —
jung! jung mußt du dich geben!
Bei uns haben sie sonen Bart, der von alleine steht —
oder sie kommen gar nicht raus aus der Pubertät.

Was sie nur haben —!
Hindert denn einer die jungen Knaben?
Hört doch bloß mal: Die junge Generation!
Na, da macht doch schon!
Es hält euch ja keiner. Als ob uns das nicht frommt,
wenn ein neues Talent geloffen kommt.
Neunzehn Jahre! Was ist denn das schon?
Das ist keine Qualifikation.
Ludendorff war auch mal neunzehn Jahr.
Jung sein ist gar nichts. Es fragt sich, wers war.
Es gibt alte Esel und junge Talente —
Geburtsscheine sind keine Argumente.
Und wenns nicht klappt: es liegt nicht am Paß.
Dann liegts an euch. Könnt ihr was —?

Noch nie hat man sich so um Jugend gerissen.
Direktoren, Verleger warten servil . . .
jeder lauert auf einen fetten Bissen —
Speelt man god. Und schreit nicht so viel.
Wer was kann, der sei willkommen.
Der Rest hat die Jugend zum Vorwand genommen;
das sind — wir wollen uns da nicht streiten —
verhinderte Talentlosigkeiten.

Theobald Tiger (1929)

EIN KIND AUS MEINER KLASSE

Ein Mitarbeiter dieser Blätter hatte einst einen sonderbaren Traum. Er träumte, daß er sein Abitur noch einmal machen müßte, und das Thema zum deutschen Aufsatz lautete:

«*Goethe als solcher*»

Schnipsel
Peter Panter (1932)

Für Hans M.

Neulich habe ich ein Kind aus meiner Klasse wiedergetroffen, nach so langen Jahren. Es war annähernd wie im Bilderbuch: Der arme Mann stand draußen am Zaun und bettelte, und der wohlhabende Mann stand drinnen und klopfte sich die Kuchenkrümel von der Weste: «Kennst du mich nicht mehr?» sagte der arme Mann leise. Da erkannte der Reiche den ehemaligen Mitschüler und ... ich weiß nicht mehr, wie die Geschichte weitergeht. Jedenfalls ist das Kind aus meiner Klasse, mit dem ich damals auf dem alten Schulhof umherspazierte und die bessern Sachen absprach, inzwischen Regierungsrat geworden, und aus mir wird zu meinen Lebzeiten nun wohl nichts Rechtes mehr werden. Auch für nachher habe ich leichte Bedenken.

Mit diesem also habe ich mich über früher unterhalten. Das ist eine wunderschöne Unterhaltung, und es gibt nur ein Buch, worin sie richtig aufgezeichnet steht: das ist mein Lieblingsbuch ‹Blaise, der Gymnasiast› von Philippe Monnier, das bei Albert Langen erschienen ist. Darin steht, was geschieht, wenn man sich später einmal wiedersieht: wie man niemals den Mann, sondern immer nur den Jungen erkennt, wie der kleine Schulkram fürs Leben haftet, wie man im Grunde ja doch immer der Selbe geblieben, und wie Alles vorgezeichnet ist. Was bleibt denn haften? Monnier: «Levêque ist katholisch.» Aus — das ist alles, was er über Den da weiß. Und er wird nie mehr über ihn wissen.

Ich habe ihn gleich wiedererkannt: er war noch derselbe feine, leise, sehr überlegene und sehr angenehme Mensch. Wir saßen nebeneinander bei Tisch, es waren schrecklich berühmte Leute um uns herum, aber ich sah und hörte nichts. Ich ließ sogar das Eis zweimal vorübergehn. Ich war wieder klein und ging auf dem Schulhof spazieren, ganz wie damals.

«Erinnern Sie sich noch ...?» «Können Sie sich noch auf den ... besinnen? Der Kerl hatte immer so schmutzige Hände und sagte wunderschön vor.» Alle Mitschüler kamen wieder, alle Lehrer, natürlich, und beinahe hätte ich gefragt, mitten unter den feinen Leuten: «Haben Sie Geographie gearbeitet? Ich habe keine Ahnung!»

Und als wir Alle durchgehechelt hatten: die Professoren, den Direktor, den Kastellan und die ganzen Klassen über und unter uns — da hatte ich einen bittern Geschmack im Munde. Denn das Kind hatte mit seiner leisen Stimme gesagt: «Denken Sie doch nur ... schade um all die verlorenen Jahre!» Es war das Todesurteil über die deutsche Schule, viel, viel härter und radikaler, als es die lauteste politische Versammlung aussprechen kann.

Die verlorenen Jahre ... Ich erinnerte mich an Dinge, an die ich jahrzehntelang nicht mehr gedacht hatte — und jetzt waren sie auf einmal wieder da. Nein, gehauen hat man uns nicht. Es war auch nicht romantisch gewesen. Niemand schoß sich tot, wenn er sitzen blieb, und von Frühlings Erwachen war gar keine Rede. Das erwachte eben bei jedem sachte vor sich hin und wurde so oder so wieder zur Ruhe gebettet. Einen Zögling Törleß hatten wir auch nicht unter uns. Aber um unsre Zeit haben sie uns bestohlen, das Schulgeld war verloren, die Jahre auch.

Langweilige Pedanten gab es überall, Unzulänglichkeiten der Lehrer, viele Fehler, wir waren auch nicht die Besten. Aber was hat man uns denn gelehrt —? Was hat man uns beigebracht —?

Nichts. Nicht einmal richtig denken, nicht einmal richtig sehen, richtig gehen, richtig arbeiten — nichts, nichts, nichts. Wir sind keine guten Humanisten geworden und keine guten Praktiker — nichts.

Er sagte: «Wenn man nicht zu Hause für sich gearbeitet hätte! Wenn man nicht eine anständige Erziehung gehabt hätte...!» Nun, ich, zum Beispiel, habe keine gehabt, und ich beneidete ihn sehr. Er sagte: «Was ich in der Kunstgeschichte, in der Völkergeschichte, in der Geographie Europas gelernt habe, das habe ich mir alles selbst beigebracht.» Wer hätte es ihm auch sonst beibringen sollen! Unsre Schule vielleicht?

Unsre Schule war noch nicht so nationalistisch verhetzt wie die heutige. Unsre Lehrer waren nicht unintelligenter, fauler, fleißiger, klüger als andre Lehrer auch. Es war eine Schule, die etwas unter dem Durchschnitt lag, aber doch nahe am Durchschnitt. Und was lernten wir?

Deutsch: Lächerliches Zerpflücken der Klassiker; törichte Aufsätze, schludrig und unverständig korrigiert; mittelhochdeutsche Gedichte wurden auswendig gelernt. Niemand hatte einen Schimmer von ihrer Schönheit.

Geschichte: Eine sinn- und zusammenhanglose Zusammenstellung von dynastischen Zahlen. Wir haben niemals Geschichtsunterricht gehabt.

Geographie: Die Nebenflüsse. Die Regierungsbezirke. Die Städtenamen.

Latein: Es wurde gepaukt. Ich habe nie einen lateinischen Schriftsteller lesen können.

Griechisch: siehe Latein.

Französisch: Undiskutierbar.

Naturwissenschaften: Gott weiß, welcher Unfug da getrieben wurde, hier und in der Physik-Stunde! Kein Experiment klappte — es sei denn jenes, wie man mit völlig unzulänglichen Mitteln einen noch schlechtern Physik-Unterricht erteilen kann.

Mathematik: Mäßig.

Und so fort. Und so fort.

Ich denke nicht mit Haß an meine Schulzeit zurück — sie ist mir völlig gleichgültig geworden. Schultragödien haben wir nie gehabt, furchtbare Mißstände auch nicht. Aber schlechten Unterricht.

Es war ja nachher auf der Universität ähnlich — nur stand da der Unfähigkeit der Professoren, zu lehren, wenigstens oft ihr wissenschaftlicher Wert gegenüber. Aber ich denke ein bißchen traurig an die Schule zurück, heute, da ich den Wert der Zeit schätzen gelernt habe. Sie haben uns um die Zeit betrogen, um unsre Zeit und um unsre Jugend. Wir hatten keine Lehrer, wir hätten keine Führer, wir hatten Lehrbeamte, und nicht einmal gute. Ich besinne mich, nach dem Abiturium eines Freundes gefragt zu haben: «Na, und die Pauker?» «Dumm, wie immer!» sagte er – es war so viel selbstverständliche Verachtung in seiner Stimme. Nicht einmal Haß.

Ich weiß lange nicht so viel, wie ich wissen müßte. – Vieles fehlt mir; für kaum ein Gebiet, das ein bißchen abseits liegt, bringe ich auch nur das scholastisch geschulte Denken mit, und das wäre ja eine Menge. Nichts habe ich mitgebracht. Was wir wissen und können, das haben wir uns mit unsäglicher Mühe nachher allein beibringen müssen, nachher, als es zu spät war, wo das Gehirn nicht mehr so aufnahmefähig war wie damals. Vielleicht wäre doch Manches besser gegangen mit einem guten Unterricht!

Und sie sind so stolz auf ihre Schule! Wie sie blöken, wenn sie ihre Philologenkongresse abhalten, welche großen Worte, welche Töne! Hat sich etwas geändert? Ich weiß nicht, was Entschiedene Schulreform ist – aber ich weiß, daß es entschieden keine Schulreform ist, was man heute treibt. Vielleicht werden es ganz gute Unteroffiziere werden oder Verzweifelte, die da herauskommen – gebildete Menschen, belehrte Menschen, instruierte Menschen sind es sicherlich nicht.

Vor dem Kriege ist einmal ein Erinnerungsbuch über die Schule erschienen – von Graf –, darin haben viele bekannte Männer der damaligen Zeit ihre Schulerinnerungen erzählt. Es war erschreckend, zu sehen, welchen Haß, welche Abneigung, welche Verachtung aus den Zeilen heraussprangen!

Wir zucken nur die Achseln. Aber wenn das Kind aus meiner Klasse nun wieder ein Kind hat – was dann? Es wird in dieselben Schulen gesteckt werden müssen, in dieselben Schulen, für die kein Geld da ist – weil wir ja fünfhundert Millionen für unsern Reichswehretat brauchen –, in dieselben Schulen, in denen der Arme an seiner Zeit bestohlen wird, und über die der Reiche lacht. Nicht wahr, wir haben auch die alten Lehrer-Anekdoten aufgefrischt: von dem Mann, der keine Fremdwörter gebrauchte und also keinen Zylinderhut, sondern eine «Walze» hatte; von dem «Süßen»; und von dem «Jewaltijen Leuhrer» und von allen den armen Narren. Das ist nun vorbei. Geblieben sind wir und mit uns die übeln Wirkungen dieser lächerlichen Schulbildung, die keine war. Wenn das Kind aus meiner Klasse etwas geworden ist, so ist es das trotz der Schule, nicht wegen der Schule geworden.

Denn die deutsche Schule hat heute ein Ideal, das wohl das niedrigste von allen genannt werden muß; ihre Leitgedanken, ihre Idee, ihre Lehrgänge liegen zu unterst auf aller menschlichen Entwicklungsstufe: sie ist militarisiert.

Peter Panter (1925)

DER MANN MIT DEN ZWEI EINJÄHRIGEN

Jetzt, wo alle Leute den Krieg liquidieren; wo die letzten Erinnerungen zu Büchern gerinnen; wo leise, ganz leise die Zeit herankommt, da aus den Helden von gestern die Invaliden von morgen werden... da möchte denn einer sein Gewissen erleichtern, die Höhensonne bringt es an den Tag, es muß heraus, er hat es getragen siebzehn Jahr, nicht länger trägt er es mehr — aber hören wir ihn selbst:

«Vierzehn Tage vor der Versetzung nach Obersekunda wankte ich herum und gab Mamachen zu, daß es schiefgegangen sei. Sitzengeblieben... Schülerselbstmorde kamen damals gerade auf, aber ich trug sie noch nicht — und um diese Versetzung war es besonders schade: sollte sie doch das Einjährige bringen, die Berechtigung zum Königlich Einjährig-Freiwilligen-Dienst — und weil es mit den Verben auf μι endgültig nicht klappte und bei den Gleichungen mit drei Unbekannten ein kleiner Ausrutscher zu verzeichnen stand, winkten zwei Jahre Dienstzeit. (Ich wußte damals noch nicht, daß es vier werden sollten.) Mamachen war nicht beglückt, und ich bekam ein paar hinter die Ohren. («In Ihrem Alter — Wie alt waren Sie damals? — Ich als Vater... Sie als Sohn... Erlauben Sie mal, gerade vom Standpunkt der pädogogischen Propädeutik... ich gehe von dem Standpunkt aus... meine Einstellung ist irgendwie...» — also wer nu hier? Ihr oder ich? Ich:) bekam also ein paar hinter die Ohren. Das war am 14. März. Am 28. war Zensurenverteilung, aber der 28. sah mich nicht in der Aula, wo die Klassen rauschend aufstanden, um zu hören, wer versetzt worden sei... begossenen Gemütes zogen die Sitzengebliebenen, Verachteten, Ausgestoßenen, Nichtmehrdazugehörigen in ihre Klassenzimmer... Ich war nicht dabei. Ich lag zu Hause im Bett und spielte den eingebildeten Kranken, was ich so besorgte, daß ich wirklich krank wurde. Zwei Tage später kroch ich in die Bellevuestraße und holte mir vom Schulpedell mein Zeugnis.

Die Klippschule lag da, wo heute der Reichswirtschaftsrat seine Existenzberechtigung dadurch nachweist, daß er da ist — ich zottelte den langen Gang hinunter und traute mich gar nicht zu dem Kastellan hinein, der so eine Art Mittelding zwischen Feldwebel und Direktor war... Aber wider Erwarten freundlich gab er mir mein Zeugnis. Ich sah es an — und wollte es ihm zurückgeben. Das war nicht mein Zeugnis. Das war das Zeugnis eines, der versetzt worden war. Ich, ich war sitzengeblieben.

Da stand jedoch: Kaspar Hauser, und das war ich, und ich sah das Zeugnis an, und dann den Schuldiener (der wahrscheinlich heute Studienwachtmeister heißt), und dann ging ich ganz schnell wieder hinaus, aus Angst, sie könnten die Sache wieder rückgängig machen — und dann stelzte ich den langen Gang wieder herunter, froh, vergnügt, großer Mann... als ich auf der Bellevuestraße ankam, machte ich ein Gesicht wie: «Natürlich — was ist denn dabei? Ich habe mir nur mein Einjähriges abgeholt...!» Da hatte ich es — das Einjährige.

Dann nahmen die Verben auf μι an Schwierigkeiten zu, die Trigonometrie auch, meine deutschen Aufsätze ließen mich erkennen, daß es nicht genügt, seine Muttersprache zu lieben — nein, man muß sie auch so schreiben, wie sich greise Schulamtskandidaten den deutschen Stil vorstellen. Ach! von Groll gegen meine Lehrer ist nichts zurückgeblieben, ich habe ihn zerlacht und sie vergessen, alle miteinander. Und als es gar zu schlimm mit den deutschen Aufsätzen wurde, da setzte eine dicke IV meinem Streben einen Riegel vor; ich blieb nun wirklich sitzen, und mit den Augen die hoffnungslos in die Ferne gerückte Unterprima musternd, ging ich von der Schule ab. Und arbeitete weiter, um das Abitur als Externer zu bestehen.

Heute, wo trotz der übertriebenen Angst der Schüler und des lächerlichen Respekts der Eltern vor der «Bildung» so viel kleine Revolverschüsse langsam eine Reform des Unterrichts erzwingen, heute ist das ja alles anders. Aber damals wurde derjenige, der ein Abitur als Externer bauen wollte, wie ein Verbrecher behandelt; man kam sich vor, als stehe man als Entlastungszeuge vor einem Staatsanwalt... so etwa war die Atmosphäre. Ich arbeitete wie ein Neger.

«Kaspar», sagte mein Pauker eines Tages zu mir... also «Pauker» ist ein Kosewort; ich verdanke dem Mann sehr, sehr viel; er war ein wunderherrlicher Einpauker, weil er den Betrieb nicht ernster nahm, als unbedingt nötig, und wenn er dieses liest, dann wollen wir in Gedanken miteinander anstoßen, womit er will: mit einem sanften Burgunder oder einem scharfen schwedischen Schnaps — auf alle Fälle: Prost! — «Kaspar», sagte er zu mir, «in einem halben Jahr steigt das Examen. Das ist eine Nervenfrage. Wer garantiert uns, daß Sie wirklich alles aufsagen, was ich Ihnen eingetrichtert habe? Das mit der Hyperbel und Joachim Friedrich und mit den Nebenflüssen der Tunguska, kurz das, was einen gebildeten Menschen ausmacht, lachen Sie nicht! Wer garantiert uns, daß Sie nicht schlapp machen und da auf einmal alles vergessen, was Sie hier so schön gewußt haben? Niemand garantiert uns das. Infolgedessen wollen wir eine Generalprobe machen!» — «Wollen wir uns einen Schulrat engagieren, der mich zu Hause prüft?» schlug ich vor. «Affe», sagte der Pauker. «Sie gehen hin und machen als Probe das Einjährige.» — «Ich habe das Einjährige», sagte ich. «Da machen Sie es eben noch einmal!» sagte der Pauker. «Wo?» sagte ich. «Vor der Kommission in der Heidestraße», sagte der Pauker. Bei Gott, dies geschah.

Lieber Panter, Sie werden meinen wirklichen Namen nicht in die Tante Voß setzen, denn vielleicht findet sich ein schneidiger junger Herr bei der Staatsanwaltschaft, der, während gerade kein Gotteslästerungsprozeß steigt, sich mit dieser Sache eine gute Nummer verdienen will... ich legte also der Militärkommission am Lehrter Bahnhof meine Papiere vor, alle — mit Ausnahme des Einjährigen aus der Bellevuestraße. Das behielt ich zu Hause. Und ich wurde zum Examen zugelassen. Und ich ging in dieses Examen.

Neben mir saßen durchgefallene Fähnriche aus den Pressen, ge-

126

bildete Arbeiter, die sich ihre geistige Arbeit von den Nachtstunden abgetrotzt hatten — vor uns saßen schneidige Offiziere und einige traurige Zivilisten, und so wurden wir geprüft. Es ging sehr scharf her, von den zwölf jungen Herren kamen nur zwei durch — der andere war ein gewisser Salter, der Mann ist später trotz des Einjährigen vor die Hunde gegangen. Der eine war ich. Dies war meine Generalprobe für das Abitur.

Und da sitze ich nun und habe also zwei Einjährige, und vielleicht hat deswegen der Krieg so lange gedauert, und ich mußte es einmal erzählen, denn außer dem braven Lehrer weiß den Schmuh keiner, und es hat mich bedrückt, und nie getraue ich mich zu einem Psychoanalytiker — denn dann käme es heraus, dies und noch vieles andere — und ich sitze da mit meinen beiden Einjährigen und möchte mal fragen, ob vielleicht keiner das andere haben will ...?»

Dies ist der Bericht des Mannes, der zwei Einjährige hat. Ergreift sein Sohn einmal die Laufbahn des mittleren Handwerkers, dann kann er dem ja das zweite mitgeben. Weil man doch ohne Examen nicht arbeiten darf, hierzulande.

Peter Panter (1929)

ICH MÖCHTE STUDENT SEIN

(— «Ich war damals ein blutjunger Referendar —» sagen manche Leute; das haben sie so in den Büchern gelesen ...)

Ich war damals gar kein blutjunger Referendar, doch besinne ich mich noch sehr genau, einmal, als das Studium schon vorbei war und die Examensbüffelei und alles, in der Universität gesessen zu haben, zu Füßen eines großen Lehrers, und ich schand sein Kolleg — — schund? schund sein Kolleg. Da ging mir manches auf.

Da verstand ich auf einmal alles, was vorher, noch vor drei Jahren, dunkel gewesen war; *da* sah ich Zusammenhänge und hörte mit Nutzen und schlief keinen Augenblick; *da* war ich ein aufmerksamer und brauchbarer Student. Da — als es zu spät war. Und darum möchte ich noch einmal Student sein.

Das Unheil ist, daß wir zwischen dreißig und vierzig keinen Augenblick Atem schöpfen. Das Unheil ist, daß es hopp-hopp geht, bergauf und bergab — und daß doch gerade diese Etappe so ziemlich die letzte ist, in der man noch aufnehmen kann; nachher gibt man nur noch und lebt vom Kapital, denn fünfzigjährige Studenten sind Ausnahmen. Schade ist es.

Halt machen können; einmal aussetzen; resümieren; nachlernen; neu lernen — es sind ja nicht nur die Schulweisheiten, die wir vergessen haben, was nicht bedauerlich ist, wenn wir nur die Denkmethoden behalten haben — wir laufen Gefahr, langsam zurückzubleiben ... aber es ist nicht nur des Radios und des Autos wegen, daß ich Student sein möchte.

Ich möchte Student sein, um mir einmal an Hand einer Wissenschaft langsam klarzumachen, wie das so ist im menschlichen Leben. Denn was das geschlossene Weltbild anlangt, das uns in der Jugend versagt geblieben ist — «dazu komme ich nicht» sagen die Leute in den großen Städten gern, und da haben sie sehr recht. Und bleiben ewig draußen, die Zaungäste.

Wie schön aber müßte es sein, mit gesammelter Kraft und mit der ganzen Macht der Erfahrung zu studieren! Sich auf *eine* Denkaufgabe zu konzentrieren! Nicht von vorn anzufangen, sondern wirklich fortzufahren; *eine* Bahn zu befahren und nicht zwanzig; *ein* Ding zu tun und nicht dreiunddreißig. Niemand von uns scheint Zeit zu haben, und doch sollte man sie sich nehmen. Wenige haben dazu das Geld. Und wir laufen nur so schnell, weil sie uns stoßen, und manche auch, weil sie Angst haben, still zu stehen, aus Furcht, sie könnten in der Rast zusammenklappen — —

Student mit dreißig Jahren... auch dies wäre Tun und Arbeit und Kraft und Erfolg — nur nicht so schnell greifbar, nicht auf dem Teller, gleich, sofort, geschwind... Mit welchem Resultat könnte man studieren, wenn man nicht es mehr müßte! Wenn man es will! Wenn die Lehre durch weitgeöffnete Flügeltüren einzieht, anstatt durch widerwillig eingeklemmte Türchen, wie so oft in der Jugend!

Man muß nicht alles wissen... «Bemiß deine Lebenszeit», sagt Seneca, «für so vieles reicht sie nicht.» Und er spricht von Dingen, die man vergessen sollte, wenn man sie je gewußt hat. Aber von denen rede ich nicht. Sondern von der Lust des Lernens, das uns versagt ist, weil wir lehren sollen, ewig lehren; geben, wo wir noch nehmen möchten; am Ladentisch drängen sich die Leute, und ängstlich sieht die gute Kaufmannsfrau auf die Hintertür, wo denn der Lieferant bleibt...! Ja, wo bleibt er —?

Ich möchte Student sein. Aber wenn ich freilich daran denke, unter wie vielen «Ringen» und Original-Deutschen Studentenschaften ich dann zu wählen hätte, dann möchte ich es lieber nicht sein. Ad exercitium vitae parati estisne —? Sumus.

Peter Panter (1929)

GALLETTIANA

Südamerika ist krumm.
Joh. Aug. Galletti (1750 — 1828)

Beschäftigt mit meinem Werk: «Die Hämorrhoiden in der Geschichte des preußischen Königshauses», blätterte ich neulich versonnen in einem Katalog der Staatsbibliothek. Das ist eine freundliche Arbeit. Schon nach vier Seiten hat mein geübtes Philologengehirn vergessen, wozu ich eigentlich hergekommen bin, und strahlend versenke ich mich in das Meer von Geschreibsel. Einmal bin ich auch auf mich selber gestoßen — Es gibt den Ausspruch eines hannoverschen Bauern, der den dummen Streichen der Studiker zusieht: «Wat se all maket, die Studenten!» Wat se wirklich all maket...

Wenn die Deutschen keine Geschäftsordnungsdebatten abhalten, scheinen sie Bücher geschrieben zu haben. Hier ist es schön still, in der Bibliothek. Draußen klingeln die Bahnen: hier muffeln kurzsichtige Professoren in dicken Wälzern, freundliche, wenn auch großfüßige Mädchen laufen hin und her, die Bibliothekare sehen sauer aus, als wollten sie alle Studenten, die nicht Bescheid wissen, auffressen — eine Insel der Seligen.

Und wie ich da so blättere, stoße ich auf «Gallettiana». Was ist das? Wer ist Galletti? Ein Druckfehler für Valetti? Ich bat um das Buch.

Das Buch heißt so: «Gallettiana. Unfreiwillige Komik in Aussprüchen des Professors Joh. G. Aug. Galletti. Mit einem Bildnis Gallettis.»

Dieser Galletti war Professor am Gothaer Gymnasium, und seine bei ihm geblüht habenden Kathederblüten sind in dem Büchelchen gesammelt. Es ist herrlich.

Wissen Sie noch? Wir saßen da, ließen langsam, aber sorgfältig eine lange Bahn Tinte die Bank herunterlaufen und bohrten zwischendurch ernsthaft in der Nase. Es war zum Sterben langweilig. Anstandshalber konnte man nicht immerzu nach der Uhr sehen. Fünf Minuten vor halb — das war ein Schicksalswort. Bring die ältesten deutschen Männer auf ihre Schulzeit zu sprechen, und du wirst in den meisten Fällen ein Wachsfigurenkabinett verschrullter Tröpfe vorgeführt bekommen, die übrigens jetzt so sachte aussterben; die von heute sind farbloser. Aber wir wollen nicht vom deutschen Schulmeister sprechen — sondern von Galletti. Von Galletti, den wir alle gekannt haben, weil in jeder Schule einer gewesen ist. Dieser war so:

Er liebte die überraschenden Dicta. «Gotha ist säbelförmig gebaut.» Bumm. Da weiß man doch. Und man sieht ordentlich das Surren, das durch die Klasse geht, wenn das Gehirn da vorn überlief und folgendes zutage förderte: «Als Humboldt den Chimborasso bestieg, war die Luft so dünn, daß er nicht mehr ohne Brille lesen konnte.» Das sind gar keine Witze mehr — das ist wirklich die Luft dieser Schulstuben, die übrigens am besten in jener deutschen Humoreske «Der Besuch im Karzer» eingefangen ist — neben der «Mayerias» ein Meisterstück dieses Genres. Und darauf wieder Galletti: «Die Afghanen sind ein sehr gebirgiges Volk.»

Er macht nicht nur die üblichen Schwupper — es sind mitunter geradezu nestroyhafte Sätze, die jener von sich gegeben hat. «Die Zimbern und Teutonen stammen eigentlich voneinander ab.» Mit Recht. Und besonders hübsch, wenn sich Papierdeutsch mit einer falschen Vorstellung mischt: «Karlmann verwechselte das Zeitliche mit dem Geistlichen und starb.» Man kann es nicht kürzer sagen. Und sollte dieses hier Ironie sein: «Maria Theresia hatte bei ihrer Thronbesteigung viele Feinde: die Preußen, die Russen und die Österreicher»? Nein, er ist sicherlich ein unpolitischer Untertan gewesen, der Professor Galletti, so, wie ihn die Regierung brauchte, und nichts wird ihm ferner gelegen haben als ein Spaß, den er sich niemals mit so ernsthaften Dingen zu machen erlaubt hätte. Hier gehts bei weitem nicht so tief wie bei dem, was die Lehrer an dem einzigen Schulvormittag Hanno Buddenbrooks sagen, jenem Vormittag, darin die ganze deutsche Schule eingefangen ist — hier schlägt nur einer Kobolz. Und da hörten sicherlich die frechsten Ruhestörer auf, Klamauk zu machen. Weil sie lachen mußten.

«Maximilian der Erste hatte die Hoffnung, den Thron auf seinem Haupt zu sehen.» Er wollte natürlich sagen: sich auf die Krone zu setzen; aber man kann sich irren. «Sie kriegten den Grumbach her, rissen ihm das Herz aus dem Leibe, schlugen es ihm um den Kopf und ließen ihn laufen.» Und das wird nur noch von der unbestreitbaren Weisheit übertroffen: «Wäre Cäsar nicht über den Rubikon gegangen, so läßt sich gar nicht absehen, wohin er noch gekommen wäre.» Bei Gott: so war es.

Und abgesehen davon, daß es manchmal etwas wild hergeht: «Erst tötete Julianus sich, dann seinen Vater und dann sich» und: «Richard der Dritte ließ alle seine Nachfolger hinrichten» — am schönsten strahlt doch der «gewaltige Leuhrer» (so nannte sich unser Professor Michaelis immer und wir ihn auch, und Gott segne ihn, wenn er dieses hier liest!), am stärksten manifestiert sich das Gestirn Galletti, wenn er persönlich wird. Das ist gar nicht zu übertreffen.

«Der Lehrer hat immer recht, auch wenn er unrecht hat.» Lachen Sie nicht: das glaubt jeder preußische Schulrat — und so sieht er auch aus. «Als ich Sie von fern sah, Herr Hofrat Ettinger, glaubte ich, Sie wären Ihr Herr Bruder, der Buchhändler Ettinger, als Sie jedoch näher kamen, sah ich, daß Sie es selbst sind — und jetzt sehe ich nun, daß Sie doch Ihr Herr Bruder sind!» Na, Onkel Shakespeare? «Ich bin so müde, daß ein Bein das andere nicht sieht.» Na, Onkel Nestroy? Und dann, ganz Pallenbergisch: «Ich statuiere mit Kant nicht mehr als zwei Kategorien unseres Denkvermögens, nämlich Zaum und Reit — ich wollte sagen: Raut und Zeim.» Und wenn dann die Klasse nur noch röchelte, dann fügte er hinzu: «Ich, der Herr Professor Uckert und ich — wir drei machten eine Reise», und dann prustete wohl selbst der Primus seine Bank voll. Bis der Lehrer aufstand, sagte: «Nächsten Dienstag ist Äquator» und das Lokal verließ.

Gewiß blühten in dem Tintengärtlein auch Katheberblüten. «Bei den Israeliten waren die Heuschrecken, was bei uns der Hafer ist» — das ist eine. Auch: «In Nürnberg werden viele Spielsachen verfertigt, unter anderen auch Juden» — eine tiefe Weisheit. Aber er war doch ein Philosoph, der Herr Professor Galletti. «Das Schwein führt seinen Namen mit Recht — denn es ist ein sehr unreinliches Tier.» Heiliger Mauthner, was sagst du nun? Daß das schon bei dem großen Lichtenberg steht —? Und wirklich erledigend ist dieser Ausspruch: «Die Gans ist das dümmste Tier; denn sie frißt nur so lange, als sie etwas findet.»

Ja, so war das. Natürlich hat das mit den richtigen Büchern von der Schule nichts zu tun: nichts mit meinem Lieblingsbuch Philippe Monniers: «Blaise, der Gymnasiast», nichts mit jener Schulgeschichte Heinrich Manns, nichts mit Freund Hein, nichts mit Hermann Hesse

— dieser Galletti ist nur ein Stückchen Menschen-Original gewesen. Entschuldigen Sie, daß ich Sie aufgehalten habe. Sie werden zu tun haben — nein, bitte, lassen Sie sich nicht stören. «Die Berliner», habe ich neulich zu meiner größten Freude bei Alfred Polgar gelesen, «sind alle intensiv mit ihrer Beschäftigung beschäftigt.» Sie sicherlich desgleichen.

Und auch ich muß gehen. Ich werde schleunigst von diesen «fremden Dingen», von diesen Allotriis abstehen und zu meiner ernsthaften Arbeit zurückkehren. Zu den Hämorrhoiden und ihren Hohenzollern. Ein Thema, wert, daß es behandelt werde. Denn wohinein steckt der deutsche Historiker am liebsten seine Nase —?

Auf Wiedersehn.

Peter Panter (1922)

DER PRIMUS

In einer französischen Versammlung neulich in Paris, wo es übrigens sehr deutschfreundlich herging, hat einer der Redner einen ganz entzückenden Satz gesagt, den ich mir gemerkt habe. Er sprach von dem Typus des Deutschen, analysierte ihn nicht ungeschickt und sagte dann, so ganz nebenbei: «Der Deutsche gleicht unserm Primus in der Klasse.» Wenn es mir die Leipziger Neuesten Nachrichten nicht verboten hätten, hätte ich Hurra! gerufen.

Können Sie sich noch auf unsern Klassenprimus besinnen? Kein dummer Junge, beileibe nicht. Fleißig, exakt, sauber, wußte alles und konnte alles und wurde — zur Förderung der Disziplin — vom Lehrer gar nicht gefragt, wenn ihm an der Nasenspitze anzusehen war, daß er diesmal keine Antwort wußte. Der Primus konnte alles so wie wir andern, wenn wir das Buch unter der Bank aufgeschlagen hatten und ablasen. Meist war er nicht mal ein ekelhafter Musterknabe (das waren die Streber auf den ersten Plätzen, die gern Primus werden wollten) — er war im großen ganzen ein ganz netter Mensch, wenn auch eine leise Würde von ihm sanft ausstrahlte, die einen die letzte Kameradschaft niemals empfinden ließ. Der Primus arbeitete wirklich alles, was aufgegeben wurde, er arbeitete mit Überzeugung und Pflichtgefühl, er machte seine Arbeit um der Arbeit willen, und er machte sie musterhaft.

Schön und gut.

Da waren aber noch andre in der Klasse, die wurden niemals Primus. Das waren Jungen mit Phantasie (kein Primus hat Phantasie) — Jungen, die eine fast intuitive Auffassungsgabe hatten, aber nicht seine Leistungsfähigkeit, Jungen mit ungleicher Arbeitskraft, schwankende, ewig ein wenig suspekte Gestalten. Sie verstanden ihre Dichter oder ihre Physik oder ihr Englisch viel besser als die andern, besser als der ewig gleich arbeitsame Primus und mitunter besser als der Lehrer. Aber sie brachten es zu nichts. Sie mußten froh sein, wenn man sie überhaupt versetzte.

Es müßte einmal aufgeschrieben werden, was Primi so späterhin im Leben werden. Es ist ja nicht grade gesagt, daß nur der Ultimus ein Newton wird, und daß es schon zur Dokumentierung von Talent oder gar Genie genügte, in der Klasse schlecht mitzukommen. Aber ich glaube nicht, daß es viele Musterschüler geben wird, die es im Leben weiter als bis zu einer durchaus mittelmäßigen Stellung gebracht haben.

Der Deutsche, wie er sich in den Augen eines Romanen spiegelt, ist zu musterhaft. Pflicht — Gehorsam — Arbeit: es wimmelt nur so von solchen Worten bei uns, hinter denen sich Eitelkeit, Grausamkeit und Überheblichkeit verbergen. Das Land will seine Kinder alle zum Primus erziehen. Frankreich seine, zum Beispiel, zu Menschen, England: zu Männern. Die Tugend des deutschen Primus ist ein Laster, sein Fleiß eine unangenehme Angewohnheit, seine Artigkeit Mangel an Phantasie. In der Aula ist er eine große Nummer, und auch vor dem Herrn Direktor. Draußen zählt das alles nicht gar so sehr. Deutschland, Deutschland, über alles kann man dir hinwegsehen — aber daß du wirklich nur der Primus in der Welt bist: das ist bitter.   Ignaz Wrobel (1925)

BRIEFE AN EINEN FUCHSMAJOR

> «Meiningen hat ganz recht. Wir kommen schon von selbst in unsre Positionen, die ein für allemal für uns da sind. Wir übernehmen dazu einfach die bewährten Grundsätze, die Verwaltungsmaximen unsrer Väter. Wir wollen von gar nichts anderm wissen. Wozu —?» ... Der junge Reisleben begann jetzt zu kotzen.

> Leben und Treiben der Saxo-Borussen, aus Harry Domela «Der falsche Prinz»

Im fröhlichen Herbst, als ich mit unserm Carl von Ossietzky in Würzburg bei schwerem Steinwein saß, fiel mein Blick auf eine kleine Broschüre «Briefe an einen Fuchsmajor, von einem alten Herrn». (Verlag Franz Scheiner, Graphische Kunstanstalt, Würzburg.) Ich habe das Heftchen erstanden und muß dem anonymen Verfasser danken: außer dem «Untertan» und den gar nicht genug zu empfehlenden Memoiren Domelas ist mir nichts bekannt, was so dicht, so klar herausgearbeitet, so sauber präpariert die studentische Erziehung der jungen Generation aufzeigt. Selbst für einen gelernten Weltbühnenleser muß ich hinzufügen, daß alle nun folgenden Zitate echt sind, und daß ich, leider, keines erfunden habe.

Unter den Milieuromanen der letzten Jahrzehnte gibt es zwei, die besonders großen Erfolg gehabt haben, wenn ich von dem seligen

Stilgebauer absehe, der butterweichen Liberalismus mit angenehm erregender Pornographie zu vereinigen gewußt hat. Das sind Walter Bloems «Krasser Fuchs» und Poperts «Hellmuth Harringa». Beide Bücher taugen nichts. Sie sind aber als sittengeschichtliche Dokumente nicht unbrauchbar. Bloem, ein überzeugungstreuer Mann, außer Walter Flex einer der ganz wenigen nationalen Literaten, die für ihre Idee im Kriege geradegestanden haben, gibt sanft Kritisches, das er für scharf hält. Popert, ein hamburgischer Richter, dessen sicherlich gute antialkoholische Absichten die Hamburger Arbeiter damit karikierten, daß sie in der Kneipe sagten: «Nu nehm wi noch 'n lütten Popert!» (statt Köhm) — ist im politischen Leben eine feine Nummer und als Schriftsteller ein dicker Dilettant. Der Erfolg seines Buches basierte auf dem angenehmen Lustgefühl, das es in dem nicht inkorporierten Wandervogel wachrief, der nach solchen Schilderungen studentischen Lebens getrost sagen durfte: «Seht, wir Wilden sind doch bessere Menschen!» Er hat mit seiner Sittenfibel so recht, daß man ihm nur wünschen möchte, er hätte es nicht: einer der nicht seltenen Fälle, in denen ein unsympathischer Anwalt eine sympathische Sache vertritt.

Die «Briefe an einen Fuchsmajor» sind nun kein Roman, sondern eine durchaus ernstgemeinte Anweisung, junge Füchse zu brauchbaren Burschen und damit zu Mitgliedern der herrschenden Kaste zu machen. Es ist wohl das Schlimmste, das jemals gegen die deutschen Korpsstudenten geschrieben worden ist.

Daß das Heft die Mensur verteidigt und damit das Duell, braucht nicht gesagt zu werden. Nun halte ich das zwar für wenig schön, jedoch kann ich mir kluge, gebildete und anständige Männer denken, die in der Billigung dieser Einrichtung aufgezogen sind. Der «Alte Herr» begründet seinen Standpunkt folgendermaßen:

Wo Hunderte, gar Tausende von jungen, lebensfrohen, heißblütigen Männern eng und dicht nebeneinander leben, wie auf Universitäten, da kann es nie und nimmer stets und jederzeit friedlich zugehen; wollte da jeder wegen jedes kleinen und großen Wehwehchens zum Richter laufen, so gäbs eine Atmosphäre der Angeberei, des Denunziantentums und aller ekelhaften Nebenerscheinungen, die nicht zum Aushalten wäre. Die üblichen Verbitterungen und Feindschaften brächten letzten Endes den Knüppelkomment, das Recht des rein körperlich Stärkeren, der zahlenmäßig Mächtigeren mit sich.

Wem wäre das noch nicht in Paris, in Oxford und in deutschen Fabriken aufgefallen!

Was es wirklich mit dem Waffenstudententum auf sich hat, das sagt uns der «Alte Herr» besser, boshafter, radikaler, als ich es jemals zu tun vermöchte. Das hier ist zum Beispiel ein Argument für, nicht gegen das Duell:

Mit verhimmelnder Begeisterung werden lange Feuilletonspalten, geduldige Broschüren und gar dickleibige Bücher gefüllt, wenn

irgendein deutscher Intellektueller bei irgendeinem fernen Volks-
stamm, seien es Ostasiaten, Südseeinsulaner oder Buschmänner,
irgendwelche Überreste alter Gebräuche, alter Traditionen entdeckt. Aber daß bei uns noch mitten im Alltagsleben eine der-
artige Tradition voll hoher und idealer Ziele lebendig ist —
das zeigt allerdings, aus welcher Zeit sie stammt: aus der Steinzeit.
Nur sehen die Schmucknarben der Maori hübscher aus als die zer-
hackten Fressen der deutschen Juristen und Mediziner.

Es ist selten, daß man so tief in das Wesen dieser Kaste hinein-
blicken kann wie hier. In den Korpszeitungen geben sie sich offiziell; manchmal rutscht zwar das Bekenntnis einer schönen Seele
heraus, aber es ist doch sehr viel Vereinsmeierei dabei, sehr viel
nationale und völkische Politik, Wut gegen die Republik, die die
Krippen bedrohen könnte und es leider nicht tut — kurz: jener Unfug, mit dem sich die jungen Herren an Stelle ihres Studiums be-
schäftigen. Hier aber liegt der Nerv klar zutage.

Man bedenke, was diese Knaben einmal werden, und ermesse
daran die Theorie von der Gruppenehre:

Wenn Herr Wilhelm Müller schlaksig mit den Händen in der
Hosentasche, Zigarette im Mund, mit einer Dame spricht, interessiert das keinen, wenn aber ein Fuchs von Guestphaliae dasselbe tut, so ist für alle, die das sehen, Guestphalia eine Horde
ungezogner Rüpel.

Wie da das Motiv zum anständigen Betragen in die Gruppe verlegt
wird; wie das Einzelwesen verschwindet, überhaupt nicht mehr da
ist; wie da eine Fahne hochgehalten wird — wie unsicher muß so ein
Einzelorganismus sein! Das sind noch genau die Vorstellungen von
«Ritterehre», über die sich schon der alte, ewig junge Schopenhauer
lustig gemacht hat. Noch heute liegt diese Ehre immer bei den andern.

Wenn ohne Widerspruch erzählt werden kann, daß ein Waffen-
student oder gar einige Vertreter des Korporationslebens beschimpft oder verprügelt worden sind, so bleibt damit ein Fleck
auf der Ehre des einzelnen und des Bundes.

Nach diesem Aberglauben kann also die Gruppe ihre Ehre nicht
nur verlieren, indem sie schimpfliche Handlungen begeht, sondern
vor allem einmal durch das Handeln andrer Leute. Diese Ehre hats
nicht leicht.

Die Ehre des Bundes steht bei jedem Gang der Mensur auf dem
Spiel.

Dahin gehört sie auch. Der Kulturdichter Binding hat in seinen
wenig lesenswerten Memoiren über die Korporationen mit jenem
gutmütigen Spott des Liberalen geschmunzelt, der älteren Herren
so wohl ansteht: billigend, mit einer leichten Rückversicherung der
Ironie fürs Geistige, und überhaupt fein heraus. Gefochten muß sein.
Gesoffen aber auch. Dieser Satz ist nicht von Heinrich Mann:

Ich schrieb einmal früher: Das Kommando «Rest weg» muß über der Kneipe schweben wie das «Knie beugt» über dem Kasernenhof.

In der Praxis sieht das dann so aus:

Unser gemeinsamer Freund R., der schon mehrere Semester herzkrank und schwer nervös studierte, wurde, eine unscheinbare, wenig repräsentative Erscheinung, nur auf Grund sehr dringlicher Empfehlungen aufgenommen, er fand Freunde und Kameraden im Bund, die ihn richtig leiteten, so daß er körperlich und geistig gesundend aufblühte, seine Mensuren focht, rezipiert und später sogar Chargierter werden konnte. Er hatte auf seiner Rezeptionskneipe, obwohl er sonst vom regulären Trinken wegen seiner schwächlichen Gesundheit dispensiert war, sehr kräftig seinen Mann gestanden. Bis in tiefster Nachtstunde hielt er sich in jeder Hinsicht so tadellos aufrecht, daß niemand ihm den schweren Grad seiner bereits herrschenden Trunkenheit anmerkte. Ich sehe noch den gespannten Blick, als gegen Morgen der letzte fremde Gast die Kneipe verließ. Im Augenblick, als die Tür zuging und mithin nur wir unter uns waren, brach er bewußtlos zusammen ... In ihm müssen wir das Musterbeispiel eines Menschen verehren, der in jeder Hinsicht den Sinn der waffenstudentischen Erziehung verstanden hatte.

Stets habe ich mich gewundert, warum die Engländer keine Erfolge in ihrer Politik aufzuweisen haben; warum es mit Briand nichts ist; was an Goethe und Wilhelm Raabe und Tolstoi und Liebknecht eigentlich fehlt. Jetzt weiß ich es.

Die Luft, in der sich diese Erziehung abspielt, ist schwerer Gerüche voll. Man erfinde so etwas: Füchse haben, entgegen einem Verbot, nach der Kneipe noch ein Lokal aufgesucht. Da können sie von einem Angehörigen andrer Korporationen gesehen werden. Was wird der nun denken —?

Wie leicht wird er bei einer gelegentlichen Frage über den Bund einmal äußern: «Fuchserziehung scheint nicht sehr straff zu sein.»

Hört ihr den Tonfall dieser Stimme —?
Die Sexualfrage wird unauffällig gelöst:

Soweit er es mit seinen früher schon besprochenen Pflichten als Aktiver unauffällig vereinbaren kann, ist dies letzten Endes Privatangelegenheit jedes einzelnen. Wenn wir auch den Grundsatz festhalten, daß ein ausschweifend vergnügtes Leben in sexueller Hinsicht, eben was wir burschikos als «Weiberbetrieb» zu bezeichnen pflegen, mit der Aktivität unvereinbar ist, so haben wir andrerseits keinesfalls mit unsrer Rezeption ein Keuschheitsgelübde abgelegt.

Wie recht er hat, das lese man in dem ausgezeichneten Aufsatz Friedrich Kuntzes nach, den die «Deutsche Rundschau» jüngst veröffentlicht hat: «Über den Werdegang des jungen Mannes aus guter Familie einst und jetzt.» Sehr bezeichnend übrigens, wie auch an dieser Stelle, nach ungewollt vernichtenden Schilderungen der herrschenden Klasse der Vorkriegszeit, die Bilanz gezogen wird: «Seine äußerste Probe hat dieses System im Kriege bestanden. Er ist verloren gegangen, gewiß; aber wenn ein Chauffeur sein Automobil gegen einen Baum fährt — muß dann die Schuld am Konstrukteur liegen?»

Wofür, ihr Männer in den Kalkgruben Nordfrankreichs ... wofür —

Zurück zum Alten Herrn, der ein feingebildeter Mann ist, besonders wenn es sich um die Frauen handelt, deren diese Gattung nur zwei Sorten kennt: Heilige und Huren.

Denn Heinrich Heines «berühmtes» Verschen: «Blamier mich nicht, mein schönes Kind...» ist nicht nur zierliche Spötterei, es ist zynische Gemeinheit.

Und nun wollen wir uns in die Politik begeben. Oder ist das am Ende gar nicht möglich? Sind denn diese Bünde überhaupt politisch? Die Korpszeitungen, die Akademikerzeitungen, die Broschüren brüllen: Ja! Der «Alte Herr» weiß zunächst von nichts. «Die waffenstudentischen Korporationen sind fast ausnahmelos im Prinzip unpolitisch.» In welchem Prinzip?

Seid verträglich, sagt er, denn:

Du weißt ja auch nicht, wie bald ihr in Ausschüssen und Ehrengerichten, vielleicht auch bei der Technischen Nothilfe oder gar unter Waffen mit ihnen allen zusammen am gleichen Strang zieht.

O ahnungsvoller Engel du —!

Es ist der Strang des Galgens: der Strang von Mechterstädt, wo unpolitische Studenten Arbeiter ermordet haben und nicht dafür bestraft worden sind — wahrscheinlich studieren sie noch fröhlich oder sind schon Referendare und Medizinalpraktikanten und Studienassessoren und werden nächstens auf die deutsche Menschheit losgelassen.

Die Protektionswirtschaft der Korporationen wird verklausuliert zugegeben. Im übrigen ist der «Alte Herr» liberal und das, was man so in seinen Kreisen «aufgeklärt» und «modern» nennt. Man stelle sich so etwas unter gebildeten Menschen vor:

Geh auch ruhig einmal mit den Füchsen «offiziell» ins Theater, ein gutes Konzert oder gar in ein Museum. Erschrick nicht über diese Ketzerei, probiere es einmal.

Wenn das nur gut ausgeht — diese stürmischen und überstürzten Reformen sind doch immerhin nicht unbedenklich: wie leicht können sie im Museum so einen gleich dabehalten!

Auch sollte man nicht Leute beschimpfen, spricht jener, wenn sie einer bürgerlichen Partei angehören — ja, dieser Revolutionär geht noch weiter. Füchse, geht mal raus — das ist noch nichts für euch. Nur Domela darf drin bleiben.

Jeder einzelne von uns kann an der innern Gesundung der Sozial-demokratie mithelfen und mitwirken, wenn er auch nur einen ein-zigen ihrer Angehörigen von der fixen Idee internationaler Ein-stellung heilt. Mag er ...

Parteivorstand, hör zu!

Mag er Sozialdemokrat sein und bleiben, wenn er nur in seiner Partei als ein Fünkchen mit daran wirkt und arbeitet, daß der Völ-kerverbrüderungsrummel, die Klassenkampfidee, die international gerichtete, zum großen Teil sogar landfremde Führerschaft am Boden verliert.

Dann mag er. «Alter Herr», du bist viel, viel näher an der Wahr-heit, als du es wissen kannst. Und du bist doch nicht etwa Pazifist? Du scheinst so weich ...

Stelle beispielsweise einmal zur Überlegung anheim, daß noch vor wenigen Jahrhunderten die Möglichkeit für den einzelnen, unbewaffnet und ohne Schutz von Stadt zu Stadt, von Land zu Land zu ziehen, eine Unmöglichkeit war, und daß ein Prophet, der damals die persönliche Abrüstung vorausgesagt hätte, als Phantast und Narr verlacht, bei praktischer Ausübung seiner Ideale und Utopien verprügelt, ausgeraubt oder totgeschlagen worden wäre, sowie er die schützenden Mauern seiner Stadt, die Grenzpfähle seines Ländchens überschritt. Und doch reisen wir heute unbehelligt durch den größten Teil der Welt, gesichert und geschützt durch selbstverständlich gewordene Gesetze aller zivili-sierten Völker. Wenn jemand also heute pazifistische Ideale ver-tritt, so ist er deswegen kein Schuft, Lump und ehrloser Vater-landsverräter, sondern seine hohen Ideale allgemeiner Völkerver-söhnung werden hoffentlich in ferner Zukunft auch einmal Wahr-heit werden.

Ich denke: Nanu? Nanu? denk ich ...

Aber er ist heute sicher ein Schädling, gegen den energisch-sach-lich Front gemacht werden muß und dessen Anschauung im Keime zu ersticken, Notwendigkeit der Selbsterhaltung für unser gesundes, noch nicht degeneriertes Volk ist. Als Schwärmer und Phantasten müssen wir ihn und die praktischen Folgen seiner Ideen bekämpfen und seine Anschauungen unschädlich machen, als Person können wir ihn trotzdem hochschätzen und ehren.

Alles in Ordnung. Früh übt sich, was ein Reichsgerichtsrat wer-den will.

Hält man dergleichen für möglich? Ein Blick in die Gerichtssäle, in die Kliniken, in die Ministerien — und man hält es für möglich.

Und das hat Zuzug, stärker als vor dem Kriege — das blüht und gedeiht, nie waren die Korps zahlenmäßig so stark wie heute. Und muß das nicht so sein?

Hier ist nun die klarste Formulierung dessen, was seit dem Versailler Friedensvertrag in Deutschland vor sich gegangen ist. Hier ist sie:

> Denkt ... auch etwas daran, daß jeder junge Deutsche nach Abschaffung der allgemeinen Wehrpflicht sein eigener Unteroffizier sein, daß die Folge der Verödung der Kasernenhöfe das Entstehen von Hunderttausenden neuer, kleiner und kleinster idealster Kasernenhöfe sein muß, wenn das deutsche Volk noch nicht verfault ist bis ins Mark hinein.

Und nun will ich euch einmal etwas sagen:

Wenn man bedenkt, daß Zehntausende junger Leute so, sagen wir immerhin: denken wie das hier (und man sehe sich die Photographie an, die dem Buch voranprangt) — wenn man bedenkt, daß das unsre Richter von 1940, unsre Lehrer von 1940, unsre Verwaltungsbeamten, Polizeiräte, Studienräte, Diplomaten von 1940 sind, dann darf man wohl diesen Haufen von verhetzten, irregeleiteten, mäßig gebildeten, versoffenen und farbentragenden jungen Deutschen als das bezeichnen, was er ist: als einen Schandfleck der Nation, dessen sie sich zu schämen hat bis ins dritte und vierte Glied.

Die Professoren sind nicht schuld. Sie sind nicht so dumm, wie sie sich größtenteils stellen — sie sind feige. Denn der wüsteste Terror schwebt über ihnen; wehe, wenn sie sich auch nur für diese Republik betätigen! Was ihnen geschehen kann? Aber die gefährliche Vorschrift, daß ihre Einkünfte von den Kolleggeldern abhängen, besteht noch heute — und wenn selbst ein freiheitlicher akademischer Lehrer Mitglied einer Prüfungskommission ist: die Studenten boykottieren sein Kolleg, sie kaufen seine Bücher nicht, gehen an eine andre Universität, und das riskiert ein verheirateter, mäßig besoldeter Mann nicht gern. Die Professoren sind nicht allein schuld.

Die Ministerien sinds schon mehr. Der preußische Kultusminister tut allerhand, mitunter sogar sehr viel. Aber in wie vielen Fällen läßt man diejenigen, die für ihre Republik eingetreten sind, glatt fallen — so daß sich also so ein armer Ausgelieferter mit Recht sagt: «Dann nicht!» und den Kampf aufgibt.

Der Formalsieg, den der Staat mit der Auflösung der Deutschen Studentenschaft errungen hat, ist noch gar nichts. Was es auszurotten gilt, ist nicht ein Verband oder dessen offizielle Rechte —: es ist eine Gesinnung und eine Geisteshaltung. Ich glaube, daß diese Studentenkämpfe das Wesen des Studierenden völlig verkennen; sie machen aus einem Lernenden einen Stand; tatsächlich ist etwa drei Viertel der Energie, mit der diese läppischen Vereinskämpfe geführt werden, vertan. Ihr sollt nicht verwalten — ihr sollt studieren.

Diese Melodie ist nicht aktuell, sie war es im Jahre 1920, und sie wird es im Jahre 1940 wieder sein — wenns so lange dauert. Es ist ein hohler Raum entstanden, in dem die Klagerufe eines Teiresias überlaut widerhallen; billig zu sagen: «Es wird halb so schlimm sein!» Es ist achtfach so schlimm.

Denn das Schauerliche an dieser Geistesformung ist doch, daß sie den Deutschen bei seinen schlechtesten Eigenschaften packt, nicht bei seinen guten; daß sie das anständige, humane Deutschland niedertrampelt; daß sie sich an das Niedrige im Menschen wendet, also immer Erfolg haben wird; daß sie mit Schmalz arbeitet und einem Zwerchfell, das sich atembeklemmend hebt, wenn das Massengefühl geweckt ist. Und daß sie kopiert wird.

Diese Studenten sind Vorbild für alle jungen Leute, die keinen sehnlicheren Wunsch haben, als an möglichst universitätsähnlichen Gebilden zu studieren und es denen da gleichzutun, mit hochgeröteten Köpfen den Korpsier zu markieren und einer im tiefsten Grunde feigen Roheit durch das Gruppenventil Luft zu schaffen. Der Abort als Vorbild der Nation.

Und der da soll im Jahre 1940 Arbeiter richten dürfen? Ein solches Biergehirn, in dem auch nicht ein Gedanke über den sauren Muff seiner Kneipe reicht, entscheidet über Leben und Tod? Über Jahre von Gefängnis und Zuchthaus? Das will Provinzen verwalten? Ein solch minderwertiges Gewächs vertritt Deutschland im Ausland? verhandelt mit fremden Staaten? wird gefragt, wenns ernst wird? hat zu bestimmen, wenns ernst wird?

Das ist der Boden, auf dem die Blüten des deutschen Richterstandes gedeihen, welche Blumenlese! Man wundert sich bei Gerichtsverhandlungen und bei der Lektüre von Urteilsbegründungen oft, woher nur diese abgestandenen Vorurteile, die unhonorige Art der Verhandlungsführung, die überholten Anschauungen einer kleinbürgerlichen Beamtenschaft stammen mögen. Hier, auf den Universitäten, ist der Boden, in dem eine Wurzel dieser Produkte steckt. Niemand reißt sie aus.

Denn diese setzen sich durch. Die herrschen. Die kommen dran. Ich kann beim besten Willen nicht sehen, wo die aufhebende Wirkung der vielgerühmten Jugendbewegung ist, die Ignorieren für Kampf hält; wo das Gegengewicht steckt, wo die andere Hälfte der Nation bleibt, jenes andere Deutschland, das es ja immerhin auch noch gibt. Wenns zum Klappen kommt, ist es nicht vorhanden. Ungleichmäßig sind bei uns Gehirn und Wille verteilt: der eine hat den Kopf, und der andre den Stiernacken. Es gibt kaum eine intelligente Energie. Sie haben nicht nur das größere Maul, die dickern Magenwände, die bessern Muskeln, die niedrigere und frechere Stirn: sie haben mehr Lebenskraft.

Kein Gegenzug hält sie in Schach. Keine deutsche Jugend steht auf und schüttelt diese ab. Keine Arbeiterschaft hat zur Zeit die Möglichkeit, die Herren dahin zu befördern, wohin Rußland sie befördert hat. Sie herrschen, und sie werden unsre Kinder und Kindeskinder quälen, daß es nur so knackt. Diesem Land ist immer nur ein Heil widerfahren, und was nicht von innen kommt, mag getrost von außen kommen. Niederlage auf Niederlage, Klammer auf Klammer — Napoleon hat mehr für die deutsche Freiheit getan als alle deutschen Saalrevolutionen zusammen. Aber manchmal tuns auch die Niederschläge nicht, kein fremder Imperialismus hilft gegen den eignen. So tief ist das Laster eingefressen, daß der begreifliche

Wunsch derer, die ihre Heimat lieben und ihren Staat hassen, umsonst getan ist.

Deutschland ist im Aufstieg begriffen. Welches Deutschland? Das alte, formal gewandelte; eins, das mit Recht nach seinen bösen Handlungen und nicht nach seinen guten Büchern beurteilt wird, und das bis ins republikanische Herz hinein frisch angestrichen ist, umgewandelt und ungewandelt: die wahrste Lüge unsrer Zeit. Das Deutschland jener jungen Leute, die schon so früh «Alte Herren» sind, und die für ihr Land einen Fluch darstellen, einen Alpdruck und die Spirochäten der deutschen Krankheit.

Ignaz Wrobel (1928)

HERR WENDRINER ERZIEHT SEINE KINDER

«... Nehm' Sie auch noch'n Pilsner? Ja? Ober! Ober, Himmelherrgottdonnerwetter, ich rufe hier nu schon 'ne halbe Stunde — nu kommen Se doch ma endlich her! Also zwei Pilsner! Was willst Du? Kuchen? Du hast genug Kuchen. Also zwei Pilsner. Oder lieber vielleicht — na, is schon gut. Junge, sei doch mal endlich still, man versteht ja sein eigenes Wort nicht. Du hast doch schon Kuchen gegessen! Nein! Nein. Also, Ober: noch'n Apfelkuchen mit Sahne. Wissen Se, was einem der Junge zusetzt! Na, Max, nu geh spielen! Hör nicht immer zu, wenn Erwachsene reden. Zehn wird er jetzt. Ja, also ich komme nach Hause, da zeigt mir meine Frau den Brief. Wissen Sie, ich war ganz konsterniert. Ich habe meiner Frau erklärt: So geht das auf keinen Fall weiter! Raus aus der Schule — rein ins Geschäft! Max, laß das sein! Du machst dich schmutzig! Der Junge soll den Ernst des Lebens kennenlernen! Wenn sein Vater so viel arbeitet, dann kann er auch arbeiten. Wissen Se, es is mitunter nicht leicht. Dabei sieht der Junge nichts andres um sich herum als Arbeit: morgens um neun gehe ich weg, um halb neun, um acht — manchmal noch früher — abends komme ich todmüde nach Hause ... Max, nimm die Finger da raus, du hast den neuen Anzug an! Sie wissen ja, die große Konjunktur in der Zeit, das war im Januar, dann die Liquidation — übrigens: glauben Sie, Fehrwaldt hat bezahlt? 'n Deubel hat er! Ich habe die Sache meinem Rechtsanwalt übergeben. Der Mann ist nicht gut, glauben Sie mir! Ja, also, mein Ältester ist jetzt nicht mehr da. Max, laß das! Angefangen hat er bei ... Also hören Sie zu: ich hab ihn nach Frankfurt gegeben, zu S. & S. — kenn Sie die Leute auch? — und da hat er als Volongtär angefangen. Ich hab mir gedacht: So, mein Junge, nu stell dich mal auf eigne Füße und laß dir mal den Wind ein bißchen um die Nase wehn — Max, tu das nicht! — jetzt werden wir mal sehn. Meine Frau wollte erst nicht — ich bin der Auffassung, so was ist materiell und ideell sehr gut für den Jungen. Er liest immer. Max, laß das! Ich habe gesagt: Junge, treib doch Sport! Alle deine Kameraden treiben Sport — warum treibst du keinen Sport? Ich komme ja nicht dazu, mit ihm hinzugehn, mir täts ja auch mal sehr gut, hat mir der Arzt gesagt, aber er hat in Berlin doch so viel Möglichkeiten! Max, laß das! Was meinen Sie, was der Junge macht? Er fängt sich was mit einer Schickse an aus einem Lokal; 'nem Büfettfräulein, was weiß ich! Max, was willste nu schon wieder? Nein, bleib hier! Du sollst hierbleiben! Max! Max! Komm mal her! Du sollst mal herkommen! Max hörst du nicht? Kannst du nicht hören? Du sollst mal herkommen! Hierher sollst du kommen! Komm mal her! Hierher. Was hast du denn? Sieh dich vor! Jetzt reißt der Junge die Decke... ei weh, der ganze Kaffee auf Ihre Hose! Kaffee macht keine Flecke. Du dummer Junge, warum kommst du nicht gleich, wenn man dich ruft! Jetzt haste den ganzen Kaffee umgeworfen! Setz dich hin! Jetzt gehste überhaupt nicht mehr weg! Setz dich hin! Hier setzte dich hin! Nicht gemuckst! Gießt den ganzen Kaffee um! Hier — haste'n Bonbon! Nu sei still. Ja — er war schon immer so komisch! Bei seiner Geburt habe ich ihm ein Sparkassenkonto angelegt — meinen Sie, er hats einem gedankt? Schule — das wollt er nicht! Aber Theater! Keine Premiere hat er versäumt, jede Besetzung bei Reinhardt wußte er, und dann Film... Nee, wissen Se, das war schon nicht mehr schön! Ja, nu hat er mit der... em... Max, sieh mal nach, ob da vorn die Lampen schon angezündet sind! Aber komm gleich wieder! Mit dieser Schickse geht er los! Natürlich kostet das 'n Heidengeld, können Se sich denken! Nu, es sind da Unregelmäßigkeiten vorgekommen — ich hab ihn wegnehmen müssen, und jetzt ist er in Hamburg. Ach, wissen Se, ich hab schon zu meiner Frau gesagt: Was hat einem der liebe Gott nicht zwei Mädchen gegeben! Die zieht man auf, zieht sie an, legt sie abends zu Bett, und zum Schluß werden sie verheiratet. Da hat man keine Mühe. Und hier! Nichts wie Ärger! Max Max! Wo bloß der Junge bleibt! Max! Wo warst du denn so lange? Setz dich hierhin! Der Junge ist noch mein Grab — das sage ich Ihnen. Kommen Se, es ist kalt, wir wollen gehn.

Ich frage mich bloß eins: diese Unbeständigkeit, diese Fahrigkeit, diese schlechten Manieren — von wem hat der Junge das —?»

Kaspar Hauser (1925)

DEUTSCH FÜR AMERIKANER

Ein Sprachführer

Ankunft

Eingang verboten.
 Ausgang verboten.
 Durchgang verboten.
 Herr Gepäckträger, tun Sie diese Koffer auf die leichte Schulter nehmen?

Ich werde mir einen Sonnabend daraus machen, mein Herr.

Ist jene Automobildroschke ledig?

Warten Sie, wir haben noch einen Golfhauer sowie zwei Hüteschächtel.

Dies hier ist ihr Getränkegeld, ist es nicht?

Bezüglich dessen scheint es mir ein wenig wenig. (Sprich: «krieje noch frummssich Fennje!»)

Autotreiber! Geh an! Ich ziehe das Christliche Hospiz vor!

Rauchen verboten.

Parken verboten.

Durchfahrt verboten.

Begrüßung

Guten Tag, wie fühlen Sie?

Heute ist ein wahrlich feiner Tag, ist es nicht?

Sie sehen aus wie Ihre eigne Großmutter, gnädige Frau!

Darf ich Ihnen meinen lieben Mann vorstellen; nein, dieser hier!

Ich bin sehr froh, Sie zu sehen; wie geht es Ihrem Herrn Stiefzwilling?

Werfen Sie das häßliche Kind weg, gnädige Frau; ich mache Ihnen ein neues, ein viel schöneres.

Guten Morgen! (sprich: Mahlzeit!)

Guten Tag! (sprich: Mahlzeit!)

Guten Abend! (sprich: Mahlzeit!)

Danke, es geht uns gut — wir leben von der Differenz.

Im Restaurant

Bringen Sie mir eine Portion Zahnstocher sowie das Adressenbuch.

Das ist nicht mein Revier.

Meine Frau wünscht einen Wiener Schnitzer; ich habe Zitronenschleim gewählt.

Das ist nicht mein Revier.

Bringen Sie mir einen kokainfreien Kaffee.

Wir haben in Amerika die Verhinderung; bringen Sie mir daher eine Flasche eisgekühlten Burgunders, auch drei Gläser Whisky mit Gin sowie kein Selterwasser.

Das ist nicht mein Revier.

Auf dem Postamt.

Dieser Schalter ist geschlossen.

Sie müssen sich auf den Hintern anstellen.

Ich erwarte schon seit Jahren eine größere Geldsendung.

Wo ist die Schaltung für freie Marken und die Briefschaukel?

Wollen Sie so kindlich sein, hinten meine Marke anzulecken?

In dieser Telephonzelle riecht man nicht gut.

Hallo! Ich wünsche eine Nummer zu haben, aber der Telephon-fräulein gewährt sie mir nicht.

Meine Näm ist Patterson; ich bin keine Deutsch; hier ist mein Paßhafen.

Im Theater

Geben Sie mir einen guten Platz.

Wir haben keine guten Plätze; wir haben nur Orchesterfau-teuils.

Wird Ernst Deutsch diesen Abend spielen?

Wie Sie sehen, haben wir Festspiele; infolgedaher wird er nicht vorhanden sein.

Dies ist ein guter Platz; man hört nicht viel.

Von wem ist dieses Stück?

Dieses Stück ist von Brecht.

Von wem ist also dieses Stück?

Zeigen Sie mir die blaue Bluse der Romantik.

Des Nachts

Sie sind ein Süßherz, mein Liebling, tun Sie so?

Das ist mir zu teuer.

Ei, mein Fräulein, könnten Sie sich dazu verstehen, mich durch den Abend zu streifen?

In Paris gibt es solche Häuser; sie sind sehr praktisch.

Hätten Sie wohl die Gewogenheit, auch die Strümpfe abzulegen?

In Amerika tun wir so etwas nicht.

Dies ist wahrlich teuer; Sie sind ein Vamp.

Danke, meine Dame, ich habe schon eine Beziehung; sie (er) hat meine gänzliche Liebe.

Konversation

Er ist ein Stockchinese.

Du bist ein Wahlsachse.

Mangels einer Wäschemangel können jene Kragen nicht gewa-schen werden.

Meinen Frau Gräfin nicht auch, daß dies ein rechtes Scheißwetter sein dürfte?

Die Berliner Festspiele sind gute Festspiele; aber bei uns in Ame-rika haben wir die größte Tomatenexportehschn von der Welt.

Leihen Sie mir bitte ihren linken Gummischuh!

Ich habe einen guten Charakter zuzüglich eines Bandwurmes.

Jener Funkturm ist niedlich.

Bitte zeigen Sie mir den Berliner Verkehr.

So hab ich es nicht gemeint!

Dieser Löwe macht einen so zusammengeschmetterten Eindruck.

Ich spreche schon geflossen deutsch; nur manchesmal breche ich noch etwas Rad.

Nach Börlin besuchen wir noch Europa, Persien und Heidelberg, aber am 4. September, acht Uhr erste Minute werden wir New York anfahren. Good-bye —!

Kaspar Hauser (1920)

HITLER UND GOETHE

Ein Schulaufsatz

Einleitung

Wenn wir das deutsche Volk und seine Geschichte überblicken, so bieten sich uns vorzugsweise zwei Helden dar, die seine Geschicke gelenkt haben, weil einer von ihnen hundert Jahre tot ist. Der andre lebt. Wie es wäre, wenn es umgekehrt wäre, soll hier nicht untersucht werden, weil wir das nicht auf haben. Daher scheint es uns wichtig und beachtenswert, wenn wir zwischen dem mausetoten Goethe und dem mauselebendigen Hitler einen Vergleich langziehn.

Erklärung

Um Goethe zu erklären, braucht man nur darauf hinzuweisen, daß derselbe kein Patriot gewesen ist. Er hat für die Nöte Napoleons niemals einen Sinn gehabt und hat gesagt, ihr werdet ihn doch nicht besiegen, dieser Mann ist euch zu groß. Das ist aber nicht wahr. Napoleon war auch nicht der größte Deutsche, der größte Deutsche ist Hitler. Um das zu erklären, braucht man nur darauf hinzuweisen, daß Hitler beinah die Schlacht von Tannenberg gewonnen hat, er war bloß nicht dabei. Hitler ist schon seit langen Monaten deutscher Spießbürger und will das Privateigentum abschaffen, weil es jüdisch ist. Das was nicht jüdisch ist, ist schaffendes Eigentum und wird nicht abgeschafft. Die Partei Goethes war viel kleiner wie die Partei Hitlers. Goethe ist nicht knorke.

Begründung

Goethes Werke heißen der Faust, Egmont erster und zweiter Teil, Werthers Wahlverwandtschaften und die Piccolomini. Goethe ist ein Marxstein des deutschen Volkes, auf den wir stolz sein können und um welchen uns die andern beneiden. Noch mehr beneiden sie uns aber um Adolf Hitler. Hitler zerfällt in 3 Teile: in einen legalen, in einen wirklichen und in Goebbels, welcher bei ihm die Stelle u. a. des Mundes vertritt. Goethe hat niemals sein Leben aufs Spiel gesetzt; Hitler aber hat dasselbe auf dasselbe gesetzt. Goethe war ein großer Deutscher. Zeppelin war der größte Deutsche. Hitler ist überhaupt der allergrößte Deutsche.

144

Gegensatz

Hitler und Goethe stehen in einem gewissen Gegensatz. Während Goethe sich mehr einer schriftstellerischen Tätigkeit hingab, aber in den Freiheitskriegen im Gegensatz zu Theodor Körner versagte, hat Hitler uns gelehrt, was es heißt, Schriftsteller und zugleich Führer einer Millionenpartei zu sein, welche eine Millionenpartei ist. Goethe war Geheim-, Hitler Regierungsrat. Goethes Wirken ergoß sich nicht nur auf das Dasein der Menschen, sondern erstreckte sich auch ins kosmetische. Hitler dagegen ist Gegner der materialistischen Weltordnung und wird diese bei seiner Machtübergreifung abschaffen sowie auch den verlorenen Krieg, die Arbeitslosigkeit und das schlechte Wetter. Goethe hatte mehrere Liebesverhältnisse mit Frau von Stein, Frau von Sesenheim und Charlotte Puff. Hitler dagegen trinkt nur Selterwasser und raucht außer den Zigarren, die er seinen Unterführern verpaßt, gar nicht.

Gleichnis

Zwischen Hitler und von Goethe bestehen aber auch ausgleichende Berührungspunkte. Beide haben in Weimar gewohnt, beide sind Schriftsteller und beide sind sehr um das deutsche Volk besorgt, um welches uns die andern Völker so beneiden. Auch hatten beide einen gewissen Erfolg, wenn auch der Erfolg Hitlers viel größer ist. Wenn wir zur Macht gelangen, schaffen wir Goethe ab.

Beispiel

Wie sehr Hitler Goethe überragt, soll in folgendem an einem Beispiel begründet werden. Als Hitler in unsrer Stadt war, habe ich ihn mit mehrern andern Hitlerjungens begrüßt. Der Osaf hat gesagt, ihr seid die deutsche Jugend, und er wird seine Hand auf euern Scheitel legen. Daher habe ich mir für diesen Tag einen Scheitel gemacht. Als wir in die große Halle kamen, waren alle Plätze, die besetzt waren, total ausverkauft und die Musik hat gespielt, und wir haben mit Blumen dagestanden, weil wir die deutsche Jugend sind. Und da ist plötzlich der Führer gekommen. Er hat einen Bart wie Chaplin, aber lange nicht so komisch. Uns war sehr feierlich zu Mute, und ich bin vorgetreten und habe gesagt Heil. Da haben die andern auch gesagt heil und Hitler hat uns die Hand auf jeden Scheitel gelegt und hinten hat einer gerufen stillstehn! weil es photographiert wurde. Da haben wir still gestanden und der Führer Hitler hat während der Photographie gelächelt. Dieses war ein unvergeßlicher Augenblick fürs ganze Leben und daher ist Hitler viel größer als von Goethe.

Beleg

Goethe war kein gesunder Mittelstand. Hitler fordert für alle SA und SS die Freiheit der Straße sowie daß alles ganz anders wird.

Das bestimmen wir! Goethe als solcher ist hinreichend durch seine
Werke belegt, Hitler als solcher aber schafft uns Brot und Freiheit,
während Goethe höchstens lyrische Gedichte gemacht hat, die wir
als Hitlerjugend ablehnen, während Hitler eine Millionenpartei ist.
Als Beleg dient ferner, daß Goethe kein nordischer Mensch war,
sondern egal nach Italien fuhr und seine Devisen ins Ausland ver-
schob. Hitler aber bezieht überhaupt kein Einkommen, sondern die
Industrie setzt dauernd zu.

Schluß

Wir haben also gesehn, daß zwischen Hitler und Goethe ein Vergleich sehr zu Ungunsten des letzteren ausfällt, welcher keine Millionenpartei ist. Daher machen wir Goethe nicht mit. Seine letzten
Worte waren mehr Licht, aber das bestimmen wir! Ob einer größer
war von Schiller oder Goethe, wird nur Hitler entscheiden und das
deutsche Volk kann froh sein, daß es nicht zwei solche Kerle hat!
Deutschlanderwachejudaverreckehitlerwirdreichspräsidentdas
bestimmenwir!

Sehr gut!
Kaspar Hauser (1932)

START

Du wirst mal Kanzleisekretär —
mä —! bä —!
Dann hängt dir vorne ein Bauch von Schmer
und Briefmarken sammelst du nebenher,
und du liebst die Autorität und das Heer —
Na, nu weine man nicht!
Na, nu weine man nicht!
In der Röhre stehn Klöße,
du siehst sie bloß nicht! —

Du wirst mal Geschäftsprinzipal —
mä —! bä —!
Untenrum dick und obenrum kahl,
mit dem Maulwerk egalweg sozial,
und im Herzen natürlich deutsch-national —
Na, nu weine man nicht —!

Du wirst mal Landgerichtspräsident!
Kille-kille!
Einer, der die Gesetzbücher kennt,
einer, der in den Sitzungen pennt,
und die Fresse zerhackt wie ein Corpsstudent —
kille... kille... kille...!

146

Du wirst mal eine große Hu —
        hopla-hopp!
Du liebst, wenn er zahlt. Und lächelst dazu.
Und gehts mal schief, verlier nicht die Ruh.
Du hast ja Geld — *dir* treiben sie deine
                        Sorgen ab im Nu...
        hopla-hopp!

Du wirst mal Gewerkschaftssekretär —
        na, nu weine man nicht —!
Zunächst gehst du klein und bescheiden einher;
doch hast du erst den feinen Verkehr,
dann kennst du deine Genossen nicht mehr —
        in der Röhre stehn Klöße,
        du siehst sie bloß nicht —!
        Su — su —
        Na, und du —?

Du, mein Junge, sollst mal auf Erden
ein anständiger Proletarier werden,
der ein Herz hat für seiner Klasse Beschwerden —!
        Ein ganzer Mann.
                    Feste, geh ran —!
Das wirst du lernen, bist du einmal groß —:
Jede Klasse zimmert sich selber ihr Los.
                        Theobald Tiger (1929)

PSYCHOANALYSE

Drei Irre gingen in den Garten
und wollten auf die Antwort warten.

Der erste Irre sprach:
        «O Freud!
Hat dich noch niemals nicht gereut,
daß du Schüler hast? Und was für welche —?
Sie gehen an keinem vorüber, die Kelche.
Ich kenne ja wirklich allerhand
als Mitglied vom Deutschen Reichsirrenverband —
aber die alten Doktoren sind mir beinah lieber
als das Getue dieser
                Ja.»

Der zweite Irre sprach:
        «Schmecks.
Ich habe hinten einen Komplex.
Den hab ich nicht richtig abreagiert,
jetzt ist mir die Unterhose fixiert.
Und ich verspüre mit großer Beklemmung

rechts eine Hemmung und links eine Hemmung.
Vorn hängt meine ältere Schwester und
in der Mitte bin ich ziemlich gesund.
                              Ja.»

Der dritte Irre sprach:
                              «Wenn
heut einer mal muß, dann sagt ers nicht, denn
er umwickelt sich mit düstern Neurosen,
mit Analfunktionen und Stumpfdiagnosen –»
(«Ha! – Stumpf!» riefen die beiden andern Irren,
konnten den dritten aber nicht verwirren.
Der fuhr fort:)
«Vorlust, Nachlust und nächtliches Zaudern –
es macht so viel Spaß, darüber zu plaudern!
Die Fachdebatte – welch ein Genuß! –
ist beinah so schön wie ein
                              Ja.»

Die drei Irren sangen nun im Verein:
«Wir wollen keine Freudisten sein!
Die jungen Leute, die davon kohlen,
denen sollte man kräftig das Fell versohlen.
Erreichen sie jemals das Genie?
                    O na nie –!

Jeder Jüngling von etwas guten Manieren
geht heute mal Muttern deflorieren.
Jede Frau, die in die Epoche paßt,
hat schon mal ihren Vater gehaßt.

Und die ganze Geschichte stammt aus Wien,
und darum ist sie besonders schien –!

Wir drei Irre sehen, wie Liebespaare
sich gegenseitig die schönsten Haare
spalten – und rufen jetzt rund und nett:
Rein ins Bett oder raus aus dem Bett!

Keine Tischkante ohne Symbol und kein Loch . . .
Wie lange noch –? Wie lange noch –?»

Drei Irre standen in dem Garten
und täten auf die Antwort warten.

                              Theobald Tiger (1925)

KARRIEREN

Et jibt Karrieren — die jehn durch den Hintern.
Die Leute kriechen bei die Vorgesetzten rin.
Da is et warm. Da kenn se ibawintern.
Da bleihm se denn ne Weile drin.
    I, denken die — kein Neid! Wer hat, der hat.
    Denn komm se raus. Denn sind se plötzlich wat.

Denn sind se plötzlich feine Herrn jeworden!
Denn kenn die de Kollejen jahnich mehr.
Vor Eifa wolln se jeden jleich amorden:
«Ich bün Ihr Vorjesetzta! Bütte sehr!»
    Und jeda wees doch, wie set ham jemacht!
Det wird so schnell vajessen ... Keena lacht.

Int Jejenteil.
          Der sitzt noch nich drei Stunden
in seine neue Stellung drin —:
da hat sich schon n junger Mann jefunden,
der kriechtn wieda hinten rin!
    Und wenn die janze Hose kracht:
    weil mancha so Karriere macht.
        Er hat det Ding jeschohm.
        Nu sitzt a ehmt ohm.
        Von oben frisch und munter
        kuckt keena jerne runter.
        Weil man so rasch vajißt,
        wie man ruff,
            wie man ruff,
        wie man ruffjekommen ist —!

Theobald Tiger (1930)

LERNE LACHEN OHNE ZU WEINEN

> In Spanien gründeten sie einmal einen Tier-
> schutzverein, der brauchte nötig Geld. Da
> veranstaltete er für seine Kassen einen gro-
> ßen Stierkampf.
>
> Schnipsel
> Peter Panter (1932)

TRAKTAT ÜBER DEN HUND
SOWIE ÜBER LERM UND GERÄUSCH

1. SCHERZ

a) Das Tier

> «Wie dem Hund, dem auf dem Wege vom Herzen zum Maule alles zum Gebell wird.»
>
> Alfred Polgar

Der Hund ist ein von Flöhen bewohnter Organismus, der bellt (Leibniz). Dieser Definition wäre einiges hinzuzufügen.

Im Hund hat sich der bäuerische Eigentumstrieb des Menschen selbständig gemacht; der Hund ist ein monomaner Kapitalist. Er bewacht das Eigentum, das er nicht verwerten kann, um des Eigentums willen und behandelt das seines Herrn, als gebe es daneben nichts auf der Welt. Er ist auch treu um der Treue willen, ohne viel zu fragen, wem er eigentlich die Treue hält: eine Eigenschaft, die in manchen Ländern hoch geschätzt wird. Sie ist für den Betreuten recht bequem.

Einem Hund, der etwas bewacht, zuzusehen, kommt dem Erlebnis gleich, einen Urmenschen zu beobachten. Er ist stets unsicher, unruhig und macht sich mit Lärm Mut — er greift an, weil ihn seine Angst nach vorn treibt.

Der Hund ist ein anachronistisches Wesen.

Der Hund lebt ständig im Dreißigjährigen Krieg. In jedem Briefträger wittert er den fahrenden Landsknecht, im Milchmann die schwedische Vorhut, im Freund, der uns besucht, den Gottseibeiuns. Er bewacht nicht nur den Hof seines Herrn, sondern auch den Weg, der daran vorbeiführt, und versteht niemals, daß die Leute, die dort gehen, neutral sind — diesen Begriff kennt er nicht. Seine Welt zerfällt in Freunde (seines Futternapfes) und in gefährliche Feinde. Undressierte Hunde leben noch im Urzustand der Erde.

Der Hund bellt immer.

Er bellt, wenn jemand kommt, sowie auch, wenn jemand geht — er bellt zwischendurch, und wenn er keinen Anlaß hat, erbellt er sich einen. Er hört auch so bald nicht wieder auf, ja, es scheint, als besäßen die Hunde eine Bellblase, die man nur anzustechen braucht, damit sie sich entleere. Ein besserer Hund bellt seine vier, fünf Stunden täglich. (Weltrekord: Hund Peschke aus Königswusterhausen; bellte am 4. Oktober 1927 zweiundfünfzigtausendvierhundertachtundsiebzigmal in sechzehn Stunden. Als das vorbei war, sprach sein Herr: «Ich weiß gar nicht, was der Hund hat — er ist so still?»)

Wenn ein Hund sehr lange bellt, hört es sich an, als übergebe sich einer.

Ein Hund bellt, wenn er mit den Sinnen etwas wahrgenommen hat; daraufhin, weil ihn sein Bellen erschreckt und aufregt, und des weiteren, weil sich das wahrgenommene Objekt um ihn kümmert, nicht um ihn kümmert oder davonläuft. Dieses Geschrei wird von vielen Leuten als Wachsamkeit ausgelegt; schon der französische Kynologe Hispa sagt: «Der Hund ist ein wachsames Tier, das mit seinem Gebell den Herrn nachts aufweckt, damit er aufsteht und ruft: ‹Halt die Schnauze!›» Da Hunde immer bellen, so dient ihr Gebrüll lediglich dazu, daß sich die Einbrecher vor ihrem Geschäft Gift besorgen und es dem Hundchen streuen.

Niemanden haßt der Hund so wie den Wolf; er erinnert ihn an seinen Verrat, sich dem Menschen verkauft zu haben — daher er dem Wolf seine Freiheit neidet, ihn hassend fürchtet und sich durch doppelten Verrat beim Menschen lieb Hund zu machen sucht.

Hunde blaffen mit Vorliebe schlecht gekleidete Menschen an, wie sie überhaupt die mindern Eigenschaften des Besitzers personifizieren. Nachts, wenn kein Fremder da ist, machen sie eine alte Familienfehde mit dem Mond aus. Der Mond, den das nächtliche Gebell auf der Erde stört, kehrt ihr darum seit Jahr und Tag sein blankes Hinterteil zu. Wir kommen nunmehr zu dem Tierhalter.

b) Der Tierhalter

Hundebesitzer sind die rücksichtslosesten Menschen auf der Welt.

Hier soll nicht einmal von jenen gesprochen werden, die ihrem Mistbatzen das Fressen aus Restaurationsschüsseln reichen; der Hund, frisch aus dem Popo einer Hundedame entronnen, steckt seine feuchte Nase in deinen Teller... Aber auch sonst können Hundebesitzer zum Beispiel nicht begreifen, daß der Lärm, den ihr Liebling macht, andern Leuten nicht angenehm ist. Kein grünes Rasenstück, das er nicht verbellt.

Die Ausdehnung einer Lärmglocke, die ein bellender Hund seinen Nachbarn über den Kopf stülpt, beträgt etwa achtzehnhundert Kubikfuß; auf diese Entfernung hin hat alles an den Entzückungen, Anfällen und Aufregungen eines mittleren Hundes teilzunehmen. Es ist also unsre Pflicht, uns mit ihm zu erheben, sein Vormittagsgeschrei sowie sein Nachmittagsgebell mit ihm zu teilen, und nachts zu lauschen, wie er, wenn Nachtigallen fehlen, das Mondgesäß beschimpft.

Auf diese Weise sind Villen-Vororte großer Städte fast unbewohnbar geworden, weil sich jeder gegen jeden mit einer Bellmaschine gesichert hat, die angeblich gegen Einbrecher gut ist. Es muß danach angenommen werden, daß in Vororten niemals mehr eingebrochen werden kann. Wird aber.

Ich habe mich schon so an das Gebell gewöhnt, daß ich es hier, am Kap der Roten Grütze, sehr entbehre. Kunstschriftsteller Hasenclever hat sich jedoch erboten, jeden Morgen zum Frühstück zu kommen und ein Stündchen zu bellen.

Es ist nunmehr die Stelle des Aufsatzes gekommen, wo der Hundebesitzer seinem Flohtier über die Nase streicht, mit der jener die kleinen Hundewürstchen und den Urin der Verwandten aufriecht, und spricht: «Was schreiben sie denn da alles von dir! Jaa! Nicht wahr, du bellst nicht? — nein!» Und zu mir, fortfahrend: «Sie sind aber nerfeehs!»

Hätte einer im Zeitalter Ludwigs des Quecksilbernen bemerkt: «Nun wollen wir uns einmal alle jeden Morgen die Füße waschen!» — so hätte er sich mit einem hohen katholischen Heiligen entschuldigen müssen, sonst hätten sie ihn verbrannt. Hätte er für frische Luft plädiert, für Hygiene der Säuglinge — er wäre genau so ausgelacht worden wie einer, der heute für Stille plädiert. Was Stille bedeutet, wissen sie noch nicht.

«Ich höre das gar nicht!» sagen sie. Es ist nicht wahr; sie hören es doch. Davon wissen ihre Untergebenen zu sagen, die Lärm, Geratter, Wagenstöße, Klavierspiel und Hundegebell ausbaden müssen. «Was der Alte nur hat?» sagen sie dann. Es ist der Lärm. Seine schlechte Laune ist der Lärm, der aus ihm herausbrodelt und der wieder ans Licht will; er hat ihn von den Ohren her nach innen gesogen; es hilft ihm aber nichts, er kommt wieder hochgegurgelt. Um es «nicht zu hören», verbrauchen sie so viel unnötig vertane Kraft, die man besser anwenden könnte. Der Beweis dafür ist die Steigerung aller Lebenskräfte, wenn es einem gelingt, in das Reich der ungebrochenen Stille einzudringen; in den Bergen, im Luftballon über dem Meer, auf dem Segelboot, am windstillen Tag im Wald. Da lassen die Nervenstränge nach, da entspannt sich der Wille, da ruht der Mensch. In der vollkommenen Stille hört man die ganze Welt. Nur so ist wahre Erholung möglich; sie ist aber fast unerreichbar. Gegen diese wohltuende Wirkung der Stille auf den Intellekt gibt es nur ein einziges Gegenargument: das sind die Regierungsgebäude, die gewöhnlich in stillen Parks liegen.

Menschen, die sich lebende Hunde in Mietwohnungen halten, sollten mitsamt ihrem Köter aus der Wohnung gejagt werden.

Menschen, die einen Hund anbinden oder einsperren, verdienen, ihrerseits angebunden zu werden. Es ist das äußerste an Quälerei, ein jagendes, laufendes und unruhiges Tier zu fesseln und in seiner Freiheit zu beschränken. Diese Leute haben gar keinen Hund — sie haben nur ein Stückchen Hund; der Rest ist unterdrückt und rächt sich mit flammendem Gebell.

Ich habe noch nie gesehen, daß Hundebesitzer mit Erfolg ihren Hunden, wenn sie unnütz kläffen, zu schweigen befehlen. Weil jene stumpfohrig sind, hören sie das Gebelfer nicht und bürden nun andern die Plage auf.

Dafür haben Hundebesitzer den Tick, als «bessere Menschen» durchs Leben zu gehen. Sie haben erfunden, daß es ein Zeichen von Seele sei, Hunde zu lieben, ihren schmutzigen Geruch zu ertragen, ihr lästiges Geschrei mitanzuhören. Ihre Persönlichkeit kriecht in den Hund, wo sie den Kampf ums Dasein noch einmal mitkämpft: «Mein Hund läuft aber schneller als Ihrer!» Das ist ein großer Sieg.

Etwas gegen den Hund zu sagen, heißt für viele, am Heiligsten rühren, wo der Mensch hat. Die Hundenarren sind häufig ganz erbarmungslose Menschen; Leute, die einen Kommunisten vor ihrer Tür verbluten ließen, nicht eine Mark für entlassene Gefangene geben, überhaupt nichts Gutes tun – ihren Hund lieben sie mit jener stummen Aggressivität, die das beste Zeichen eines hohlen Affekts ist. Der Hund ist ihnen nicht nur Schutz, sondern auch Selbstbetätigung.

Nie legt ein Hundebesitzer in das Tun der Menschen a priori so viel Gutes wie in den Blick seines Hundes. Wenn ihn der ansieht, zerschmilzt er vor Lyrik. Ein Bettler wird ihn vergebens so ansehen. Der sentimentalitätstriefende Blick jenes aber heischt mit Erfolg verschmiertes Mitleid.

So ist der treue Hund so recht ein Ausdruck für die menschliche Seele. Allerseits geschätzt; nur selten in der Jugend ersäuft; gehalten, weil sich der Nachbar einen hält; von feineren Herrschaften auch als Schimpfwort benutzt – so bellt er sich durchs Leben. Und ich will nicht länger murren, wenn es kaum noch einen Fleck gibt, den er nicht verunreinigt: mit Unrat, nassem Geruch und mit nimmer endendem Lärm. Seiner Gnade ist unsre Ruhe ausgeliefert.

Eine fortgeschrittene Zivilisation wird ihn als barbarisch abschaffen.

2. SATIRE

> Die Wahrheiten müssen Akrobaten werden, damit
> wir sie erkennen.   O. W.

«Über Lerm und Geräusch.» So schrieb Schopenhauer: «Lerm» – mit einem E; plattköpfig und stumpf kroch das um ihn herum; was er, außer Hegeln, am meisten haßte. Den Lärmempfindlichen hat er Komplimente gemacht, die wir bescheiden ablehnen ...

Da habe ich über die Hunde traktiert, eigentlich mehr über das nervenabtötende Gebell dieser Tiere, und man muß schon das Vaterland, das teure, und was an Generalen, Zeitungen und deutschen Männern drum und dran hängt, beleidigen, um einen solchen Lerm zu erleben. Die Aufregung, die aus Prag herüberkam, kann ich mir nur so erklären, daß Schwejk dort mit herrlich gefälschten Hunden gehandelt hat; was ich daselbst gedruckt zu hören bekommen habe, war allerdings freundlich und ging noch an. Aber die Briefe, die die Hundefreunde geschrieben haben, die kann man nicht erfinden. «Ich bin noch nie von einem Hund verbellt worden – der Hund bellt nur schlechtgekleidete Sujets an» und: «Wollte mal fragen, ob Sie keine Würstchen unter sich lassen – erfinden Sie doch mal einen Nachttopf für Hunde!», und ein «Reichsbund zur Wahrung der Hundebelange» schloß seinen Brief: «Wir zeichnen, weil es so üblich, mit Hochachtung» – da haben wir Glück gehabt, und so in infinitum zur Morgen- und Abendsuppe. Wenn ich ein Hund wäre: solche Freunde möchte ich nicht haben.

Abgesehen von der triefäugigen Sentimentalität, die alle Vorwürfe akkordiert, wenn sie gegen menschliche Säuglinge gerichtet sind, die ohne Grund brüllten, sich einmachten und überhaupt, im Gegensatz zu den süßen Hündlein, abscheulich seien — abgesehen von der göttlichen Liebe, die sich da verklemmt hat: ich habe keine leichte Zeit hinter mir. Wilhelm Speyer, der etwas von Tieren versteht, hat mir in mein hochfein möbliertes Haus geschrieben, ich sei wohl vom wilden Strindberg gebissen — ein Mann in meinen Jahren! Kurz: keiner der obbezeichneten Hunde möchte hinfürder noch ein Stück Brot von mir nehmen, wenn er eins bekäme. Lasset uns beten. Und ernsthaft untersuchen, was es denn da gegeben hat.

Durch nichts, aber auch durch nichts kann man Menschen so aus dem Häuschen bringen als dadurch, daß man ihnen verbietet, gewohnten Lärm zu machen. Du kannst eine Monarchie durch eine gleich minderwertige Republik ablösen — darüber läßt sich reden. Aber der Lärm ist geheiligt.

Der Städter ist ein armes Luder.

Zu essen bekommt er, was ihm die Händler geben, es wird nicht sauberer durch die Hände, die es passiert; vom Grund und Boden weiß er nur, daß er den andern, immer den andern gehört, und widerstandslos erduldet er die satanische Komik von Grundstücksspekulanten, die mit der Haut der Erde handeln, unter die man sie — sechs Fuß tief — herunterläßt, wenn alles vorbei ist, und in deren wahre Tiefen niemand dringt; unfrei ist der Städter, gebunden an Händen, Füßen, Valuta, Schullesebuch und Vaterland. Aber eine Freiheit hat er, nimmt er sich, mißbraucht er — einmal besauft sich der Sklave und spielt torkelnd den Herrn. Er macht Radau.

Daß einer eng am andern wohnt, weiß der eine; daß man nicht Feuer im Hof anzünden, nicht nachts in einer Wohnung, dem überzahlten castle, Pferde zureiten darf; daß man nicht aus dem Fenster schießt: das hat sich allmählich herumgesprochen. Belästigungen durch Rauch, durch Geschosse, durch Rohr- und Drahtleitungen, ja, durch Aufstellung von Reklametafeln sind Gegenstand braver bürgerlicher Prozesse.

Lärm aber darf gemacht werden.

Die Hundefreunde, denen man untersagt, ihren Köter zu quälen, ihn einzusperren, ihn stundenlang bellen zu lassen, fühlen sich im Heiligsten getroffen: in ihrer, verzeihen Sie das harte Wort, Freiheit.

Hat der Parzellenmensch eine Prärie um sich? Er ist in Schubladen wohnend untergebracht und richtet sich auch in allem danach — nur das Ohr des Schubladennachbarn ist Freigut; die Gehörsphäre braucht nicht geschont zu werden. Alles, was an Einfluß auf Krieg und Frieden, auf Verwendung der Steuern nicht vorhanden ist, tobt sich im Hause aus. Darin nähern sich besonders Frauen dem Urzustand der Primitiven.

Als ich das letzte Mal in Berlin wohnte, da rollte jeden Morgen eine Stunde lang eine reitende Artillerie-Brigade über die Decke dahin: eine deutsche Hausfrau (E. V.) ackerte dort ihr Schlafzimmer, anders war der Lärm nicht zu erklären.

Nun sind aber die Lebensgewohnheiten im bürgerlichen Haushalt keinem Wechsel der Geschichte unterworfen; «der bürgerliche

Haushalt wird nur deshalb betrieben, damit der archäologische Forscher dort noch heute die Arbeitsmethoden der Steinzeit studieren kann» (Sir Galahad). Hier eingreifen stößt auf Mord. Keine Zeitung, die es wagen könnte, in diesen Muff eine wettersichere Grubenlampe hinunterzulassen — das Geschrei von Hausfrauen, klavierübenden und gesangsheulenden Damen beiderlei Geschlechts, von organisierten Tierfreunden und reinemachewahnsinnigen Besessenen dampfte ihr entgegen. In meiner Wohnung kann ich machen, was ich will — das wäre ja gelacht.

Es ist zum Weinen.

Denn da und nur da sind die Wurzeln ihrer Kraft. Das ändere du mal. Da zeig mal, was du kannst. Sie machen sich das Leben schwer, den andern zur Hölle — und sie sind stolz darauf! Die Reinemachenden machen nicht rein: sie unterliegen gewissen Zwangsvorstellungen, einen Hausgott ehrend, der unerhörte Opfer verlangt — mit Sauberkeit hat das wenig zu tun. Es ist Recht, Pflicht und göttliches Gebot, dem Nachbarn den Teppichstaub in den Suppentopf zu schlagen; wie Kanonenschläge hallt das durch die steilen Steinhöfe. Ordnung muß sein. Der schwarze Hals des Lautsprechers gurgelt im schweren Übelsein heraus, was er zuviel an Lärm gefressen hat — dazu öffnet man füglich die Fenster, damit der Nachbar auch etwas davon habe, und wenn Ihnen det nich paßt, denn missen Se ehm inne Wieste ziehn.

Aber das wird nicht gut auslaufen. Denn in der Wüste steht das Zelt des Forschungsreisenden Karbumke, und der hat einen Hund. Und der Hund steht, am Zeltpflock angebunden, und bellt alles an, was sich ringsum bewegt. Es soll sich, außer seinen Flöhen, nichts bewegen.

Bleiben wir im Lande und nähren wir uns redlich, die Ohren mit Wachs verklebt wie die Gefährten des Odysseus, die die Musik-Etüden des Sirenen-Konservatoriums nicht hören sollten. Schrei: «Ruhe!» Eine Flut von Schimpfworten, Geheul, Rufen, eine Wolke von geschwungenen Federbesen, eine Welle von Papierfetzen, alten Pappdeckeln, Holzstücken und Müllwasser rauscht auf. Ich weiß, wo sie verletzlich sind. Es juckt, sie da anzufassen. Da, in der Abwehr, auch da, wo sie recht haben, zum Beispiel in der Beurteilung ihrer Hunde, sind sie ganz sie selbst. Die Haut reißen sie sich herunter, so nackt sind sie da. Und keine Zeitung, keine Broschüre, kein Buch kann sie in diesem Punkt ändern. In der Stickluft dieser ungelüfteten Treibhäuser gedeihen die Mikroben der Religion, des Berufskostüms und des Vaterlandes.

Und zu wissen, daß man dazu gehört und einer von ihnen, und daß da kein Grund ist zu überheblichem Mitleid, daß das Spiel mitzuspielen ist, Gleicher unter Gleichen, und daß man helfen soll und lieben. Denn manchmal weinen sie und paaren sich seufzend und lallen mit ihren Kindern und sind selber welche und machen mancherlei Lerm und Geräusch.

Der Schlaf kommt nicht, will nicht kommen. Unweit im Hundezwinger fangen die Jüngsten von ihnen ihr ohrenbetäubendes Jaulen und Winseln an. O Schrecken, das geht die ganze Nacht hindurch. Aus den Zellen brüllt es — brüllt Ruhe und flucht — und es geschieht nichts — es bringt nur wieder die schlaflose Nacht, dieses Bewußtsein der Gefangenschaft.

Schilderung eines Gefangenen

Hätte Goethe die Hunde geliebt, so wäre der Spektakel, den ich da heraufbeschworen habe, noch größer geworden, wenn er hätte größer sein können.

Goethe aber liebte die Hunde nicht. Warten Sie ...

Johannes Falk, «Goethe aus näherem persönlichem Umgange dargestellt.» Kapitel IV. Goethes wissenschaftliche Ansichten. Gespräch über Monaden.

«An eine Vernichtung ist gar nicht zu denken; aber von irgendeiner mächtigen und dabei gemeinen Monas unterwegs angehalten und ihr untergeordnet zu werden, diese Gefahr hat allerdings etwas Bedenkliches, und die Furcht davor wüßte ich auf dem Wege einer bloßen Naturbetrachtung meinesteils nicht ganz zu beseitigen.»

Indem ließ sich ein Hund auf der Straße mit seinem Gebell zu wiederholten Malen vernehmen. Goethe, der von Natur eine Antipathie wider alle Hunde besitzt, fuhr mit Heftigkeit ans Fenster und rief ihm entgegen:

«Stelle dich wie du willst, Larve, mich sollst du doch nicht unterkriegen!» Höchst befremdend für den, der den Zusammenhang Goethescher Ideen nicht kennt; für den aber, der damit bekannt ist, ein humoristischer Einfall, der eben am rechten Orte war!

«Dies niedrige Weltgesindel!», nahm er nach einer Pause und etwas beruhigter wieder das Wort, «pflegt sich über die Maßen breitzumachen; es ist ein wahres Monadenpack, womit wir in diesem Planetenwinkel zusammengeraten sind, und möchte wenig Ehre von dieser Gesellschaft, wenn sie auf andern Planeten davon hörten, für uns zu erwarten sein.»

Und:

Riemer, Mitteilungen.

«Einem anderen Befremden ist auch noch zu begegnen: wie Goethe die Hunde nicht habe leiden können.

Da der Hund eine solche allgemeine Protektion des Menschen genießt, daß gegen die Verwendung und das Halten desselben von Zeit zu Zeit sogar polizeiliche Verordnungen erlassen werden müssen, so will es vielen nicht eingehen, daß ein Naturforscher wie Goethe, der über komparierte Anatomie gedacht und geschrieben, eine solche Aversion vor den Hunden könne gehabt haben, wie andere kaum vor Spinnen und Kröten, wogegen die Natur selbst dem Menschen einen Abscheu eingeflößt zu haben scheine; daß er also einen gleichsam aristokratischen Haß auf sie, als auf die mit Recht so genannte Kanaille, geworfen, und darüber fast mit einem Mächtigeren zerfallen.

Zuvörderst ist der soupçonnierte und zur Tradition, besonders durch Falks fabelhafte Anekdote, gewordene Hundeabscheu nicht von der Ausdehnung, die man annimmt, noch irgendeiner anderen Bedeutung, als daß Goethe eben kein besonderes Vergnügen an dieser Tiergattung finden konnte.

Zwar spricht er seine Abneigung im allgemeinen gegen sie in seinem Gedichte aus; doch ist es besonders nur ihr Gebell, das kläffend sein Ohr zerreißt.»

Und:

«Wundern kann es mich nicht, daß Menschen Hunde so lieben,
Denn ein erbärmlicher Schuft ist wie der Mensch so der Hund.»
Soweit Goethe.

Mit dem Lärm und Geräusch aber ist es so:

Geräusch anhören ist: an fremdem Leben teilnehmen. Ein guter Diagnostiker hat «empfindliche» Hände – sie fühlten sonst nämlich nichts. Ein Gehirnmensch hat ein «empfindliches» Gehirn – es könnte sonst nicht denken und nicht produzieren.

Nun stören Kollektivgeräusche kaum; mit Recht gewöhnt man sich daran, daß die Straße wie ein Meer erbraust, daß die Bahnen fahren, daß die Stadt jenes brodelnde Geräusch von sich gibt, das da ihr Leben anzeigt. Aber das freche Einzelgeräusch nadelt das Ohr, weil Teilnahme des fremden Lebensrhythmus erzwungen wird. Ein Übermütiger hupt fünfzehn Minuten vor einem Haus – ich warte mit ihm. Fräulein Lieschen Wendriner «übt» etwas, was sie nie lernen wird: nämlich Klavier spielen – ich übe mit. Ein Hund bellt, er schlägt einmal an – das Ohr hört es nicht. Aber wenn der angebundene, eingesperrte, unzufriedene Hund stunden- und stundenlang bellt ...

Der Hund setzt an. Irgend etwas hat seine Aufmerksamkeit erregt. Er teilt das mit. Und schweigt nun nicht mehr; für ihn freilich hat das Gebell einen Sinn, für den zu bewachenden Herrn hat es kaum einen, für uns gar keinen. Er bellt und bellt. Alles, was nun geschieht, spielt sich vor dem Hintergrund dieses unablässig bohrenden Lautes ab, er bellt Primen, das Aas, von dem einmal angeschlagenen Ton geht er nicht mehr herunter; schließlich kann niemand verlangen, daß er wie eine Nachtigall singt. Er bellt und bellt. Nun hört er auf – wie dankbar bist du für diese Stille, sei gesegnet, Stille! Wie nach einem Schiffbruch sinkst du zerschlagen am Strand der Stille nieder, so klein, so glücklich, so unendlich dankbar ... Und dann zerreißt er sie wieder und wieder, nun ist es doppelt schmerzlich, gedemütigt ist man durch so viel Krach, ein Spielball dieser albernen Laune, dieser falschen Wachsamkeit, dieser Angst, diesem Anzeiger des übersteigerten Eigentumsbegriffes. Gute Nacht, stille Stunde –!

«Ausschlaggebend ist aber das Bellen des Hundes: die absolut verneinende Ausdrucksbewegung. Sie beweist, daß der Hund ein Symbol des Verbrechers ist. Goethe hat dies, wenn es ihm vielleicht auch nicht ganz klar geworden ist, doch sehr deutlich empfunden. Der Teufel wählt bei ihm den Leib eines Hundes. Während Faust im Evangelium laut liest, bellt der Hund immer heftiger: der Haß gegen Christus, gegen das Gute und Wahre.» Und: «Interessant ist es, wen der Hund anbellt: es sind im allgemeinen gute Menschen, die er anbellt, gemeine, hündische Naturen nicht.» Aber das hat einer gesagt, der schon mit zweiundzwanzig Jahren nicht mehr wollte, so nicht mehr wollte: Otto Weininger.

Ein Kettenhund oder ein Hund im Zwinger ist etwas so Naturwidriges wie ein Ziehhund oder eine dressierte Varietékatze. Aber das stundenlange, nicht ablassende, immer auf einen Ton gestellte Gebell — das ist bitter. Es zerhackt die Zeit. Es ist wie eine unablässig schlagende Uhr: wieder ist eine Sekunde herum, du mußt sterben, erhebe dich ja nicht in irgendwelche Höhen, bleibe mit den Sohlen auf der Erde, sterben mußt du, du bist aus demselben Staub wie ich Hund, du gehörst zu uns, zu mir, zur Erde, bau-wau-hau!

Und dann sieh hinaus und betrachte dir den da. Wen er anbellt. Was ihm nicht paßt. Wie ers nicht will. Der Wagen soll nicht fahren. Das Pferd soll nicht laufen. Das Kind soll nicht rufen. Er hat Angst, und darum ist er frech. Er ist auch noch da, will er dir mitteilen. Du willst es gar nicht wissen? Dann teilt er dirs nochmal mit. Er schaltet sich in alle Vorgänge ein; er spektakelt, wenn er allein ist, weil er allein ist, und wenn Leute da sind, weil Leute da sind; er muß sich bellen hören, um an sich zu glauben. Er bewacht, was gestohlen ist, verteidigt den, der gemordet hat, er ist treu um der Treue willen und weil er Futter bekommt. Sie sind so simpel und machen so viel Lärm. Im Grunde um nichts.

Was wächst nicht alles in der Ruhe! Was kommt nicht alles zur Blüte in der Ruhe! Alexander von Villiers sagts in den «Briefen eines Unbekannten»: «Ich liege im Bett und spüre die zitternde Sukzession der Sekunden...» Stille. Ich sehne mich nach Stille. Schweigen heißt ja nicht: stumm sein.

Schriebe ich aber dasselbe von einem Motorzweirad, wenn es so pufft und knallt und rattert — da wären sie alle einer Meinung, (die keins besitzen). Was dem einen sein Motor, ist dem andern sein Hund — aber mir will es widersinnig erscheinen, in der ohnehin lärmenden Stadt Wagen herumzufahren, von Hunden bewacht, die stunden- und stundenlang die Leute, die andern Wagen und sich selbst ankläffen; es will mir hündisch erscheinen, die Vororte der großen Städte, die Stadtwohnungen selbst und das stille Land durch einen Lärm zu verpesten, der unnötig ist.

Denn in Wahrheit ist es der Hundebesitzer, der allen Tadel verdient, nicht das Tier, das ja nicht zu seinem Vergnügen bellt, sondern das so oft gequält wird. Niemand hat das Recht, aus Gedankenfaulheit Tier und Mensch so zu peinigen, wie der es tut, der nicht mit Hunden umzugehen versteht, also die Mehrzahl derer, die einen Hund besitzen.

Man muß das erstaunte Gesicht eines Hundebesitzers sehen, wenn ihm einer sagt, er könne des Gebells wegen nicht schlafen.

Wie? Nicht schlafen? Ja, was geht denn das den Hund an? Meinen Hund? Mein Hund sollte nicht bellen dürfen ... na, das wollen wir ja mal ... so ein schönes, gutes, ordentliches Gebell, das die Einbrecher abschreckt ...! Schlafen will der —! Hö. Und das Erstaunen wird sehr bald zur Feindschaft; sie fassen es einfach nicht, daß ihnen der Luftraum eben nicht gehört, und daß wir zu eng aneinanderwohnen, als daß wir uns durch überflüssige Liebhabereien belästigen dürften. Niemand hat ein solches Recht, und gegen Rücksichtslosigkeit dieser Gattung ist jede Gegenwehr erlaubt. Denn sie sind auch moralisch im Unrecht.

Wer hat das Tier lieber: der es zu stark egoistischen Zwecken hält, nämlich um sich als Herr zu fühlen, ohne der Eigenart des Tieres entgegenzukommen, die darin besteht, daß es laufen, jagen, springen, sich schnell bewegen will; der Schuft, der es anbindet und der die erschütternden Sätze Schopenhauers über diese gemeine Tierquälerei lesen sollte, sie aber nicht begreifen wird; warum soll er auch ein lebendiges Wesen nicht zu lebenslänglicher Hundehütte verdonnern?

Oder hat der das Tier lieber, der ihm die größtmögliche Freiheit wünscht, ohne im übrigen von ihm belästigt werden zu wollen?

Was aber ein regelmäßiges, stumpfes, sinnloses und sich stundenlang wiederholendes Geräusch angeht, so müssen die Gehirne wohl verschieden gebaut sein. Ich denke mir die Hölle so, daß ich unter der Aufsicht eines preußischen Landgerichtsdirektors, der nachts von einem Reichswehrhauptmann abgelöst wird, in einem Kessel koche — vor dem sitzt einer und liest mir alte Leitartikel vor. Neben dieser Vorrichtung aber steht ein Hundezwinger, darin stehen, liegen, jaulen, brüllen, bellen und heulen zweiundvierzig Hunde. Ab und zu kommt Besuch aus dem Himmel und sieht mitleidig nach, ob ich noch da bin — das stärkt des frommen Besuchers Verdauung. Und die Hunde bellen ...!

Lieber Gott, gib mir den Himmel der Geräuschlosigkeit. Unruhe produziere ich allein. Gib mir die Ruhe, die Lautlosigkeit und die Stille. Amen.

Peter Panter (1927)

KURZER ABRISS DER NATIONALÖKONOMIE

Nationalökonomie ist, wenn die Leute sich wundern, warum sie kein Geld haben. Das hat mehrere Gründe, die feinsten sind die wissenschaftlichen Gründe, doch können solche durch eine Notverordnung aufgehoben werden.

Über die ältere Nationalökonomie kann man ja nur lachen und dürfen wir selbe daher mit Stillschweigen übergehn. Sie regierte von 715 vor Christo bis zum Jahre 1 nach Marx. Seitdem ist die Frage völlig gelöst: die Leute haben zwar immer noch kein Geld, wissen aber wenigstens, warum.

Die Grundlage aller Nationalökonomie ist das sog. «Geld».

Geld ist weder ein Zahlungsmittel noch ein Tauschmittel, auch ist es keine Fiktion, vor allem aber ist es kein Geld. Für Geld kann man Waren kaufen, weil es Geld ist, und es ist Geld, weil man dafür Waren kaufen kann. Doch ist diese Theorie inzwischen fallengelassen worden. Woher das Geld kommt, ist unbekannt. Es ist eben da bzw. nicht da — meist nicht da. Das im Umlauf befindliche Papiergeld ist durch den Staat garantiert; dieses vollzieht sich derart, daß jeder Papiergeldbesitzer zur Reichsbank gehn und dort für sein Papier Gold einfordern kann. Das kann er. Die obern Staatsbankbeamten sind gesetzlich verpflichtet, Goldplomben zu tragen, die für das Papiergeld haften. Dieses nennt man Golddeckung.

Der Wohlstand eines Landes beruht auf seiner aktiven und passiven Handelsbilanz, auf seinen innern und äußern Anleihen sowie auf dem Unterschied zwischen dem Giro des Wechselagios und dem Zinsfuß der Lombardkredite; bei Regenwetter ist das umgekehrt. Jeden Morgen wird in den Staatsbanken der sog. «Diskont» ausgewürfelt; es ist den Deutschen neulich gelungen, mit drei Würfeln 20 zu trudeln.

Was die Weltwirtschaft angeht, so ist sie verflochten.

Wenn die Ware den Unternehmer durch Verkauf verlassen hat, so ist sie nichts mehr wert, sondern ein Pofel, dafür hat aber der Unternehmer das Geld, welches Mehrwert genannt wird, obgleich es immer weniger wert ist. Wenn ein Unternehmer sich langweilt, dann ruft er die andern und dann bilden sie einen Trust, das heißt, sie verpflichten sich, keinesfalls mehr zu produzieren, als sie produzieren können, sowie ihre Waren nicht unter Selbstkostenverdienst abzugeben. Daß der Arbeiter für seine Arbeit auch einen Lohn haben muß, ist eine Theorie, die heute allgemein fallengelassen worden ist.

Eine wichtige Rolle im Handel spielt der Export. Export ist, wenn die andern kaufen sollen, was wir nicht kaufen können; auch ist es unpatriotisch, fremde Waren zu kaufen, daher muß das Ausland einheimische, also deutsche Waren konsumieren, weil wir sonst nicht konkurrenzfähig sind. Wenn der Export andersrum geht, heißt er Import, welches im Plural eine Zigarre ist. Weil billiger Weizen ungesund und lange nicht so bekömmlich ist wie teurer Roggen, haben wir den Schutzzoll, der den Zoll schützt sowie auch die deutsche Landwirtschaft. Die deutsche Landwirtschaft wohnt seit fünfundzwanzig Jahren am Rande des Abgrunds und fühlt sich dort ziemlich wohl. Sie ist verschuldet, weil die Schwerindustrie ihr nichts übrig läßt, und die Schwerindustrie ist nicht auf der Höhe, weil die Landwirtschaft ihr zu viel fortnimmt. Dieses nennt man den Ausgleich der Interessen. Von beiden Institutionen werden hohe Steuern gefordert, und muß der Konsument sie auch bezahlen.

Jede Wirtschaft beruht auf dem Kreditsystem, das heißt auf der irrtümlichen Annahme, der andre werde gepumptes Geld zurückzahlen. Tut er das nicht, so erfolgt eine sog. «Stützungsaktion», bei der alle, bis auf den Staat, gut verdienen. Solche Pleite erkennt man daran, daß die Bevölkerung aufgefordert wird, Vertrauen zu haben. Weiter hat sie ja dann auch meist nichts mehr.

Wenn die Unternehmer alles Geld im Ausland untergebracht haben, nennt man dieses den Ernst der Lage. Geordnete Staatswesen werden mit einer solchen Lage leicht fertig; das ist bei ihnen nicht so wie in den kleinen Raubstaaten, wo Scharen von Briganten die notleidende Bevölkerung aussaugen. Auch die Aktiengesellschaften sind ein wichtiger Bestandteil der Nationalökonomie. Der Aktionär hat zweierlei wichtige Rechte: er ist der, wo das Geld gibt, und er darf bei der Generalversammlung in die Opposition gehn und etwas zu Protokoll geben, woraus sich der Vorstand einen sog. Sonnabend macht. Die Aktiengesellschaften sind für das Wirtschaftsleben unerläßlich: stellen sie doch die Vorzugsaktien und die Aufsichtsratsstellen her. Denn jede Aktiengesellschaft hat einen Aufsichtsrat, der rät, was er eigentlich beaufsichtigen soll. Die Aktiengesellschaft haftet dem Aufsichtsrat für pünktliche Zahlung der Tantiemen. Diejenigen Ausreden, in denen gesagt ist, warum die A.-G. keine Steuern bezahlen kann, werden in einer sogenannten «Bilanz» zusammengestellt.

Die Wirtschaft wäre keine Wirtschaft, wenn wir die Börse nicht hätten. Die Börse dient dazu, einer Reihe aufgeregter Herren den Spielklub und das Restaurant zu ersetzen; die frömmern gehn außerdem noch in die Synagoge. Die Börse sieht jeden Mittag die Weltlage an: dies richtet sich nach dem Weitblick der Bankdirektoren, welche jedoch meist nur bis zu ihrer Nasenspitze sehn, was allerdings mitunter ein weiter Weg ist. Schreien die Leute auf der Börse außergewöhnlich viel, so nennt man das: die Börse ist fest. In diesem Fall kommt — am nächsten Tage — das Publikum gelaufen und engagiert sich, nachdem bereits das Beste wegverdient ist. Ist die Börse schwach, so ist das Publikum allemal dabei. Dieses nennt man Dienst am Kunden. Die Börse erfüllt eine wirtschaftliche Funktion: ohne sie verbreiteten sich neue Witze wesentlich langsamer.

In der Wirtschaft gibt es auch noch kleinere Angestellte und Arbeiter, doch sind solche von der neuen Theorie längst fallengelassen worden.

Zusammenfassend kann gesagt werden: die Nationalökonomie ist die Metaphysik des Pokerspielers.

Ich hoffe, Ihnen mit diesen Angaben gedient zu haben, und füge noch hinzu, daß sie so gegeben sind wie alle Waren, Verträge, Zahlungen, Wechselunterschriften und sämtliche andern Handelsverpflichtungen —: also ohne jedes Obligo.

Peter Panter (1931)

Da lesen wir nun so viel über Bankkrachs, zerplatzte Versicherungsgesellschaften, Geschäfte, die ihre Zahlungen eingestellt haben... viel Geld ist da verloren gegangen, viel Geld der andern — ja. Und was, glauben Sie, wird uns da beschrieben? Die letzte Verzweiflung der kleinen Leute, die ihre Spargroschen nicht mehr wiedersehen? zerstörtes Alter? zerstörtes Leben? Ach nein, das nicht. Es werden uns die Bankiers beschrieben. Was tun die Bankiers —? Sie brechen zusammen.

Jeder Bankier, der etwas ausgefressen hat, bricht zusammen. Er erleidet einen Nervenzusammenbruch. Und zwar bricht er entweder in einem Sanatorium zusammen oder auch zu Hause, aber das ist nicht so fein. Er — «Na, hören Sie mal, Sie sind aber komisch: Meinen Sie, das ist ein Spaß, so eine Pleite? Machen Sie das mal mit, ehe Sie mitreden...» — Nein, danke; ich verdiene ja auch nicht so viel; ich brauche das nicht. Und ein Spaß ist es gewiß nicht. Ich meine nur... «Was? Was soll der Bankier denn tun, wenn er Pleite macht? Auf einem Bein tanzen?» — Nein, das sähe nicht hübsch aus. Ich meine nur... wenn sie einen Lokomotivführer herunterholen, weil er nach zehn Stunden Dienst ein Signal überfahren hat, und es hat ein Unglück gegeben, dann sperren sie ihn ein. Fertig. — «Und? Na und? Sperren sie den Bankier vielleicht nicht ein?» — Nicht so lange. Es finden sich zwei Hausärzte und ein Professor, die die ganze Strenge ihrer militärärztlichen Dienstzeit vergessen, die gar nicht mehr «k.v.!» brüllen, sondern ellenlange Atteste schreiben: die Haftfähigkeit... das Herz... und es finden sich fast immer Kautionen, und es finden sich fast immer Gerichtsbehörden, die den Mann herauslassen, den Herrn Verantwortlichen. — «Damit er draußen behilflich sein kann, sein Geschäft zu ordnen.» — Sicher. Aber der verhaftete Arbeiter hat auch ein Geschäft: nämlich seine Familie, die durch die Bestrafung, die ihm zugedacht ist, fast allemal zugrunde geht... aber darauf kommt es wohl nicht so sehr an. Er ist ja nicht verantwortlich. — «Was wollen Sie damit sagen?» — Daß dieses Wort im deutschen überhaupt nichts mehr bedeutet. Verantwortlich? Ich habe eine verantwortliche Stellung... deine Verantwortlichkeit... er ist mir dafür verantwortlich... neulich habe ich in einer Tierschutz-Zeitschrift gelesen: «Wenn die Schafe eingerückt sind, ist für die Herde der Hund verantwortlich.» Ich sage Ihnen: das Wort hat seine Bedeutung verloren. Ist im Weltkrieg jemand verantwortlich gewesen? Wer ist überhaupt verantwortlich? Ich werde es Ihnen sagen: kleine, untergeordnete, meist proletarische Einzelne — der Rest verkriecht sich hinter die Gruppe, hinter eine Vorschrift, hinter das Reglement, hinter einen Befehl — in Wahrheit trägt kein Mensch die Verantwortung für das, was er macht. Sie decken sich gegenseitig, und zum Schluß ist es niemand gewesen. Die Geschichte wird richten, wissen Sie? Das ist eine schöne Geschichte. — «Aber die armen Bankiers...» Mir bricht das Herz. Ich sehe sie vor mir: schluchzende Devisenhändler, taschentuchauswringende Fondsmakler, zusammengebrochene Kommerzienräte... nach bestem Wissen und Gewissen... es muß furchtbar sein. Da gibts nur ein Mittel.

Sich auch weiterhin der Rechtlosen anzunehmen: jener kleinen Leute, die in die Klauen der Justiz fallen, und die sich nicht wehren können. «Das Gesetz in seiner erhabenen Gleichheit verbietet Armen und Reichen, unter den Brücken zu schlafen» — sagt Anatole France.

Ignaz Wrobel (1929)

DIE OPPOSITION

Reichsverband Deutscher Verbände zur Züchtung stubenreiner Gebrauchsdackel

(Opposition)

Im Anfang war der Verein; jede anderweitige Übersetzung des Wortes «Logos» durch Faust beruht auf einem philologischen Irrtum. Danach waren zwei Vereine; ein feiner und ein minder feiner — diese beiden bekriegten sich, denn ihre Sekretäre wollten auch leben. Als aber ein dritter Sekretär nichts mehr zu tun fand, weil beim besten Willen alle diesbezüglichen Menschen schon in den beiden Vereinen waren und eigentlich kein Platz mehr war für einen dritten: da erfand er dennoch diesen dritten Verein. Er faßte nämlich die beiden vorhandenen Vereine zu einem Reichsverband zusammen, nannte den Zusammenschluß «Reichsverband der... Verbände» und lebte herrlich und in Freuden, mit achtundzwanzig Kartotheken, sechzehn Privatsekretärinnen und acht Telephonen. Soweit gut.

Da stand die Welt. Und Gott sahe, was er geschaffen hatte, und siehe, es war gut, alle Menschen waren in den zu diesem Zweck errichteten Vereinen untergebracht, niemand stand mehr ungeschützt draußen — da aber erhob sich eine neue Schwierigkeit.

Die Menschen waren zwar alle Vereinsmitglieder —, aber unmöglich konnten sie alle einen *Posten* in diesen Vereinen bekleiden. Es gab wohl: erste Vorsitzende, zweite Vorsitzende, dritte Vorsitzende, erste Schriftführer und zweite Schriftführer; Direktoren und Generaldirektoren, geschäftsführende Direktoren, Präsidialmitglieder und Ehrenmitglieder —, aber es blieb doch eine große Masse von grauen und unglücklichen Menschen zurück: die waren gar nichts. Das jammerte den lieben Gott. Und er strich sich den Bart und erfand etwas Neues. Und wir haben nun die Bescherung.

Was ein richtiger Verein von 1930 ist, der etwas auf sich hält: der hat — in Klammern — eine Opposition.

Die Sache fing damit an, daß ein durchgefallener verhinderter Vorsitzender sowie ein Mitglied, das jeder Verein hat, nämlich jenes, das bei allen Sitzungen dabei ist und sich dortselbst ausstänkert —, daß diese beide begannen, dem Vorsitzenden mächtig ans Leder zu gehen. Wenn er «Schluß der Debatte» beantragte, dann hatten die

beiden noch immer etwas zu meckern, und wenn er Herrn Voll-
barsch das Wort erteilte, dann lärmten die zwei – einfach, weil sie
zu Hause und im Geschäft nicht so lärmen durften, und weil Lärm
den Menschen bestätigt, und überhaupt. Manchmal fuhren sie nachts,
neben den ängstlich aufgeschreckten Gattinnen, mit dem Schlacht-
ruf «Zur Geschäftsordnung!» auf – dann bekamen sie Baldrian und
einen Anschnauzer, und dann schliefen sie weiter. Im Verein aber
trieben sie es bunt.

Eines Tages gesellte sich ein kleiner grauer Mann zu ihnen, der
noch nie eine Rolle gespielt hatte, und von dem man im Verein
eigentlich nur bei den Namensaufrufen etwas hörte. Der war auf
einmal da. Dann kam einer hinzu, der hatte es mit der Polaritäts-
philosophie, infolgedessen war er Postbeamter, und der behauptete,
alle Vereine, die diese Philosophie vernachlässigten, könnten unmöglich ihr Ziel erreichen. Nun waren es schon vier.

Die vier rummelten und gaben in den Sitzungen nicht schlecht an;
sie machten bissige Zwischenrufe, auf die sie sehr stolz waren, ihre
Köpfe wurden ganz heiß, sie amüsierten sich königlich und ärgerten
den ganzen Verein. Es war wunderschön.

Und eines Tages, genau zu dem Zeitpunkt, wo sich der liebe Gott
den Bart gestrichen hatte: da begleiteten sich die vier Gerechten zur
Straßenbahn, denn sie hatten unglückseligerweise einen gemeinsamen Nachhauseweg, und an jeder Laterne blieben sie stehen und
hielten auf offener Straße die Reden, die sie im Verein zu halten
keine Zeit und keine Spucke mehr gefunden hatten – da sagte der
kleine graue Mann plötzlich das Wort seines Lebens. «Meine Herren, wir sollten unsere Opposition fester formieren!», sagte er. Die
drei anderen stießen pro Mann einen schrillen Schrei aus, und nun
redeten sie alle vier mit einem Male. Jeder hatte es gleich gesagt.
Es war ein regnerischer Großstadtabend, elf Uhr zwanzig, Ecke
Genthiner und Lützowstraße. Da ward die «Opposition» geboren.

Die Opposition formierte sich. Sie wählte einen Vorsitzenden,
eben jenen verhinderten, durchgefallenen; sie wählte einen zweiten
Vorsitzenden, den kleinen grauen Mann; sie hatte einen Kassenwart
und einen Protokollführer, so daß also die ganze Besatzung ausrei-
chend beschäftigt war. Und eines Tages bekam sie auch noch ein
Mitglied, ein ganz ordinäres Mitglied (das sich aber bald zu einem
Posteninhaber hinaufentwickelte) – und nun war die Opposition
komplett.

Bald glichen die Sitzungen des Vereins männermordenden
Schlachten. Sagte die Majorität Hü, dann brüllte die Opposition
Hott; wollte die Mehrheit einen Pfingstausflug machen, dann schlug
die Opposition eine Damenspende aus sinnigen Ostereiern vor –
kurz: es war höchst fruchtbar und vergnüglich im Verein.

Die Opposition ruhte nicht.

Der Verein hatte nämlich ein Blättchen: «Amtliche Verbandsmitteilungen (A. V.)». Was? Wir auch. Und die Opposition char-
terte einen Drucker, und der setzte, druckte, falzte und versandte:
«Amtliche Verbandsmitteilungen (Opposition)». Woran sich ein herr-

licher Prozeß anschloß: Klage wegen unbefugter Titelanmaßung in Idealkonkurrenz mit Abtreibung. Zwei Rechtsanwälte hatten emsig zu tun.

Und die Opposition gedieh und wurde stark und war eine Freude vor dem Herrn. Sie beschimpfte den Vorstand; sie warf dem Kassenwart Fälschung der Bücher vor (Beleidigungsklage); sie beantragte Änderung des Vereinsnamens und Abänderung der Fahnen (Sachbeschädigung); sie sang häßliche Lieder während der Sitzungen (ruhestörender Lärm) — und jene historische Tagung vom 28. Januar wird wohl noch allen Beteiligten in lebendiger Erinnerung sein. Durch eine unerhörte Schiebung (Übertragung des Stimmrechts auf die vorstandstreuen Garderobenfrauen) gelang es dem reaktionären, gemeinen, bolschewistischen, fascistischen, korrupten und zuchthausreifen Vorstand noch einmal, sich zu halten. 54 Stimmen: Ja; 53 Stimmen: Nein; 1 Stimmenthaltung. Kollege Entenstertz war von verruchter Hand auf der Herrentoilette eingeschlossen worden. Verrat —!

Und es geschah das Seltsame: der Verein spaltete sich nicht. «Unser Verein!» dröhnte die Majorität. «Wir sind vereinstreu!» pfiff die Minorität. «Wir halten durch!» die Mehrheit. «Wir bleiben bei der Fahnenstange», die Minderheit; «wir wollen nur...» Was wollten sie nur —?

Sie wollten den Verein nochmal. Einer genügte ihnen nicht. Und weil es in jedem Menschenhaufen immer zwei Gruppen gibt: die fixen und die langsamen; die trocknen und die humorvollen; die sorgfältigen und die mit dem Husch-Husch, so zerfiel der Verein nicht, aber er glich nun einem Wagen, bei dem das eine Pferd nach links und das andere nach rechts zieht. Die Leute im Wagen wunderten sich baß.

Die Familienväter der Mehrheit gingen abends in die Sitzungen, gekränkt und voll grollender Finsternis; die Junggesellen der Minderheit stürzten in die Sitzungen, bibbernd vor Aufregung. Lärmte die Opposition, so kochte es in der Majorität, würdevolle Papas hatten merkwürdige Associationen, sie dachten an die ungeratenen Söhne, an ihren Widerspruch und ihren Undank, und wenn die Majorität schön durchgekocht war, dann entlud sich der überschüssige Dampf in einem wilden Gebrodel von Geschrei, Radau und Händegefuchtel, das Schlimmste war hier aufgerührt worden: eine auf Faulheit basierende Treue zum angestammten Vorstand. Aber der Verein zerfiel mitnichten.

Die Opposition wäre untröstlich gewesen —, denn dann hätte sie keinen mehr gehabt, an dem sie sich aufregen konnte. Und die Majorität würde zwar erleichtert aufgeatmet haben, wenn «diese Brüder endlich raus wären — so, nun sind wir unter uns...», aber dann hätte es doch an jeglicher Würze des Vereinslebens gefehlt. Stubenreine Dackel kann fast jeder züchten —, die Seele des Vereins ist der Knatsch.

Nun war die Opposition schon auf dreiundfünfzig Köpfe angewachsen; davon achtundvierzig Titelinhaber. Und eines Tages..., mir wird ganz angst, wenn ich davon erzähle. —

Eines Tages beriet die Opposition, die längst ein eigenes Vereins-
lokal hatte, eigene Garderobenfrauen und eigene Bierseidel —,
eines Tages beriet die Opposition über ihr Verhalten in der nächsten gemeinsamen Sitzung, was sie der Mehrheit nun anzutun ge-
dächte, und wie man durch überraschende Ablehnung des Vorschlags
17 dem Vorstand ordentlich einen auswischen könnte. Das war so
gut wie beschlossene Sache. Der Oppositionsvorstand schritt zur
Abstimmung.

Da stimmten zwei Mann dagegen!

Ungeheure Aufregung brach aus. Die Türen wurden geschlossen;
der Oppositionsvorstand zog sich sofort zu einer vertraulichen Aussprache zurück. Alle guten Oppositionellen rückten von den beiden
räudigen Schafen ab. Waren die zum alten Vorstand übergegangen?
Keine Spur.

Eine neue Opposition war im Werden!

Und die neue Opposition zog gegen die alte Opposition zu Felde
und nannte sich — in Klammern — «Neue Opposition». Und die
neue Opposition zeugte einen linken Flügel der neuen Opposition;
und der linke Flügel zeugte einen radikalen Flügel, und der Radikale zeugte Melchisedech, und Melchisedech zeugte Jerobeam, und
Jerobeam … zum Schluß war der deutsche Idealzustand erreicht:

Jeder Mann seine eigene Partei.

Übrigens kommt so etwas nur bei Dackelvereinen vor. Politische
Parteien tun dergleichen fast nie. Womit ich nichts gesagt haben
möchte.

Peter Panter (1930)

STAATSPATHOS

Wie kommt es eigentlich, daß die Reden, die unsre Staatsmänner bei
allen möglichen und unmöglichen Gelegenheiten halten, so unsagbar
töricht, leer und kindisch sind? Das muß doch nicht so sein. Die
Leute, die das tun, stehen sehr oft über dem Niveau des Gesagten —
was machen sie da nur —?

Sie greifen acht Töne zu hoch. Sie zwingen sich, in falschen Ton-
lagen zu singen, das rächt sich. Und warum tun sie das?

Weil sie mit aller Gewalt — bei Brückeneinweihungen, Anstalts-
eröffnungen, Fleischbeschau-Ausstellungen und Amtsübernahmen —
ihre Hörer für so dümmlich halten, wie die in dieser Minute zu sein
vorgeben. In Wahrheit glaubens auch die Hörer nicht. Habt euch
doch nicht so.

Der Staat ist längst nicht mehr der große Gott und der dicke Ma-
nitou. Der Staat hat nicht mehr die Allmacht in Händen — fragt nur
bei den Banken, bei denen ihr euch das Geld borgt, damit ihr weiter
machen könnt. Dieses Pathos glaubt euch kein vernünftiger Mensch.
Ihr wendets nur an, weil sich im Laufe der Zeit ein Epigonen-Stil

für Festredner herausgebildet hat, die das Jubiläum eines Kegel-klubs begehen, als begrüßten sie den Präsidenten Hindenburg, und umgekehrt. Ist das nicht schrecklich? Es ist, als zögen diese im All-tagsleben wahrscheinlich ganz nüchtern denkenden Männer mit ihrem schwarzen Rock noch etwas andres an — vage Erinnerungen an wilde Wagner-Opern, deutsches Trompetengeschmetter, den kollernden Baß ehrwürdiger Vereinsvorsitzender oder das überkip-pende Falsett junger Ministerialdirektoren. Laßt doch das sein.

Warum sprecht ihr nicht schön einfach? Denn dazu feiert ihr sol-che Festivitäten viel zu oft, als daß jede einzelne noch ein Festtag sein könnte. Und dann will gehobene Sprachweise gelernt sein, sie steht nicht jedermann zur Verfügung — wenn aber einer so spricht, wie ihm der Schnabel gewachsen ist, dann kanns gut gehen.

Da hat sich jedoch eine Amts-Terminologie entwickelt, die gerade-zu fürchterlich ist. Man lese einmal nach — wenn man das zu Ende bringt! — wie bei Rheinlandfeiern, bei Amtsantritt und Abschied, bei Begrüßungen fremder Souveräne den Beamten die Hefe auf-geht. Ich weiß sehr gut, daß eine gewisse offizielle Ausdrucksweise nötig ist — man soll ja nicht immer sprachschöpferisch wirken; es ist auch ungefährlicher, bei der Tradition zu bleiben. Gut und schön — aber was ist das für eine Tradition!

Wenn einer sein Amt übernimmt, dann betont er zunächst einmal emphatisch, daß er es gar nicht hat haben wollen. Er opfert sich, so-zusagen. Es wird ein bißchen viel geopfert bei uns ... Und wenn sie in den Reden brausend sind, dann sind sie viel zu brausend, und wenn sie schlicht sind, sind sie viel zu schlicht — sie sind immer alles hoch zwei und wissen nicht, daß eine Wahrheit, zum Quadrat erho-ben, sehr oft eine Lüge ergibt. Wie markig hallt die Phrase! Wie zischen die vergilbten Vergleiche! Wie wimmelt es von aufge-schnappten und unerlebten Bildern, die so staubig sind, daß es einem trocken im Hals wird, wenn man das mitanhört! Es ist, als könnten sie gar nicht mehr vernünftig sprechen.

Aber viele Hörer wollens so. Die stehen dann da, mit einem Aus-druck im Gesicht, wie ein Hammel, der darüber nachdenkt, ob er nun mal strullen soll; das Kinn haben sie an den Kragen gepreßt, und während sie zuhören, ohne aufzupassen, glauben sie im Augen-blick auch wirklich alles, was ihnen da zu einem Ohr hinein und zum, sagen wir, andern wieder herausgeht. Es ist wunderschön. Gehts denn nicht einfach? Doch, es geht auch einfach.

«Liebe Kinder! Ich wünsche euch vor allem Gesundheit. Der Mensch hat die Pflicht, gesund zu sein, nur so kann er den andern helfen und wird ihnen nicht zur Last fallen. Erhaltet euren Körper und die Wohnungen sauber. Betreibt Sport und fürchtet euch nicht vor Luft, Wasser und Sonne.»

Das hat allerdings der Präsident Masaryk gesagt. Und vor Kin-dern. Denn vor Erwachsenen; — da ist das natürlich ganz etwas andres.

«Meine Damen und Herren! Im Namen der Reichsregierung kann ich erklären: Der heutige Tag ist ein Markstein in der Geschichte von Köln-Nippes. Die Anstalt für geprüfte Kreis-Hebammen, die wir heute dem öffentlichen Verkehr übergeben, ist so recht geeignet, Brücken zu schlagen...»

Mensch! halt die Luft an. Und sprich vernünftig und sauber und ohne Pathos. Es ist besser für uns alle.

Ignaz Wrobel (1930)

AM TELEPHON

Neulich hat der französische Ministerpräsident den deutschen Reichskanzler antelephoniert, um ihm mitzuteilen, daß er wegen einer Unpäßlichkeit Briands nicht zum ursprünglich vorgesehenen Datum nach Berlin kommen könne. Warum telephonieren eigentlich die europäischen Staatsmänner nicht viel häufiger miteinander —?

Da liegen nun die Hauptstädte Europas, eine von der andern immer nur ein paar Flugstunden entfernt. Und wie verständigen sich die Direktoren der Staatsverbände, die ja trotz allen Geschreis nur einen großen Klub bilden? Sie verständigen sich untereinander in einer Art, gegen die die Trommelpost der Neger eine höchst moderne und hervorragende Sache ist.

Welches Brimborium und welche Feierlichkeit, wenn sie einander etwas zu sagen haben! Da werden Botschafter in Bewegung gesetzt, diese Briefträger der Umständlichkeit, da gibt es Verbalnoten und schriftliche Noten und Konferenzen und ein Getue, das die braven Zeitungen, schmatzend und diese scheinbaren Neuigkeiten mit Wonne schlürfend, berichten. Und man stelle sich vor, die großen Konzerne, die ja an Wichtigtuerei auch nicht grade Schlechtes leisten, gestatteten sich diese Zeitverschwendung!

Das ginge zwischen den Staaten nicht anders? Diese höchst wichtigen und schrecklich geheimen Gespräche zwischen Brüning und MacDonald, zwischen MacDonald und Laval könnten abgehört werden? Aber die Trusts, deren Macht in Europa weit größer ist als die Macht dieser lächerlichen Staaten, telephonieren ja auch, und Gott weiß, daß auch dort der Verrat in allen Bureauzimmern blüht. Und es geht doch. Natürlich wird kein verständiger Mensch erwarten, daß sich die europäischen Staatsmänner am Telephon alles mitteilen, obgleich zum Beispiel eine telephonische Kriegserklärung («Hallo, Sie! — Von morgen ab ist Krieg») höchst reizvoll wäre. Warum telephonieren sie nicht?

Weil sie sich viel zu feierlich nehmen. Weil sie noch immer glauben: England, das sei eine schier religiöse Sache, und Deutschland, das sei ein Heiligtum, und Frankreich, das sei eine Kultstätte. Macht euch doch nicht in die Hosen! Es ginge uns allen viel besser, wenn die Staaten ihre wahre Rolle erkennen wollten. Noch aber leben sie, während einer Epoche, die die Gesättigten gern Frieden zu nennen belieben, in einem latenten Kriegszustand. Welches Theater, wenn einer den andern besucht! Darunter liegen dann Streichholz- und Petroleumgeschäfte sowie die allen gemeinsame Angst, der Arbeiter könne sich eines Tages mit Gewalt seinen Lohn nehmen, den sie ihm heute vorenthalten. Große Oper spielen die Staaten, mit Helden, denen die Strumpfbänder rutschen. Leider eine Oper mit tragischem Ausgang.

Ignaz Wrobel (1931)

HISTORISCHES

Vor einiger Zeit habe ich hier das schöne Denkmal am Deutschen Eck, in Koblenz, geschildert; der selige Kaiser Wilhelm der Erste ist dort zu Stein zusammengehauen, und ich hatte mir erlaubt, solches einen gefrorenen Mist zu nennen. Darob große Entrüstung bei den Kleinbürgern des Nationalismus. Es hagelte Proteste, ich spannte keinen Regenschirm auf, und soweit gut. Da sind übrigens manche Gruppen der jungen Nationalisten vernünftiger: die können wenigstens Barlach von jenem wilhelminischen Kram unterscheiden. Und diese, aber nur diese, fühlen, daß Wilhelm ein unglückseliges Mischding gewesen ist, wenn man genauer hinsieht, eigentlich gar nichts. Ein Mensch ohne Schicksal.

Nun war in diesem Aufsatz vom Deutschen Eck ferner beschrieben, wie die kleinen koblenzer Schuljungen dem Fremden für fünfzig Pfennig das Denkmal erklären, daß die Grammatik nur so wakkelt. Die Zeit bleibt nicht stehn, die Industrie modernisiert sich, und wie ich höre, erklären sie in Koblenz jetzt nicht nur das Denkmal, sondern noch etwas ganz andres.

Früher hatten sie mich gefragt: «Soll ich Ihnen mal das Denkmal erklären?» — Jetzt fragen sie den Besucher: «Soll ich Ihnen mal das Unglück zeigen?» Und damit meinen sie die schreckliche Brückenkatastrophe, die so vielen Menschen das Leben gekostet hat, damals, als sie die Befreiung des Rheinlands von der Schwerindustrie, Vergebung, von der welschen Schmach feierten.

Und also sprechen jetzt die Knäblein am Deutschen Eck, wörtlich: «Das kleine Häuschen, wo die Pappeln stehn, was Sie da sehn, das ist das Bootshaus, dort brach die Brücke zusammen. Bald verwandelte sich das Bootshaus in ein Lazarett und Totenhaus. Und Hindenburg hat zur Beerdigung einen Kranz geschickt und jedem Verwandten ein paar hundert Mark, und Hindenburg hat gesagt, wär ich nicht gekommen, wäre das ganze Unglück nicht passiert. Fertig!» (Fertig wird mitgesprochen.)

«Woher weißt du denn das?» fragte der Fremde den koblenzer Knaben. «Das hat mich mein Vater gelernt», sprach jener.

Geschichte entsteht oft auf wunderbaren Wegen.

Ignaz Wrobel (1932)

DER ANHÄNGER

«Was nützt mich der Mantel, wenn er nich
jerollt is!»   Unteroffizier: 1848

Die Franzosen, welches, wie meine Freundin Grete Walfisch sagt,
ein degeneriertes Volk ist, treiben mit ihren männlichen Mänteln
Schindluder. Ich muß es einmal sagen — seit Jahren krampft sich
mir das Herz zusammen, wenn ich sehe, was diese Mäntel leiden
müssen. Sie werden zusammengefaltet wie Faltboote, zu dicken Pa-
keten verunstaltet, das Paket wird hinter Stangen auf Bretter gelegt,
in den Restaurants treiben sie es so, das heißt, in denen, wo nicht
fein sind, ohne «vestiaire», was Garderobe heißt — es ist furchtbar,
mitanzusehen. «Ja, haben sie denn keine Aufhängedinger?» — Das
ist es ja eben — die haben sie, aber wie sehen die aus! Meinen Sie,
da sind richtige Haken dran? Oui, gâteau! Da ist so eine Art Haken,
aber die enden in *Knöpfen*! In dicken, kugeligen Knöpfen! Hat man
je so etwas...

Über diese Knöpfe hängt das degenerierte Volk die Männer-
mäntel. Während ein richtiger Mantel doch an einem Henkel zu
hängen hat, der zieht ihn dann so schön nach unten, er verliert leichter die Fasson, er muß öfter aufgebügelt werden, die Schneider
verdienen daran — kurz: Volkswirtschaft. Die Franzosen aber...
es ist zum Gotterbarmen.

Daher denn auch die französischen Schneider solche Anhänger
gar nicht herstellen; sie liefern dir den Mantel sine sine. Davon habe
ich zwei. Und mit denen bin ich neulich in die Heimat gekommen.

Wenn — im vorigen Frieden — der Blitz in eine marschierende
Kompanie schlug und es fiel ein Mann um, dann besah sich der
Hauptmann den Schaden und rief: «Natürlich, der Einjährige!» —
Und der kam sich dann noch im Lazarett sehr dämlich vor, weil er
eben immer das Karnickel war. So ging das mit mir und mit dem
Anhänger. Mit dem Nicht-Anhänger. Ich habe gelitten wie Dante
bei Solferino.

Es begann bei den Dienstmädchen der befreundeten Familien.
«Darf ich abnehmen?...» — Bitte, Fräulein. (Pause.) «Da ist kein
Anhänger dran!» (Spöttischer Blick. Melodie: Du armes Aas hast
wohl keine Dame, die dir das annäht?) Ich traurig ab.

Die Kellner in den Restaurants waren schon strenger. Ich bin gerade noch ohne Arrest weggekommen.

Aber am schlimmsten waren die Garderobenfrauen in den Thea-
tern. O weh — was habe ich da zu hören bekommen! «Na, is doch
wahr! Nachher schimpfen die Herrschaften, daß man die Sachen nicht
ordentlich hat aufgehängt — und denn haben sie nich mah Anhänger dran, wie es sich gehört!» —

Dieses Wort schlug wie ein Donnerhall in meine Seele. Nun hatte
ich es heraus: es war nicht die kleine technische Unzulänglichkeit,
die die Leute so aufbrachte: es gehörte sich nicht —! *Das* war es. Der
fehlende Anhänger war ein Fehler in der Weltordnung.

Es regnete höhnische Anerbieten auf mich: ob man mir vielleicht den Anhänger annähen solle? Ich: «Ja.» Die Wachtmeisterin an der Garderobe: «Na, det hat jrade noch jefehlt!» mit der anschließenden Frage, ob ich vielleicht Löcher in den Hosen hätte, man könnte die ja auch ... es wäre ein Aufwaschen oder vielmehr Aufnähen — aber aus der Näherei wurde nichts; es gab nur Krach.

Es gab soviel Krach, daß ich mich gar nicht mehr in die öffentlichen Kunstinstitute hineingetraut habe — auf diese Weise sind in meiner ohnehin kümmerlichen Bildung bedeutsame Lücken in der Abteilung «Klassische Revue mit unruhigem Humor» entstanden — und ich wanderte ins Kino ab. Da war ich aber vom Regen unter Umgehung der Traufe direkt in die Schokolade gekommen.

Mit «Da hängen Sie sich doch uff!» fing es an. Ich floh, wie von Furien gepeinigt ... gejagt ... wie von Furien gejagt ... und jetzt sitze ich da mit dem Mantel, und was nutzt er mir, wenn er keinen Anhänger hat.

«Nun sagen Sie — eine Frage. Das näht Ihnen keiner an? Da haben Sie keine ... also kein weibliches Wesen in Ihrer Umgebung, die Ihnen diesen kleinen Freundschaftsdienst erweist? —» — Ach, wissen Sie, mit den kleinen Freundschaftsdiensten ... das ist ein weites Feld. Die werden sehr überzahlt. «Na, und Lottchen?» — Das ist eine berufstätige Frau, wissen Sie. Sie sagt: «Warte, bis du wieder in Frankreich bist — da brauchst du keinen Anhänger.»

Und ich gehe umher, ein Ausgestoßener — ein Mann, der seinen ... das kann man eigentlich nicht sagen. Immerhin: Peter Schlemihl. Wenn ein ganzes Volk, Mann für Mann, etwas besitzt, was ein einzelner nicht besitzt —: wahrlich, ich sage dir — aus solchem Holze werden die Märtyrer gemacht. Denn es ist die große Frage, ob die Mäntel wegen der Anhänger da sind oder die Anhänger wegen der Mäntel. Es ist beinah dieselbe Frage: ob man lebt oder ob man im Dienste eines Apparats gelebt wird. Ein weiser Mann des Fernen Ostens, dem eine solche Frage vorgelegt wurde, sann lange nach. Und dann sprach er: «Wenn Sie mich so fragen — muß ich Ihnen antworten: Ja.»

Peter Panter (1930)

DAS MENSCHLICHE

«Oberes Bild. Von links nach rechts: Generalintendant T., künstlerischer Beirat L., Betriebsdirektor F., Komparseriechef M., Oberspielleiter P., Dramaturg M., Oberspielleiter S., Spielleiter D., Intendanzsekretär B.»

Was ist das —?

Das ist das arbeitende Deutschland von heute. Anders können sies nicht — anders machts ihnen keinen Spaß. Diese Nummern des deutschen Alphabets mit den Metternich-Kanzleititeln vor ihren Namen halten in Wahrheit nur ein mittleres Stadttheater einer Provinzstadt in Ordnung, was immerhin nicht gar so welterschütternd ist. Aber weil es ja keine Angestellten mehr gibt, sondern ganz Deutschland einer Bodenkammer gleicht (vor lauter Leitern kommt man nicht vorwärts) – «leiten» sie alle, und wenn es auch nur ein kleines Mädchen an der Schreibmaschine ist, die zusammen mit ihrem Kaffeetopf gern «Abteilung» genannt wird; die leiten sie dann. Es gibt eine «Vereinigung leitender Angestellter», offenbar eine Art Obersklaven, die gern bereit sind, unter der Bedingung, daß sie von oben her besser angesehen werden, kräftiger nach unten zu treten. Die Bezeichnung «Chefpilot» erspart einem Unternehmen etwa zweihundert Mark monatlich.

Im Gegensatz zu diesem Unfug, der jeden mittlern Angestellten zu einem Direktor aufbläst, steht, nach des Dienstes ewig falsch gestellter Uhr, eine süße Stunde. Abends, wenn sich die ersten Lautsprecher gurgelnd übergeben, flutet die Muße über das Land herein: der Betriebsdirektor glättet die Dienstfalte seiner Amtsstirn, der Oberspielleiter klopft dem Spielleiter huldvoll auf die Schultern, und nun pladdert das «Menschliche» aus ihnen heraus.

Das «Menschliche» ist das, was sich anderswo von selbst versteht. Bei uns wird es umtrommelt und zitiert, hervorgehoben und angemalt... Wenn der kleinste Statist unter den weißen Jupiterlampen fünfundzwanzig Jahre lang die gebrochenen Ehrenworte der Filmindustrie aufgesammelt hat, dann gratulieren die Kollegen «dem Künstler und dem Menschen», was sie – Dienst ist Dienst, und Schnaps ist Schnaps – sorgfältig zu trennen gelernt haben. Der Künstler ist eines, und der Mensch ist ein andres.

Aus dem «Menschlichen» aber, das man nie mehr ohne Anführungsstriche schreiben sollte, ein eignes Ressort gemacht zu haben, ist den Deutschen vorbehalten geblieben, die sich so ziemlich im Gegensatz zur gesamten andern Welt einbilden, es gäbe etwas «rein Dienstliches», oder, noch schlimmer: «rein Sachliches». Wenn die Herren Philologen mir das freundlichst in eine andere Sprache übersetzen wollen – ich vermags nicht.

Jede Anwendung dieses törichten Modewortes «menschlich» bedeutet das Eingeständnis an das «Dienstliche», das in Deutschland das «Menschliche» bewußt ausschließt oder es allenfalls, wenn der Vorgesetzte gerade nicht hinsieht, aus Gnade und Barmherzigkeit hier und da ins Amtszimmer hineinschlüpfen läßt. Zu suchen hat es da viel, aber es hat da nichts zu suchen.

Es ist ein deutscher Aberglaube, anzunehmen, jemand könne durch künstliche und äußerliche Ressorteinteilungen seine Verantwortung abwälzen; zu glauben, es genüge, eine Schweinerei als «dienstlich» zu bezeichnen, um auf einem neuen Blatt à conto «Menschlichkeit» eine neue Rechnung zu beginnen; zu glauben, es gebe überhaupt irgend etwas auf der Welt, in das sich das menschliche Gefühl, hundertmal verjagt, tausendmal wiederkommend, nicht einschleiche. «Es ist ein Irrtum», hat neulich in Stettin ein Unabsetzbarer im Talar gepredigt, «zu glauben, die Geschworenengerichte hätten nach dem Gefühl zu urteilen – sie haben lediglich nach dem Gesetz zu urteilen.» So sehen diese Urteile auch aus, seit die Unabsetzbaren die Laien beeinflussen — denn ein Urteil «lediglich nach dem Gesetz» gibt es nicht und kann es nicht geben.

Aber das ist die deutsche Lebensauffassung, die die Verständigung mit andern Völkern so schwer macht. Das «Menschliche» steht hierzulande im leichten Ludergeruch der Unordnung, der Aufsässigkeit, des unkontrollierbaren Durcheinanders; der Herr Obergärtner liebt die scharfen Kanten und möchte am liebsten bis Dienstschluß alle Wolken auf Vorderwolke anfliegen lassen, bestrahlt von einer quadratischen Sonne... Sie haben sich das genau eingeteilt: das «Dienstliche» ist hart, unerbittlich, scharf, rücksichtslos, immer nur ein allgemeines Interesse berücksichtigend, das sich dahin auswirkt, die Einzelinteressen schwer zu beschädigen — das «Menschliche» ist das leise, in Ausnahmefällen anzuwendende Korrektiv sowie jene Stimmung um den Skattisch, wenn alles vorbei ist. Das «Menschliche» ist das, was keinen Schaden mehr anrichtet.

Sie spielen Dienst. Eine junge Frau besucht ihren Mann, der ist Kellner in einem kleinen Café. In Frankreich, in England, in romanischen Ländern spielt sich das so ab, daß sie ihn in der Arbeit nicht stören wird, ihm aber natürlich herzhaft und vor allen Leuten Guten Tag sagt. Bei uns —? Bei uns spielen sie Dienst. «Denn er ist im Dienst und darf nicht aus der Rolle fallen, sonst gibt es Krach mit dem Chef, der hinter dem Kuchentisch steht.» Er darf nicht aus der Rolle fallen... Sie spielen alle, alle eine Rolle.

Sie sind Betriebsdirektoren und Kanzleiobersekretäre und Komparseriechefs, und wenn sie es eine Weile gewesen sind, dann glauben sie es und sind es wirklich. Daß jedes ihrer Worte, jede ihrer Handlungen, ihr Betragen, ihre Ausflüchte und ihre Sauberkeit bei der Arbeit, ihre Trägheit des Herzens und ihr Fleiß des Gehirns vom «Menschlichen» herrühren, das sie, wie sollte es auch anders sein, nicht zu Hause gelassen haben, weil man ja seine moralischen Eingeweide nicht in der Garderobe abgeben kann —: davon ahnen sie nichts. Sie sind im «Dienst»; wenn ich im Dienst bin, bin ich ein Viech, und ich bin immer im Dienst.

Sie teilen, Schizophrene eines unsichtbaren Parademarsches, ihr Ich auf. «Ich als Oberpostschaffner»... schreibt einer? denn wenn er seine Schachspielerqualitäten hervorheben will, dann schreibt er: «Ich als Mitglied des Schachklubs Emanuel Lasker.» Der tiefe Denkfehler steckt darin, daß sie jedesmal mit der ganzen Person in einen künstlich konstruierten Teil kriechen; als ob der ganze Kerl Schachspieler wäre, durch und durch nichts als Schachspieler...! «In diesem Augenblick, wo ich zu Ihnen spreche, bin ich lediglich Vormundschaftsrichter» — das soll er uns mal vormachen! Und er macht es uns vor, denn es ist sehr bequem.

Daher alle die Ausreden: «Sehen Sie, ich bin ja menschlich durchaus Ihrer Ansicht» — daher die im tiefsten feige Verantwortungslosigkeit aller derer, die sich hinter ein Ressort verkriechen. Denn wer einem schlechten System dient, kann sich nicht in gewissen heiklen Situationen damit herausreden, daß er ja «eigentlich» und «menschlich» nicht mitspiele... Dient er? Dann trägt er einen Teil der Verantwortung.

Und so ist ihr deutscher Tag:

Morgens steht der Familienvater auf, drückt als Gatte einen Kuß auf die Stirn der lieben Gattin, küßt die Kinder als Vater und hat als Fahrgast Krach auf der Straßenbahn mit einem andern Fahrgast und mit dem Schaffner. Als Steuerzahler sieht er mißbilligend, wie die Straßen aufgerissen werden; als Intendanzsekretär betritt er das Bureau, wobei er sich in einen Vorgesetzten und in einen Untergebenen spaltet; als Gast nimmt er in der Mittagspause ein Bier und eine Wurst zu sich und betrachtet als Mann wohlgefällig die Beine einer Wurstesserin. Er kehrt ins Bureau zurück, diskutiert beim Kaffee, den er holen läßt, als Kollege und Flachwassersportler mit einem Kollegen einige Vereinsfragen, schält einen Dienstapfel, beschwert sich als Telephonabonnent bei der Aufsicht, hat als Onkel ein Telephongespräch mit seinem Neffen und kehrt abends heim — als Mensch? «Il est arrivé!» sagte jemand von einer Berühmtheit. «Oui», antwortete Capus, «mais dans quel état!»

Der deutsche Mensch, der auch einmal «Mensch sein» will, eine Vorstellung, die mit aufgeknöpftem Kragen und Hemdsärmeln innig verknüpft ist — der deutsche Mensch ist ein geplagter Mensch. Nur im Grab ist Ruh... wobei aber zu befürchten steht, daß er als Kirchhofsbenutzer einen regen Spektakel mit einem nichtkonzessionierten Spuk haben wird...

Statt guter Gefühle die Sentimentalität jaulender Dorfköter; statt des Herzens eine Registriermaschine: Herz; statt des roten Fadens «Menschlichkeit», der sich in Wahrheit durch alle Taue dieses Lebensschiffes zieht, die Gründung einer eigenen Abteilung: Menschlichkeit — nicht einmal Entseelte sind es. Verseelt haben sie sich; die Todsünde am Leben begangen; mit groben Fingern Nervenenden verheddert, verknotet, falsch angeschlossen... und noch der letzte Justizverbrecher im Talar ist nach der Untat, unter dem Tannenbaum und am Harmonium, in Filzpantoffeln, auf dem Sportplatz und im Paddelboot, rein menschlich ein menschlicher Mensch.

Ignaz Wrobel (1928)

WAS DARF DIE SATIRE?

> Frau Vockerat: «Aber man muß doch seine Freude haben können an der Kunst.»
> Johannes: «Man kann viel mehr haben an der Kunst als seine Freude.»
>
> Gerhart Hauptmann

Wenn einer bei uns einen guten politischen Witz macht, dann sitzt halb Deutschland auf dem Sofa und nimmt übel.

Satire scheint eine durchaus negative Sache. Sie sagt: «Nein!»

Eine Satire, die zur Zeichnung einer Kriegsanleihe auffordert, ist keine. Die Satire beißt, lacht, pfeift und trommelt die große, bunte Landsknechtstrommel gegen alles, was stockt und träge ist.

Satire ist eine durchaus positive Sache. Nirgends verrät sich der Charakterlose schneller als hier, nirgends zeigt sich fixer, was ein gewissenloser Hanswurst ist, einer, der heute den angreift und morgen den.

Der Satiriker ist ein gekränkter Idealist: er will die Welt gut haben, sie ist schlecht, und nun rennt er gegen das Schlechte an.

Die Satire eines charaktervollen Künstlers, der um des Guten willen kämpft, verdient also nicht diese bürgerliche Nichtachtung und das empörte Fauchen, mit dem hierzulande diese Kunst abgetan wird.

Vor allem macht der Deutsche einen Fehler: er verwechselt das Dargestellte mit dem Darstellenden. Wenn ich die Folgen der Trunksucht aufzeigen will, also dieses Laster bekämpfe, so kann ich das nicht mit frommen Bibelsprüchen, sondern ich werde es am wirksamsten durch die packende Darstellung eines Mannes tun, der hoffnungslos betrunken ist. Ich hebe den Vorhang auf, der schonend über die Fäulnis gebreitet war, und sage: «Seht!» — In Deutschland nennt man dergleichen «Kraßheit». Aber Trunksucht ist ein böses Ding, sie schädigt das Volk, und nur schonungslose Wahrheit kann da helfen. Und so ist das damals mit dem Weberelend gewesen, und mit der Prostitution ist es noch heute so.

Der Einfluß Krähwinkels hat die deutsche Satire in ihren so dürftigen Grenzen gehalten. Große Themen scheiden nahezu völlig aus. Der einzige «Simplizissimus» hat damals, als er noch die große, rote Bulldogge rechtens im Wappen führte, an all die deutschen Heiligtümer zu rühren gewagt: an den prügelnden Unteroffizier, an den stockfleckigen Bureaukraten, an den Rohrstockpauker und an das Straßenmädchen, an den fettherzigen Unternehmer und an den näselnden Offizier. Nun kann man gewiß über all diese Themen denken wie man mag, und es ist jedem unbenommen, einen Angriff für ungerechtfertigt und einen anderen für übertrieben zu halten, aber die Berechtigung eines ehrlichen Mannes, die Zeit zu peitschen, darf nicht mit dicken Worten zunichte gemacht werden.

Übertreibt die Satire? Die Satire muß übertreiben und ist ihrem tiefsten Wesen nach ungerecht. Sie bläst die Wahrheit auf, damit sie deutlicher wird, und sie kann gar nicht anders arbeiten als nach dem Bibelwort: Es leiden die Gerechten mit den Ungerechten.

Aber nun sitzt zu tiefst im Deutschen die leidige Angewohnheit, nicht in Individuen, sondern in Ständen, in Korporationen zu denken und aufzutreten, und wehe, wenn du einer dieser zu nahe trittst. Warum sind unsere Witzblätter, unsere Lustspiele, unsere Komödien und unsere Filme so mager? Weil keiner wagt, dem dicken Kraken an den Leib zu gehen, der das ganze Land bedrückt und dahockt: fett, faul und lebenstötend.

Nicht einmal dem Landesfeind gegenüber hat sich die deutsche Satire herausgetraut. Wir sollten gewiß nicht den scheußlichen un-

ter den französischen Kriegskarikaturen nacheifern, aber welche
Kraft lag in denen, welch elementare Wut, welcher Wurf und welche
Wirkung! Freilich: sie scheuten vor gar nichts zurück. Daneben hingen unsere bescheidenen Rechentafeln über U-Boot-Zahlen, taten nie-
mandem etwas zuleide und wurden von keinem Menschen gelesen.

Wir sollten nicht so kleinlich sein. Wir alle — Volksschullehrer und
Kaufleute und Professoren und Redakteure und Musiker und Ärzte
und Beamte und Frauen und Volksbeauftragte — wir alle haben
Fehler und komische Seiten und kleine und große Schwächen. Und
wir müssen nun nicht immer gleich aufbegehren («Schlächtermeister,
wahret eure heiligsten Güter!»), wenn einer wirklich einmal einen
guten Witz über uns reißt. Boshaft kann er sein, aber ehrlich soll er
sein. Das ist kein rechter Mann und kein rechter Stand, der nicht
einen ordentlichen Puff vertragen kann. Er mag sich mit denselben
Mitteln dagegen wehren, er mag wiederschlagen — aber er wende
nicht verletzt, empört, gekränkt das Haupt. Es wehte bei uns im
öffentlichen Leben ein reinerer Wind, wenn nicht alle übel nähmen.

So aber schwillt ständischer Dünkel zum Größenwahn an. Der
deutsche Satiriker tanzt zwischen Berufsständen, Klassen, Konfes-
sionen und Lokaleinrichtungen einen ständigen Eiertanz. Das ist
gewiß recht graziös aber auf die Dauer etwas ermüdend. Die echte
Satire ist blutreinigend: und wer gesundes Blut hat, der hat auch
einen reinen Teint.

Was darf die Satire?

Alles.   Ignaz Wrobel (1919)

VOR UND NACH DEN WAHLEN

Also diesmal muß alles ganz anders werden!
Diesmal: endgültiger Original-Friede auf Erden!
Diesmal: Aufbau! Abbau! und Demokratie!
Diesmal: die Herrschaft des arbeitenden Volkes wie noch nie!
                            Diesmal.
Und mit ernsten Gesichtern sagen Propheten prophetische
                                             Sachen:
«Was meinen Sie, werden die deutschen Wahlen im Ausland
                            für Eindruck machen!»
Und sie verkünden aus Bärten und unter deutschen Brillen
— wegen Nichtkiekenkönnens — den höchstwahrscheinlichen
                                          Volkswillen.
    Sprechen wird aus der Urne die große Sphinx:
    Die Wahlen ergeben diesmal einen Ruck nach links.
                        So:

← ——————————————————————

Diesmal werden sie nach den Wahlen den Reichstag betreten,
diesmal werden sie zum Heiligen Kompromisius beten;

diesmal erscheinen die ältesten Greise mit Podagra,
denn wenn die Wahlen vorbei sein werden, sind sie alle
wieder da.

Diesmal.
Und mit ernsten Gesichtern werden sie unter langem
Parlamentieren
wirklich einen Ruck nach links konstatieren.

Damit es aber kein Unglück gibt in der himmlischsten aller
Welten,
und damit sich die Richter nicht am Zug der Freiheit erkälten,
und überhaupt zur Rettung des deutsch-katholischen-industrie-
ellen Junkergeschlechts,
machen nach den Wahlen alle Parteien einen Ruck nach rechts.
So:

———————————————————————————→

Auf diese Weise geht in dem deutschen Reichstagshaus
alle Gewalt nebbich vom Volke aus.
Theobald Tiger (1928)

PARTEIMARSCH DER PARTEILOSEN

Da streiten sich die Leute rum:
die Jejner wären imma dumm —
　　Is ja jahnich wahr!
Un wie se alle brülln un schrein,
und jeda sacht, det muß so sein —
　　Is ja jahnich wahr!
　　Nu sieh ma unsereinen an,
　　vaehrtet Publikum!
　　Wir treten vor dich Mann fier Mann
　　als Individium.
　　Es tönt die Straßen lang
　　der herrliche Jesang:
　　　　Wir brauchen keine Innung,
　　　　wir brauchen kein Vaein!
　　　　Wir machn uns — wir machn uns
　　　　unsan Dreck allein!
　　　　Wir ham doch die Jesinnung
　　　　un ooch die Stänkerein —
　　　　drum brauchn wa keene Innung
　　　　und brauchn auch keen Vaein —!

Dem eenen weht die Fahne rot —
un wer nich mitmacht, isn Idiot …
　　Is ja kaum ze jlohm!
Der annre hat n braunet Hemd;

det heest: det hat a sich jeklemmt
          aus Rom.
     Der dritte, der sitzt mittenmang,
     die Hosn mächtig voll.
     Nur wir, wir wissen janz jenau,
     wat jeda machen soll.
          Wir ssiehn vajnücht vorbei.
          Wir sinn die Nullpachtei...!
               Wir brauchen keine Innung,
               wir brauchen kein Vaein.
               Wir machn uns — wir machn uns
               unsan Dreck allein!
               Wir ham doch die Jesinnung
               un ooch die Stänkerein —
               Drum brauchen wa keene Innung
               un brauchn auch keen Vaein —!

                                   Theobald Tiger (1931)

DISKRETION

Daß Josefine eine schiefe Nase hat;
daß Karlchen eine schwache Blase hat;
daß Doktor O., was sicher stimmt,
aus einem dunkeln Fonds sich Gelder nimmt;
daß Zempels Briefchen nur zum Spaß ein Spaß ist,
und daß er selbst ein falsches Aas ist
     in allen sieben Lebenslagen —:
     das kann man einem Menschen doch nicht sagen!
          Na, ich weiß nicht —

Daß Willy mit der Schwester Rudolfs muddelt;
daß Walter mehr als nötig sich beschmuddelt;
daß Eugen eine überschätzte Charge:
daß das Theater ... dieser Reim wird large ...
daß Kloschs Talent, mit allem, was er macht,
nicht weiter reicht als bis Berlin W 8;
     daß die Frau Doktor eine Blähung hat im Magen —:
     das kann man einem Menschen doch nicht sagen!
          Na, ich weiß nicht —

Man muß nicht. Doch man kann.
                         Die Basis unsres Lebens
ist: Schweigen und Verschweigen — manchmal ganz vergebens.
Denn manchmal läuft die Wahrheit ihre Bahn —
dann werden alle wild. Dann geht es: Zahn um Zahn!
Und sind sie zu dir selber offen,
dann nimmst du übel und stehst tief betroffen.
     Die Wahrheit ist ein Ding: hart und beschwerlich,
     sowie in höchstem Maße feuergefährlich.

Brenn mit ihr nieder, was da morsch ist —
und wenns dein eigner Bruder Schorsch ist!
Beliebt wird man so nicht! Nach einem Menschenalter
läßt man vom Doktor O. und Klosch und Walter
und läßt gewähren, wie das Leben will . . .
Und brennt sich selber aus. Und wird ganz still.
    Na, ich weiß nicht —.

Theobald Tiger (1929)

DUO, DREISTIMMIG

Götz von Berlichingen und der General Cambronne
(derselbe, der damals in der Schlacht von
Waterloo nicht gesagt hat wie im Heldengedicht:
«Die Garde stirbt, doch sie ergibt sich nicht!»
Sondern er sagte nur schlicht:
                «Merde!») —
dieser General Cambronne und Götz von Berlichingen
trafen sich neulich im Café und täten daselbst singen:
«Wir, die Nationalheiligen zweier Nationen,
die man uns anruft, wo nur Franzosen und Deutsche wohnen,
haben uns hier pro Nase einen Mokka Dubel bestellt
und betrachten zur Abwechslung einmal den Lauf der Welt.»

Der Götz begann:

«Was hältst du, Bruderherz, von den Demokraten,
die noch in jeden Wein ihr Wasser abschlagen taten,
        vorsichtig,
        umsichtig,
        nachsichtig,
        kurzsichtig —
und liegen immer unten. Was hältst du davon —?»
        «Merde —!» sagte Cambronne.

Und fuhr fort:

«Was aber hältst du, Bruder, von den preußischen Richtern,
diesen Vollzugsbeamten von Denkern und Dichtern?
Wie sie nichts hören und nichts sehen — aber zuschlagen
und um sich Jammer verbreiten und Klagen.
Wie sie die Wehrlosen fangen in ihren Schlingen . . .?»
        «. . . . . .!» sagte der Götz von Berlichingen.

Und fuhr fort:

«Kennst du aber die uniformierten Burschen in allen
                           Ländern,
die in ihren bekleckerten Indianergewändern

den nächsten Krieg vorbereiten? Mit dem Anspruch aufs
                                        Pantheon?»
            «Merde —!» sagte Cambronne.

Und fuhr fort:

«Kennst du aber die Theaterdirektoren?
Jedem ist gerade ein neues Genie geboren,
und besiehst du dir näher die göttliche Ware,
ists ein Genie vom vorigen Jahre.
Haben einen Augenfehler: schielen auf die Kritik
und sitzen in einer Konjunktur-Fabrik.
Wär gar nicht übel. Nur:
es ist immer die falsche Konjunktur.
Wirr. Unzuverlässig. Ja, was können sie denn vor allen
                                        Dingen —?»
            Da sagte es der Götz von Berlichingen.

Und fuhr fort:

«Was hältst du aber hingegen von den Parlamenten?
Mit ihren Kommissionssitzungen und ihren Re- und
                                        Korreferenten?
Bruder, sag mir, ist es bei euch das gleiche
wie in unserm republikanischen Kaiserreiche?
Das Ganze nennt man Demokratie —
ist aber nur eine politische Schwerindustrie.
Gut vor hundert Jahren. Heute: so alt, so alt —
Kluge verlangen eine neue Staatengestalt.
Dumme beharren bei ihrem kindlichen Eifer —
Habt Ihr auch sozialdemokratische Dudelsackpfeifer?
Wir haben sie. Prost, lieber Bruder, du!
Was sagen nur unsre respektiven Wähler dazu —?
Pfeift das nicht alles auf dem vorletzten Loche:
                Demokraten,
                Theater,
                Offiziere,
                Richter —
Was sagen sie überhaupt zu dieser Epoche —?»

Da standen beide auf: der Götz und der General Cambronne
und zogen laut rufend die Konsequenz davon.
Jeder sagte seinen Spruch. Die Tassen bebten. Und allen
                                        schien,
als werde hier einem Weltenwunsch Ausdruck verliehn ...
«Merde —!» sagte Cambronne. Und der andre der beiden
                                        Recken:
«Sag ihnen allen, sie könnten mich und so weiter beklecken!»

An der Wand, ganz heimlich, in guter Ruh,
steht Theobald Tiger und gibt seinen Segen dazu.
                                Theobald Tiger (1925)

DAS A-B-C DES ANGEKLAGTEN

Unvollkommen ist diese Welt, unvollkommen
ihre Beleuchtung.
Bei dem einen blakt die eine Laterne, bei
dem andern die andere.
Sieht ein Maulwurf? Hört ein Dackel?
Schmeckt ein Sachse?
Riecht eine Schlange? Fühlt ein preu-
ßischer Richter?
Gebt Licht, Laternen!
Stolpernd sucht mein Fuß den Weg, es
blitzen die Laternen.
Mit allen fünf Sinnen nehme ich auf, sie können
nichts dafür:

meist ist es
Schmerz.

Die fünf Sinne
Theobald Tiger (1925)

je kleiner die Leute, je größer der Klamauk. Horchen Sie mal in die Tür — die Kneipe liegt dicht beim Gerichtsgebäude.

«Da hat er jesacht, eine Hebamme is noch keen Korkenzieher!» — «Wie der Richter mit den Kopp jewackelt hat, da wußt ick schon: nu is ocke!» — «Wenn du dämlicher Ochse man so jeschworn hättst, wie ick dir det jesacht habe, aber nee — du mußt ja imma nach dein Kopp machen...» — «Ich ha die janze Sseit nachsimmeliert, woher daß diß kommt, daß die Jejenpachtei jeht niemals auf diesen Punkt ein... nu weeß ick et: der Ssahlungsbefehl is nämlich...» — «Un wenn ick soll bis nacht Reichsjericht jehn, ick will — mir nochn Bier — ick will mein Recht, diß wern wa ja mal sehn.» — «Diß kann a jahnich! diß kann der Mann ja jahnich! Nach die Ssivilprozeßordnung muß erscht der Sachvastänje sein Jutachten abjehm, und denn wern wa ja mal sehn, wer hier hat schlechte Stiebeln abjeliefert!» — «Siehste, der Herr Rechtskonsulent sacht auch» — «Ein Augenblick mal: bessüchlich des Wertes des Streitjejenstandes is noch keine Entscheidung jetroffn worn, hier, lesen Se selbst inn Jesetz...» — «da hat er jesacht, 'ne Hebamme is noch kein——»

Die übrige Welt ist versunken: die Leute haben nur noch Ohren und Augen für die «Jejenpachtei», es ist derselbe Geist, der aus der Anzeige einer kleinen Provinzzeitung spricht, in der zu lesen stand:

Bitte den Verleumdungen aus dem Keller kein Ohr zu schenken.

Hochachtungsvoll
A. Grimkasch.

Der Mann hatte vergessen, daß es noch mehr als einen Keller in der Stadt gab, er sah nur den einen, seinen: *den* Keller. In diesem Lokal hier sehen alle nur den Keller.

Denn wenn der kleine deutsche Mann «vor Jericht» geht, dann ist er nach zwei Sitzungen romantisch gefärbt, und das ist bei der sinnlos-scholastischen Art, in der diese Prozesse gegen den gesunden Menschenverstand, aber streng nach den Regeln eines eigentlich ganz und gar undeutschen Rechts abgehandelt werden, kein Wunder. Längst geht es nicht mehr um die Stiefel, längst nicht mehr um die angetane Beleidigung: der Gegner soll ausgerottet werden, dem Erdboden gleich gemacht, mit Stumpf und Stiel vernichtet — auf ihn mit Gebrüll! Das ganze Individuum ist in zitternde Schwingungen versetzt, Köpfe laufen rot an, und Tausende von Kohlhaasen treiben um die Gerichte ihr Wesen — denn Recht muß doch Recht bleiben! Es ist soviel Rechthaberei dabei.

Nicht nur das Gesetz ist halbrittre, genügt nicht den wirtschaftlichen Erfordernissen, schützt nicht die Schwachen... die Leute erwarten auch zu viel vom Gesetz. Sie erwarten erst einmal ein Gesetz, das «genau auf Ihren Fall paßt», und sie glauben immer — oh, du holder deutscher Irrtum! — daß sie ganz und gar recht hätten und der andere ganz und gar unrecht habe... «Na, det is doch klar wie Kloßbrühe!» Und noch im Himmel, beim ewigen Gericht, werden sie bestimmt gegen das Verdikt des lieben Gottes Berufung einlegen, denn in nichts setzt der gesetzestreue kleine Mann so viel Hoffnung wie in die letzte Instanz.

Peter Panter (1929)

DAS A-B-C DES ANGEKLAGTEN

Wenn der Deutsche grade keinen Verein gründet, umorganisiert oder auflöst, dann hat er einen Prozeß. Manchmal ist es ein Strafprozeß, und für die zahlreichen Angeklagten ist nun endlich das Buch erschienen, das in Deutschland, gleich nach der Bibel, am meisten gebraucht wird: die Strafprozeßordnung, hergerichtet für den kleinen Mann, der nur deutsch und nicht juristisch kann. Das Ding heißt «Das A-B-C des Angeklagten» (erschienen im Linser-Verlag zu Berlin-Pankow).

Es ist ein gut gemeintes Werkchen, einer «Klatsche» nicht unähnlich, wie wir die verbotenen Übersetzungen auf der Schule genannt haben; es ist gedückt geschrieben: es will den Richtern nicht zu nahe treten, den Anwälten auch nicht – es hat, in ziemlich verständiger Form, die Paragraphen der Strafprozeßordnung in lesbare Absätzchen aufgelöst und wendet sich mit trautem «Du» an die Objekte dieser Justiz, die auf dem Volkskörper haftet wie ein chronischer Ausschlag. Das ist kein schönes Bild, es entspricht aber.

Nun wäre über das Bändchen, dem nicht die Bedeutung der Schrift Professor Halles: «Wie verteidigt sich der Proletarier vor Gericht» zukommt, nichts zu sagen, wenn nicht diese brave Darstellung ohne den Willen der Verfasser eine derart vernichtende Kritik an der hierzulande geltenden Art, zu richten, übte, daß es sich schon verlohnt, einmal hineinzusehen.

Die Verfasser haben, mit vollem Recht, so gedacht:

Wenn einer angeklagt wird, dann will er keine juristischen Feinheiten, sondern er will vor allem einmal wissen, woran er überhaupt ist; wie seine Rechte und wie die Befugnisse des Gerichts aussehen — wie also die Strafprozeßordnung nach Entfernung aller Feinheiten für den Angeklagten praktisch aussieht. Sie haben gewissermaßen der Justitia auf den Kopf geschlagen, um zu sehen, was unten herausfällt; man kann sich denken, wie das aussieht.

Das Vorwort prägt dem deutschen, fast hätte ich gesagt: Bürger, prägt also dem deutschen Justizuntertanen die Wichtigkeit und Notwendigkeit des Büchleins ein. «Frohlocke darum nicht, indem du sprichst: ich bin so gefeit, mir kann nichts geschehen; bete ich auch nicht, so arbeite ich doch, und ehrliche Arbeit ist gewiß eine Handlung, die noch kein Gesetzgeber mit Strafe bedroht hat. Was kann mir also geschehn? — Mehr, als du ahnst! Es ist unmöglich, dir alle Fälle aufzuzählen, in denen du strafbar werden kannst, ohne dir dessen bewußt zu sein, denn wisse: von der gesetzlich strafbaren Übertretung angefangen, die auf der bloßen Nichtbeachtung eines polizeilichen Verkehrszeichens beruhen kann, bis zu dem Verbrechen...» Wem sagen sie das!

In aller Ahnungslosigkeit haben die Verfasser, die bestimmt keine Justizkritik üben wollten, ins Schwarze des Talars getroffen: «...den Prozeß, dessen unerhört komplizierter Gang dich als Angeklagten vor eine Aufgabe stellt, deren Lösung dir nur äußerst selten gelingen kann.»

Dem Jakubowski zum Beispiel ist sie fast gar nicht gelungen.

«Erfahrenheit, Gelehrsamkeit, Menschen- und Fachkenntnis des Strafrichters halten Verteidigungsmöglichkeiten sowie auch -fähigkeit des Angeklagten in Schranken, die in vielen Fällen nicht einmal dann durchbrochen werden, wenn dir als Angeklagten ein Anwalt zur Seite steht.» Kürzer kann mans nicht sagen.

Hören wir, wie das im einzelnen aussieht:

Da ist, sachlich richtig, von der Verhängung der Todesstrafe durch Polizisten die Rede, ja, sogar Zivilpersonen dürfen nach dem Buch, wenn sie im Besitz einer Schußwaffe sind, auf Verbrecher, die sie auf frischer Tat festgenommen haben, schießen, wenn die einen Fluchtversuch wagen. Rechtlich ist das sicherlich falsch — juristisch ebenso sicher in Ordnung. Ganz herrlich sind aber die Winke, die das Buch, immer gutgemeint, dem Angeklagten für die Hauptverhandlung mit auf den Weg gibt. Treffender sind die völlige Ohnmacht auf der einen Seite und die Omnipotenz auf der andern noch kaum geschildert worden. Der Vorsitzende hat das Fragerecht.

«Nur eins beachte bitte: Sieh in ihm nicht deinen Feind; komm ihm nicht dumm-frech; unterbrich ihn nicht, wenn er spricht... Vergiß es nie: Der Vorsitzende und überhaupt das ganze Gericht sind mit großer Machtvollkommenheit, besonders gegen dich, ausgestattet. Vergiß es nie: Oftmals wird der Angeklagte ein hartes Urteil nicht um der an sich zwar strafbaren, aber doch auch zu verzeihenden Tat empfangen, sondern um seiner Frechheit willen, mit der er seinen Richtern gegenübertritt.»

Diese Rechtsverletzung, deren sich deutsche Richter täglich schuldig machen, kann nicht besser charakterisiert werden. Es scheint also neben den im Strafgesetzbuch angeführten Handlungen noch ein Generaldelikt zu geben: Aufsässigkeit gegen Richter, ein Vergehen, das, je nach den Umständen, mit langen Jahren Gefängnis oder Zuchthaus bestraft wird. Die Verfasser hätten in diesem Punkt ausführlicher sein sollen: es ist nicht nur das, was sie «Frechheit» nennen, es ist da noch etwas andres.

Es ist die Hundedemut, die der Richter verlangt, die Untertanenhaftigkeit, die Hände an der Hosennaht, die Unterwerfung. Das fängt schon bei den Zeugen an.

In Neustrelitz hat vor kurzem ein Untersuchungsrichter Weber auf Vorhalten des Verteidigers wörtlich gesagt: «Ich bin Zeugen gegenüber, die die Hände in den Hosentaschen halten, sehr empfindlich.» Nun war in diesem Falle der Zeuge eine Frau, die die Hände... die Empfindlichkeit des Mannes war also verständlich.

Aber diese vom Militär herrührende deutsche Geisteskrankheit, die einen Mann, der die Hände in der Hosentasche hält, für einen Kerl ansieht, der auf der Leiter: Flegel bis Rebell rangiert, hat besonders die Richter ergriffen, die am liebsten hätten, daß alles, was mit ihnen in Berührung tritt, zunächst einmal stramm steht. Und da die meisten der vor ihnen Erscheinenden Angst, Respekt und Verprügeltheit genug mitbringen, um es zu tun, so ist das Weltbild der Unabsetzbaren leicht verrutscht. Schade, daß die Leute die Hände in der Hosentasche behalten ...

Ja, also hier ist ein neues Delikt, von dem man uns seinerzeit auf der Universität nichts gesagt hat. Es gibt noch eines, das wir nicht gelernt haben. Wenn nämlich der Angeklagte leugnet und man ihm die Unwahrheit seiner Behauptungen nachweisen kann ...

«In solchem Fall wird man dich als hartnäckig Leugnenden brandmarken und schwer bestrafen.»

Und hier müssen denn doch einmal der Deutsche Richterverein, der sich vor Standesbewußtsein nicht zu lassen weiß, sowie der Justizminister gefragt werden, ob diese Schande dauern soll. Seit wann ist Leugnen ein Delikt —?

Ich besinne mich noch auf den Tadel, den ich einmal im Seminar von Franz von Liszt bekommen habe, als ich in einer strafrechtlichen Arbeit eine Analogie konstruieren wollte. Die langen Federstriche am Rande riefen mich laut zur Ordnung: im Strafrecht gäbe es keine Analogien, sondern nur ausdrücklich angeordnete und vom Gesetzgeber bestimmte Strafen, und wenn der Tatbestand nicht unter einen solchen Paragraphen zu subsummieren sei, so sei eben freizusprechen. Mangelhaft.

Mit Recht: mangelhaft. Und die Richter —?

Wir verbitten uns eine Groschenpsychologie, in der sich Gehirne gefallen, denen man gelegentlich der Mensuren den Satz «Wer lügt, stiehlt auch» in den Schädel gehackt haben muß. Es gibt tausend Gründe, aus denen einer lügen kann — die vor Gericht bezeigte «Reue», die jene feststellen können, ist nichts wert, und es ist das volle Recht jedes Angeklagten, zu leugnen, ohne daß deshalb seine Tat schwerer zu bewerten ist. Kirchliche Erziehung, Unbildung und sehr viel Bier mögen in den beteiligten Köpfen etwas andres herausgebildet haben — es ist falsch. Der Richter hat lediglich die Gesellschaftsschädlichkeit der ihm vorliegenden Handlung abzumessen und danach zu urteilen: der Rest ist die seelische Pfuscharbeit, zu der die Herren keineswegs legitimiert und vor allem gar nicht vorgebildet sind.

Hören wir das Büchlein, das uns so schön durch den deutschen Strafprozeß führt, wie er wirklich ist.

«Die Ausführungen des Staatsanwalts mußt du hinnehmen wie ein Mensch, der ohne Schirm unterwegs ist und plötzlich von einem Platzregen überfallen wird. Der Platzregen hört einmal auf — der Staatsanwalt auch!»

Bravo! Aber das ist ja meisterhaft! Woher beziehen Sie Ihre Satire, Herr? Es ist nur ein kleiner Fehler anzumerken: Regen ist sauber.

Was den Angeklagten betrifft, so soll er, wenn er das «letzte Wort», das ihm die Strafprozeßordnung gewährt, und das viele Richter, die Klinke des Sitzungszimmers in der Hand, näselnd, wie eine unangenehme Formalität, erfragen, nicht zu lang ausdehnen. «Langatmige Erklärungen ermüden, Ermüdung aber lähmt die gesunde Urteilskraft, deren deine Richter so sehr bedürfen.» Hasek hätte das nicht besser sagen können — ach, wie müde müssen die Unabsetzbaren sein!

Das Büchlein wird seinen Zweck erfüllen. Verdienstvoll ist vor allem, daß es dem Angeklagten einmal klar sagt, daß er niemals verpflichtet ist, überhaupt Aussagen zu machen: denn so, wie die Richter aus Faulheit das Delikt der «Lüge vor Gericht» erfunden haben, so imputieren sie auch stillschweigend die Pflicht zur Aussage. Man sollte ihnen was blasen, wenns nötig ist.

Ja, und dann hat da einer — ein Arzt? — in einem kleinen Anhang beschrieben, wie man sich verhalten soll, so man eingesperrt wird, ein dem Deutschen gewohnter Zustand. Das macht er so:

«Du, mein Bruder, hast nun gelesen, was wir dir als rein verstandesmäßiges Rüstzeug in die Hand geben konnten, damit du nichts versäumst, was deine Lage verbessern kann.»

O, Bruder, ich glaube, du bist ein Mittelding zwischen dem Naturmenschen gustaf nagel und einem Rechtsberater aus der Köpenicker Straße, und was hast du mir nun zu sagen, Bruder, für den vorkommenden Fall einer kleinen Haft?

Freiübungen soll ich in der Zelle machen? Gemacht. Und wie ist es denn mit der Kost?

«Sie ist sauber gekocht und steht unter strenger Aufsicht.» So schmeckt sie auch des öfteren; die Aufsicht ist meist so streng, daß sich das Fleisch aus dem Suppenkessel gar nicht heraustraut . . .

«Mache dir klar: du bist in keinem Luxusrestaurant. Auch würde dir zu reichliche und fettere Kost gar nicht bekommen, weil du als Gefangener zu wenig Bewegung hast.»

Also das finde ich nun wieder nett, Bruder; also in die Sache hätt ick von die Vawaltung jahnich so viel jutet Herz awacht — lasset uns die Gefängnisse preisen, bzw. loben!

Na, dank auch schön. Und wenn man das Büchlein gelesen hat, das in seiner Mischung von vernünftigen Winken und unbewußter schärfster Justizkritik einem weitgefühlten Bedürfnis entgegenkommt, dann wollen wir von dem verpesteten Gebiet der Unabsetzbaren scheiden, indem wir jenen schönen Satz auf Seite 105 immerdar beherzigen:

«Bedenke, wir leben in einem Rechtsstaat.»

Ignaz Wrobel (1929)

MERKBLATT FÜR GESCHWORENE

Nachdruck erbeten

Wenn du Geschworener bist, dann glaube nicht, du seist der liebe Gott. Daß du neben dem Richter sitzt und der Angeklagte vor euch steht, ist Zufall — es könnte ebensogut umgekehrt sein.

*

Wenn du Geschworener bist, gib dir darüber Rechenschaft, daß jeder Mensch von Äußerlichkeiten gefangen genommen wird — du auch. Ein Angeklagter mit brandroten Haaren, der beim Sprechen sabbert, ist keine angenehme Erscheinung; laß ihn das nicht entgelten.

*

Wenn du Geschworener bist, denk immer daran, daß dieser Angeklagte dort nicht der erste und einzige seiner Art ist, tagtäglich stehen solche Fälle vor andern Geschworenen; fall also nicht aus den Wolken, daß jemand etwas Schändliches begangen hat, auch wenn du in deiner Bekanntschaft solchen Fall noch nicht erlebt hast.

*

Jedes Verbrechen hat zwei Grundlagen: die biologische Veranlagung eines Menschen und das soziale Milieu, in dem er lebt. Wo die moralische Schuld anfängt, kannst du fast niemals beurteilen — niemand von uns kann das, es sei denn ein geübter Psychoanalytiker; oder ein sehr weiser Beicht-Priester. Du bist nur Geschworener; strafe nicht — sondern schütze die Gesellschaft vor Rechtsbrechern.

*

Bevor du als Geschworener fungierst, versuche mit allen Mitteln, ein Gefängnis oder ein Zuchthaus zu besichtigen; die Erlaubnis ist nicht leicht zu erlangen, aber man bekommt sie. Gib dir genau Rechenschaft, wie die Strafe aussieht, die du verhängst — versuche, mit ehemaligen Strafgefangenen zu sprechen, und lies: Max Hölz, Karl Plättner und sonstige Gefängnis- und Zuchthauserinnerungen. Dann erst sage deinen Spruch.

*

Wenn du Geschworener bist, laß nicht die Anschauung deiner Klasse und deiner Kreise als die allein mögliche gelten. Es gibt auch andre — vielleicht schlechtere, vielleicht bessere, jedenfalls andre.

*

Glaub nicht an die abschreckende Wirkung eures Spruchs; eine solche Abschreckung gibt es nicht. Noch niemals hat sich ein Täter durch angedrohte Strafen abhalten lassen, etwas auszufressen. Glaub ja nicht, daß du oder die Richter die Aufgabe hätten, eine Untat zu sühnen — das überlaß den himmlischen Instanzen. Du hast nur, nur, nur die Gesellschaft zu schützen. Die Absperrung des Täters von der Gesellschaft ist ein zeitlicher Schutz.

Wenn du Geschworener bist, vergewissere dich vor der Sitzung über die Rechte, die du hast: Fragerechte an den Zeugen und so fort.

*

Die Beweisaufnahme reißt oft das Privatleben fremder Menschen vor dir auf. Bedenke —: wenn man deine Briefe, deine Gespräche, deine kleinen Liebesabenteuer und deine Ehezerwürfnisse vor fremden Menschen ausbreitete, sähen sie ganz, ganz anders aus, als sie in Wirklichkeit sind. Nimm nicht jedes Wort gleich tragisch — wir reden alle mehr daher, als wir unter Eid verantworten können. Sieh nicht in jeder Frau, die einmal einen Schwips gehabt hat, eine Hure; nicht in jedem Arbeitslosen einen Einbrecher; nicht in jedem allzuschlauen Kaufmann einen Betrüger. Denk an dich.

*

Wenn du Geschworener bist, vergiß dies nicht —: echte Geschworenengerichte gibt es nicht mehr. Der Herr Emminger aus Bayern hat sie zerstört, um den Einfluß der «Laien» zu brechen. Nun sitzt ihr also mit den Berufsrichtern zusammen im Beratungszimmer. Sieh im Richter zweierlei: den Mann, der in der Maschinerie der juristischen Logik mehr Erfahrung hat als du — und den Fehlenden aus Routine. Der Richter kennt die Schliche und das Bild der Verbrechen besser als du — das ist sein Vorteil; er ist abgestumpft und meist in den engen Anschauungen seiner kleinen Beamtenkaste gefangen — das ist sein Nachteil. Du bist dazu da, um diesen Nachteil zu korrigieren.

*

Laß dir vom Richter nicht imponieren. Ihr habt für diesen Tag genau die gleichen Rechte; er ist nicht dein Vorgesetzter; denk dir den Talar und die runde Mütze weg, er ist ein Mensch wie du. Laß dir von ihm nicht dumm kommen. Gib deiner Meinung auch dann Ausdruck, wenn der Richter mit Gesetzesstellen und Reichsgerichtsentscheidungen zu beweisen versucht, daß du unrecht hast — die Entscheidungen des Reichsgerichts taugen nicht viel. Du bist nicht verpflichtet, dich nach ihnen zu richten. Versuche, deine Kollegen in deinem Sinne zu beeinflussen, das ist dein Recht. Sprich knapp, klar und sage, was du willst — langweile die Geschworenen und die Richter während der Beratung nicht mit langen Reden.

*

Du sollst nur über die Tat des Angeklagten dein Urteil abgeben — nicht etwa über sein Verhalten vor Gericht. Eine Strafe darf lediglich auf Grund eines im Strafgesetzbuch angeführten Paragraphen verhängt werden; es gibt aber kein Delikt, das da heißt «Freches Verhalten vor Gericht». Der Angeklagte hat folgende Rechte, die ihm die Richter, meistens aus Bequemlichkeit, gern zu nehmen pflegen: der Angeklagte darf leugnen; der Angeklagte darf jede Aussage verweigern; der Angeklagte darf «verstockt» sein. Ein Geständnis ist niemals ein Strafmilderungsgrund —: das haben die Richter erfunden, um sich Arbeit zu sparen. Das Geständnis ist auch

kein Zeichen von Reue, man kann von außen kaum beurteilen, wann
ein Mensch reuig ist, und ihr sollt das auch gar nicht beurteilen. Du
kennst die menschliche Seele höchstens gefühlsmäßig, das mag genügen; du würdest dich auch nicht getrauen, eine Blinddarmopera-
tion auszuführen — laß also ab von Seelenoperationen.

*

Wenn du Geschworener bist, sieh nicht im Staatsanwalt eine über
dir stehende Persönlichkeit. Es hat sich in der Praxis eingebürgert,
daß die meisten Staatsanwälte ein Interesse daran haben, den Angeklagten «hineinzulegen» — sie machen damit Karriere. Laß den
Staatsanwalt reden. Und denk dir dein Teil.

*

Vergewissere dich vorher, welche Folgen die Bejahung oder Ver-
neinung der an euch gerichteten Fragen nach sich zieht.

*

Hab Erbarmen. Das Leben ist schwer genug.

Ignaz Wrobel (1929)

DIE HERREN BEISITZER

In der Mitte thront der Vorsitzende, in der einen Ecke sitzt der
Protokollführer, in der andern der Staatsanwalt. Wozu die deutschen Strafkammern einen Staatsanwalt brauchen, ist nicht ganz
klar — er hat die Funktion, alles den Angeklagten Belastende bei-
zubringen, und das tut ja schon der Vorsitzende. Und neben dem
Vorsitzenden, da sitzen nun noch, je nach dem grade geltenden Ju-
stizreform, drei oder fünf Herren, und das sind die Beisitzer. Was
machen die Beisitzer eigentlich —?

Die Beisitzer haben viel zu tun. Sie setzen sich zum Beispiel ihr
Käppi auf, wenn es der Vorsitzende aufsetzt, nachher setzen sie das
Käppi wieder ab. Oft ruhen die Beisitzer, im Unendlichen verloren, und lassen sich still im Gang der Verhandlung dahertreiben. Es
kommt auch vor, daß einer von ihnen, der innern Sammlung wegen,
sanft die Augen schließt. Oft aber sind die Beisitzer tätig: dann
arbeiten sie.

Das normale Bild einer deutschen Strafkammersitzung sieht so
aus, daß in der Mitte ein älterer Herr auf dem Angeklagten herum-
hackt, neben ihm einer müde in die Gegend sieht und die andern
arbeiten. Sie haben dicke Akten vor, die sie eifrig durchackern. Das
sind die Akten für die nächste Verhandlung, in der sie dann wieder
die Akten für die nächste bearbeiten werden. Ich weiß und bin sicher, daß sie genau und aufmerksam zuhören, ich glaube auch, daß
sie Materie und Verhandlung beherrschen, so daß kein Nachteil
für den Angeklagten entstehen kann. Vielleicht ist es sogar besser
so für den Angeklagten . . .

«Liegt der Fall nicht klar? Der Fall liegt klar. Ach, wie oft haben

wir das alles schon gehabt. Wir kennen alles, wir wissen alles —
wenn man dasselbe tausendmal mitanhören muß, wird man gelangweilt. Man sitzt so dabei...»

Man sieht diesen Gesichtern an: Das Urteil ist gesprochen, bevor es gesprochen ist.

In einer Privatgesellschaft sah ich jüngst drei Herren einen Skat
spielen. Drei spielten, und zwei andre waren dabei. Kaum daß die
die Augen aufhalten konnten. Es waren keine Steher und keine
Flieger, sie saßen nicht und sie standen nicht. Es waren — Gott
sitz mir bei! — Beischläfer.

Ignaz Wrobel (1925)

WARUM STEHEN

eigentlich Angeklagte vor dem Richter? Es strengt an, stundenlang
zuzuhören, sich zu verteidigen, und dabei ununterbrochen zu stehen. Die Attitüde soll wohl die Wehrlosigkeit des Angeklagten nach
außen so recht manifestieren, seine Subordination, die Der da von
ihm verlangt, nach der Melodie: «Vor allen Dingen stehen Sie mal
auf, wenn Sie mit mir reden!» Denn Hochachtung und geistige
Überlegenheit spielen sich in Deutschland meistens in jenen Formen ab, wie sie zwischen westpreußischen Gutsbesitzern und polnischen Saisonarbeitern üblich sind. So auch vor Gericht.

Humane Richter, also solche, die unter dem Talar keine Reserve-
offiziers-Uniform tragen, erlauben manchmal den Angeklagten —
als ganz besondere Gnade — sich hinzusetzen. Selbstverständlich
ist, daß auch der Angeklagte sitzen darf; habt ihr weiter keine Mittel, um ihm klarzumachen, daß er sich hier zu verantworten habe?

Nein, sie haben keine. Und sie können keine haben, weil sie sich
ja einer Amtsanmaßung schuldig machen: nämlich einer göttlichen.
Das bestandene Assessorexamen und die Bestallung irgendeines Beamten scheint zu genügen, um aus Herrn Landgerichtsrat Blumen-
kohl den Stellvertreter Christi auf Erden zu machen: er straft. Er
hat nicht zu strafen. Er hat keine Verhaltungsmaßregeln zu erteilen, er hat nicht Moral zu blasen, er hat zu schweigen, zu verstehen
und dann das Einzige zu tun, wozu ihn Menschen allenfalls delegie-
ren dürfen: die Gesellschaft zu schützen.

Sitzend stülpt er dem vor ihm Stehenden eine Strafe über den
Kopf, deren Nuancen er nicht kennt. Unter hundert Richtern sind
wahrscheinlich nicht vier, die den Unterschied zwischen zwei und
drei Jahren Zuchthaus überhaupt abzumessen vermögen. Für die
körperlichen, die seelischen, die sexuellen Nöte eines eingesperr-
ten Verbrechers haben sie nicht viel Verständnis — woher sollten
sie auch? «Wir geben in solchen Fällen immer zwei Jahre», hat
mal einer im Beratungszimmer gesagt. Das schien sein fester Satz,
billiger tat ers nicht.

Nun, und später sitzt ja der bis dahin stehende Angeklagte genug... Nur einmal wünschte ich, daß Angeklagte stehen, so lange

stehen, bis sie zum Umsinken müde sind. Das ist dann, wenn so ein Richter vor dem Seinen steht. Und weil auf die himmlische Instanz nicht viel Verlaß ist: vor einer irdischen.

Ignaz Wrobel (1927)

WIEDERAUFNAHME

Dem Präsidenten des Reichsgericht, Herrn
Ehrendoktor Bumke, dargewidmet.

Erster Verhandlungstag

Der Vorsitzende: Na und — —?

Die Zeugin: Und — da ist er eben ...

Der Vorsitzende: Was?

Die Zeugin (schweigt).

Der Vorsitzende: Aber sprechen Sie doch . . . es tut Ihnen hier niemand etwas! Außerdem stehen Sie unter Ihrem Eid!

Die Zeugin (ganz leise): Da ist er eben die Nacht bei mir geblieben ...!

Ein Geschworener: Das war also die Mordnacht? Die Nacht vom 16. auf den 17. November?

Die Zeugin: Ja ...

Der Vorsitzende: Ja, um Gottes willen! Hat Sie das denn niemand in der damaligen Verhandlung gefragt?

Die Zeugin: Der Herr Rat war so streng mit mir ... und es ging auch alles so schnell —

Der Vorsitzende: Und da lassen Sie einen Unschuldigen ... da lassen Sie also einen Mann zum Tode verurteilen und dann später lebenslänglich ins Zuchthaus gehen, ohne zu sagen — also das verstehe ich nicht!

Die Zeugin (schluchzend): Meine Eltern sind sehr fromm ... die Schande — —

Zweiter Verhandlungstag

Der Zeuge: Das habe ich auch alles ausgesagt. Aber der Herr Untersuchungsrichter wollte davon nichts hören.

Der Vorsitzende: Herr Landrichter Doktor Pechat?

Der Zeuge: Ja. Ich habe ihn immer wieder darauf hingewiesen, daß der Schrei in der Nacht gar nicht deutlich zu hören war — es regnete sehr stark, und das Haus war auch weit entfernt ...

Der Vorsitzende: In Ihrer Aussage ... also hier im Protokoll kann ich davon nichts finden.

Der Zeuge: Der Herr Untersuchungsrichter hat gesagt: wenn ich nicht unterschreibe, dann behält er mich gleich da.

Der Staatsanwalt: Das ist doch wohl nicht möglich! Herr Landrichter Pechat, bitte?

Der Landrichter: Ich kann mich nicht mehr besinnen.

Dritter Verhandlungstag

Der Sachverständige: Das erste, was jeder Fachmann sofort zu tun hatte, war: den zweiten Revolver zu untersuchen. Das ist damals nicht geschehen.

Der Staatsanwalt: Warum haben Sie denn das in der Verhandlung nicht angegeben?

Der Sachverständige: Herr Staatsanwalt! Ich bin jetzt dreiundzwanzig Jahre Sachverständiger ... aber so was wie diese Verhandlung damals ... ich durfte überhaupt nichts sagen. Der Staatsanwalt, Herr Staatsanwalt Pochhammer, und der Herr Vorsitzende, Herr Landgerichtsdirektor Brausewetter, haben immer wieder gesagt, das seien meine persönlichen Ansichten, und auf die käme es nicht ...

Der Vorsitzende: Ist es Ihrer Meinung nach möglich, mit dem ersten Revolver auf die Entfernung, die das damalige Urteil annimmt, zu zielen oder gar zu treffen?

Der Sachverständige: Nein. Das ist ganz unmöglich.

Vierter Verhandlungstag

Der Staatsanwalt: ... wenn auch nicht mit absoluter Gewißheit, so doch mit einer gewissen Wahrscheinlichkeit angenommen werden kann, daß der Angeklagte nicht der Täter gewesen ist. Ich sage nicht: nicht gewesen sein kann. Denn wenn auch sein Alibi durch die Zeugin, Fräulein Koschitzki, nunmehr bewiesen ist; wenn auch die Zeugenaussagen, wonach man einen Schrei gehört habe, erschüttert worden sind: wenn auch, fahre ich fort, die versäumte Untersuchung des Armeerevolvers ein fehlendes Glied in der Beweiskette ist, so bleibt doch immer noch die Frage: Wo ist August Jenuschkat geblieben? Der Leichnam des Ermordeten ist niemals aufgefunden worden. Daher können wir auch nicht sagen, daß etwa in der ersten Verhandlung schuldhaft irgendein Umstand außer acht gelassen worden sei. Das wäre eine ungerechtfertigte Übertreibung. Die Umstände, wie ich sie Ihnen hier ...

(Rumor)

Der Vorsitzende: Ich bitte doch aber um Ruhe! Justizwachtmeister, schließen Sie die —

Der Justizwachtmeister: Wollen Sie hier raus ... Wollen Sie hier wohl ...

Eine Stimme: Äi, Franz, was machst du denn auf der Anklagebank —?

Der Angeklagte (reißt die Augen auf und fällt in Ohnmacht).

Der Justizwachtmeister: Wistu ... Wistu ...

Der Vorsitzende: Ruhe! Was ist das? Was wollen Sie hier? Wer sind Sie?

Ein fremder Mann: I, ich bin der Jenuschkat!

Der Vorsitzende: Wenn Sie hier Ansprüche wegen Ihres ermordeten Angehörigen stellen wollen ...

Der fremde Mann: Äi näi! Ich bin der August Jenuschkat!

Der Vorsitzende: Ruhe! Sie sind August Jenuschkat? Gibt es zwei Augusts in Ihrer Familie?

Der fremde Mann: Näin. Ich hab jeheert, se haben mir ermordet: aber ich jlaub, es is nicht wahr!

Der Vorsitzende: Treten Sie mal vor! Haben Sie Papiere, mit denen Sie sich ausweisen können? Ja... Da sind Sie also der... da sind Sie also — —

Der fremde Mann: Jaa... Wie ich an dem Morjen bin nach Hause gekomm, da standen da all die Schendarm. Und da bin ich jläich wechjemacht, weil ich jedacht hab, se wolln mir holen. Ich hatt da noch'n Stückchen mits Finanzamt... Und da bin ich rieber mit die Pferde — ins Litauische. Und da hab ich mich denn in eine Försterstochter verliebt und hab se all jehäirat. Un jeschrieben hat mir käiner, weil se meine Adreß nich jehabt habn. Und wie ich nu heite morjn rieber komm ausn Litauschen, mit die Pferde, da heer ich diß hier. Nee, saren Se mal —!

Der Vorsitzende: Die Verhandlung wird vertagt.

∗

Personalnachrichten

Befördert wurden:
Herr Landrichter Doktor Pechat zum Landgerichtsdirektor;
Herr Staatsanwalt Doktor Pochhammer zum Ersten Staatsanwalt;
Herr Landgerichtsdirektor Brausewetter zum Senatspräsidenten in Königsberg.

Kaspar Hauser (1929)

DER MEINEID

Wenn denn Jeorjen seine Fauste
in Lottchen ihre Augen sauste,
    denn freute sich det janze Haus.
Indem daß alle einich waren:
ne Frau von vierunddreißig Jahren,
    die sieht jefälligst anders aus.
      Na, det will ick mein —!

Von wejen: sich die Backen pudern
un nachts mit fremde Kerle ludern —
    man weeß doch, wat det heißen soll!
Wer Ohren hat, kann manches hören...
«Det könn wa allesamt beschwörn —
    er haut ihr nachts den Buckel voll!
      Frau Grimkasch sacht auch.»

Frau Grimkasch hats von Frollein Klüber,
die wohnt Jeorjen jejenüber,
    wer richtich kieken kann, der sieht.
Frau Grimkasch sacht noch uffn Flure:

«Na, wissen Se, die olle Hure ...!»
denn jehn se alle nach Moabit.
Morjens halbzehn, zweiter Stock.

Da stehn se nu wie Orjelpfeifen;
die Weiba fangen an zu keifen,
der Richter ruft: «Immer eine nur!»
Det sind nu Fraun von Kommenisten,
von Jelben un von Sozialisten ...
hier is det allens eine Tour.
Denn nischt jreift so det Herze an
wie die Sorje um den Nebenmann.

Nu wird man die Pochtjehsche hören.
«Jawoll! Det kann ich jlatt beschwören!
Der kleene Horst stand ooch dabei!
Frau Grimkasch sacht, die Klübern hätte
die beiden überrascht int Bette —
und det Klosett wah auch nich frei!
So wahr mir Gott helfe!»

Der Richter schreibt det in die Biecher.
Der Staatsanwalt mit seinen Riecher ...
Meineidsverfahren! Alle Mann.
Frau Grimkasch. Lottchen mit de Prüjel,
der janze linke Seitenflüjel —
die treten alle nochmah an.
Acht Jahre Zuchthaus.

Wat nehmlich unsa Staat ist heute —:
pisaken sone kleinen Leute,
det kann er nämlich meisterlich.
A seine Deutschen Arbeit jehm
un Licht un Luft un jutet Lehm ...
det kann er nich.
Det kann er nich.

Theobald Tiger (1929)

NÄCHTLICHE UNTERHALTUNG

Der Landgerichtsdirektor schnarcht im Bett.
Seine Garderobe lag — ziemlich komplett —
auf dem Stuhl. Die Nacht war so monoton ...
Da machten die Kleider Konversation.

«Ich», sagte die Jacke, «werde ausgezogen.
Ich hänge — ungelogen — im Beratungszimmer
und habe keinen Schimmer,
was mein Alter da treibt.»

«Wir sprechen Recht!» sagte die Weste.
«Aber feste —!

Wir schnauzen die Angeklagten an —
wir benehmen uns wie ein Edelmann.
Wir verbieten allen sofort den Mund
und reden uns selber die Lippen wund.
Wir verhängen über Wehrlose Ordnungsstrafen
(nur, wenn wir Beisitzer sind, können wir schlafen).
Zum Schluß verknacken wir. Ohne Scherz.
Unter mir schlägt übrigens kein Herz.»

«Wir», sagten die Hosen, «wir habens schwer.
Neulich kam der Landgerichtspräsident daher
und hat revidiert. Er saß an der Barriere,
und es ging um unsre ganze Karriere.
Vor uns ein Kommunist. Da haben wir wie wild
geschmettert, geschnattert, gestampft und gebrüllt.
Aber wie es manchmal so geht hienieden:
der Präsident wars noch nicht zufrieden.
Und da blieb uns die ganze Rechtswissenschaft weg,
und da bekamen wir einen mächtigen Schreck.
Und zum Schluß besahen wir uns den Schaden:
Wir Hosen hatten es auszubaden!»

So sprachen die Kleider in dunkler Nacht
und haben sich Konfidenzen gemacht.

An der Wand aber hing ein stiller Hut,
dem waren die Kleider gar nicht gut.

«Erzähl was, Hut! Erzähl uns was!»
Der Hut aber sprach verlegen: «Das —
das wird nicht gehn.
                    Ich armer Tropf
ich sitze nämlich bei Dem auf dem Kopf.
Und so hab ich, Ihr müßt mich nicht weiter quälen.
nicht das Geringste zu erzählen —!»

Theobald Tiger (1926)

HABEN SIE SCHON MAL...?

Für Ernst Toller

Haben Sie schon mal, Herr Landgerichtsdirektor,
als Gefangener eine Nacht durchwacht?
Haben Sie schon mal vom Herrn Inspektor
einen Tritt bekommen, daß es kracht?
Standen Sie schon mal, total verschüchtert,
vor dem Tisch, wo einer untersuchungsrichtert?

Ihnen ist das bis zum Ruhestand
dienstlich nicht bekannt.

Haben Sie schon mal acht heiße Stunden
ein Verhör bestanden, daß Sie nicht verstehn?
Haben Sie schon mal die Nachtsekunden
an der Zellenwand vorüberlaufen sehn?
Oben dämmert ein Quadrat mit Gittern;
unten liegt ein Tier und darf nur zittern ...
Diese kleinen Züge sind in Ihrem Stand
dienstlich nicht bekannt.

Aber Kommunistenjungen jagen,
wegen Hochverrat ins Loch gesperrt;
vor Gericht die Spitzel mild befragen,
Saal geräumt, wenn eine Mutter plärrt;
Fememörder sanft verschoben,
mit dem leisen Schleierblick nach oben;
Existenzen glatt vernichtet,
die von Waffenplätzen was berichtet ...
Unglück rings verbreitet, Not und Qual —:
Ja, das haben Sie schon mal —!

Theobald Tiger (1926)

SEID IHR ALLE WIEDER DA — ?

Wie war sie schön, die große Zeit!
Man fühlte sich als Gott.
Man nutzte die Gelegenheit
ganz aus, bis zum Bankrott.
Der Orden reiches Übermaß
in manche Hände rann
    und sonst noch was und sonst noch was,
    was ich nicht sagen kann.

Schäferliedchen
Theobald Tiger (1919)

DIE TAFELN

In Enghien — ganz recht: da, wo die großen Rennen stattfinden, in diesem Pariser Vorort, der fiebernd darauf wartet, daß das große Kasino am See wieder eröffnet wird, wo jetzt das Spiel gesetzlich unterdrückt ist, wo es unter der Oberfläche rastlos arbeitet, um den Sumpf wieder aufzumachen; in Enghien, in dessen Nähe das schöne Montmorency liegt — in Enghien bin ich spazierengegangen, und da ist mir etwas Merkwürdiges aufgefallen.

Sie kennen doch die Schildchen, die in den kleinen Städten bei uns die Häuser zieren, wenn sie versichert sind: «Providentia 1897» und «Assecurancia 1904» und so. Und auch hier in Enghien hängen an vielen Häusern Tafeln, immer wieder, da eine, hier eine, große und kleine. Sie sind bunt, auf weißem Glasgrund sieht man ein paar Verzierungsblümchen und einen Text. Da steht:

La ville d'Enghien
aux Héros de la Grande Guerre
Ici vécut le Caporal Marcel Laurent
tué pour la patrie en 1916

Was ist das —?

Das ist eine Erinnerung, ein Mahnzeichen, ein kleines Pflasterchen für die Frau und die Kinder, die der zurückgelassen hat. Und so viele —! Eine Glastafel — klack, ein trockner Gewehrschuß. Eine Glastafel — bumm — ein Volltreffer, nichts ist mehr von dem Mann übrig. Eine Glastafel — wumm — ein Paar Beine mit Stiefeln liegen unter einem Baum, wohin sie die Explosion geschleudert hat. An jedem zweiten Haus hängt die Tafel — manchmal stehen mehrere Namen darauf, zwei, drei, vier ... an beinah jedem Haus.

Ich gehe durch die Straßen und sehe auf einmal nur noch dies: nur noch die Tafeln und die zerschmetterten Köpfe, die auslaufenden Augen, die herausquellenden Lungen, die blutdurchtränkten schweren Reiterhosen, den Haufen Knochen, die verrostete Erkennungsmarke.

Die Tafeln sind eine Sitte wie jede andre auch, ein ehrendes Gedenkzeichen für die Toten. Aber die Tafeln lügen. Es muß nicht heißen: «Tué pour la patrie» — es muß heißen: «tué par la patrie». Getötet durch diesen niedrigen Begriff «Staat», getötet durch diesen Wahnsinn, der die Heimat, die jeder liebt, mit einem Nützlichkeitsbegriff verwechselt, der den Meisten nicht einmal von Vorteil ist, sondern nur den Wenigen. Stirbt man für eine Weizenagentur? Für eine Hypothekenbank? Man stirbt für und durch das Vaterland, und das kommt im wesentlichen auf dasselbe hinaus.

Tafeln, wie lange noch —? Wie lange noch lassen sich erwachsene Menschen einreden, daß eine sinnlose und anarchische Organisation zwischen den Staaten ein Recht hat, das Leben zu nehmen? Wie lange noch lassen sich Mütter die Söhne, Frauen die Geliebten, Kinder den Vater abschießen für eine Sache, die nicht die Kosten für den Mobilmachungsbefehl wert ist? Wie lange noch wird Mord sanktioniert, wenn der Mörder sich nur vorher eine Berufskleidung anzieht, seine Kanonen grau anstreicht, seine Gasbomben von der Kirche einsegnen läßt und sich überhaupt gebärdet wie der Statist einer Wagner-Oper?

Uns fehlen andre Tafeln. Uns fehlt diese eine:

Hier lebte ein Mann, der sich geweigert hat,
auf seine Mitmenschen zu schießen.
Ehre seinem Andenken!

Ignaz Wrobel (1925)

AUF DEM GRASPLATZ

Die Umgebung von Paris ist viel schöner als der Midi, in den die Maler jetzt alle reisen, damit sie unter ihre Bilder setzen können: «Wäldchen bei Bandol (Mittelmeer)» — als ob die Erwerbung einer Fahrkarte das Talent steigerte. Aber der Betrachter hat Respekt — denn was kann schon an einem dran sein, der in der Lüneburger Heide malt...! Also gut: Paris.

Da steht an einem kleinen See ein Restaurantchen, und noch eins — in der «boîte chic» sind kleine Tische mit Lämpchen und Sonnenschirmchen aufgebaut, eine kleine Terrasse und ein Orchester, das geigt vor sich hin. Aber Niemand trägt ein Monokel, und Niemand sitzt da, als habe er soeben den ganzen Platz mit eigner Hand genommen und vom Feinde gesäubert. Vor diesem Restaurant stehen auf einem großen Grasplatz lange Holzbänke, darauf trinkt ein Verein mit Damen seinen Kaffee. Eine englische Parklandschaft umschließt das, die Bäume spiegeln sich im Wasser, ein feiner, grauer Nebel liegt über den Grasflächen, es ist sieben Uhr abends.

Was mag das für ein Verein sein —?

Ein Mann hat eine schwarze Brille auf, noch einer, noch einer... Der steht auf und faßt seine Frau unter, er geht so seltsam willenlos, wie wenn die Kleider allein spazierten... Die Brillenmänner sitzen da und hören zu, was die Kleine auf dem Holzpodium ihnen vorsingt, sie macht Gesten, wiegt ein Coupletkindlein, sie hören zu, mit eingesunkenem Hals, heben den Kopf nicht... Es sind Blinde. Kriegsblinde. Ein ganzer Verein. Welcher Gruppe mögen sie angehören? Es gibt in Frankreich zwei Organisationen von Kriegsverletzten: eine neutrale und eine kommunistische. Sie tragen keine Abzeichen.

Sie haben einmal unvorsichtig über den Grabenrand gesehen, da kam es geflogen. Sie sind in der Marschkolonne mitgestolpert, da kam es geflogen. Sie haben, leicht verwundet, im Wäldchen gelegen und waren froh, so davongekommen zu sein — da kam es geflogen. Blut, schwarz war der Himmel, Schreie... Dann das Lazarett, der dicke Verband, die Binde über den Augen, wochenlang... «Es wird schon werden, Geduld, es wird schon werden...» Dann die schonende, vorbereitende Stimme des Arztes, des Priesters, einer alten Schwester... Und das erste «Wiedersehen» mit denen zu Hause.

Das ist lange her. Man hat sich eingewöhnt, die Frauen scherzen und lachen, die Blinden lachen und sprechen, man stützt sie beim Aufstehen, aber das ist mehr eine gesellschaftliche Formalität, die allen ganz natürlich vorkommt. Da geht einer vorsichtig eine Treppe herunter, der Stock tastet vor, einer tanzt, zwei gehen langsam über den Rasen, unmerklich bewegt sich die Frau, die treue Wächterin, hinter ihnen...

Du hast ihnen das Augenlicht genommen, Herr. Sie waren sehend und sind blind in die Schlächterei gezogen; du hast sie blind gemacht, und wer weiß, ob sie sehend geworden sind. Sie bekommen eine staatliche Unterstützung, sie haben eine Gedenkmünze zu Hause, damit sie ja nicht in die Versuchung kommen, den Krieg zu vergessen, ein Endchen buntes Band und ein paar Quadratzentimeter Blech, Eisen oder Email — der Staat gedenkt der Seinen. Drum herum sitzen die andern.

Auch denen hast du das Augenlicht genommen, Herr. Sehenden Auges haben sie sich wie die Verrückten auf Spione, Landesverräter, den Feind gestürzt — sie konnten Fahnenfarben unterscheiden und Abzeichen, aber nicht, was Zivilmord war und Militärmord. Sie werden es morgen noch einmal tun, Herr. Lasset uns beten.

Gib uns einen fröhlichen Krieg, mit Hunger, Läusen und Typhus, mit Brandgranaten und Handgranaten und mit Gas, das die Augen deiner Kinder auf Lebenszeit verschließt. Vielleicht, wenn du ihnen die Augennerven nimmst, Herr du unser Gott, daß sie dann nichts mehr ablenkt, und daß sie in schwarzer Nacht, die sie umgibt, sehend werden und ihnen das Licht scheine in der Finsternis. Denn siehe, sie sind heute blind, alle miteinander. Mach sie völlig blind, Herr, auf daß sie sehend werden. Denn es steht geschrieben: Sie sehen nicht, sie hören nicht, und der irdische Staat mordet sie doch. Geheiligt werde sein Name. Amen.

Ignaz Wrobel (1925)

DER STANDHAFTE ZINNSOLDAT

ist... was? «Die Zinnfigur ist das vornehmste Lehr- und Anschauungsmittel.» Also ist der Bleisoldat einem deutschen Verein in die Finger gefallen. Und da liegt er nun.

‹Der Standhafte Zinnsoldat; Nachrichten für Liebhaber der Zinnfigur. Monatlich erscheinende illustrierte Zeitung für Zinnfigurensammler.› Wat se all maken... Ich habe eine Zeitschrift der Totengräber, aber eine für Zinnsoldaten...

Die Sache fängt mit einem «Deutschen Bekenntnis» des Generals Clausewitz an, und nun brauchen wir ja wohl nicht weiterzulesen. Dieser Zinnsoldat ist nicht aus Zinn. Er ist aus dem Blei gemacht, aus dem die Flintenkugeln gegossen werden. Es ist auch ein richtiges «Kriegsspiel» in dem Blättchen; die Franzosen stehen bei Greifswald, die 2. Jäger-Division wird um 12 Uhr in Wittstock verladen,... ich wäre für Zinnowitz... kurz: hier tobt sich jener Geist der «Wehrhaftigkeit» im kleinen aus, der im großen der Welt weismachen will, es seien nur die bösen Feinde Deutschlands, die das Land so unruhig machten.

Und was es da alles zu kaufen gibt! «Geländezubehör, Ziehbrunnen, Strohdiemen, Gräben, Zäune...» es ist alles da. «Demnächst soll weiter erscheinen: 1 preuss. Hauptmann z. Pf., 1 franz. Kapitän z. Pf.» Herrschaften, da fehlt was. Ihr habt nicht alles.

Es fehlt: 1 halbverweste Leiche; dieselbe, ohne Kopf; 2 franz. Verwundete mit heraush. Gedärm; 1 preuss. Hauptmann mit erhobenem Revolver; 4 preuss. Arbeiter, davon 2 auf Erde liegend. Geländezubehör: eine Wand, an ihr 6 preuss. Proletarier mit verbundenen Augen; 1 Leichenhaufen. Sowie das Prachtstück jeder Sammlung: Offizierskasino in großer Zeit; dasselbe, unter den Tischen liegend.

Andersen: «Da nahm der kleine Knabe den Soldaten und warf ihn grade in den Ofen und gab gar keinen Grund dafür an; es war sicher der Kobold in der Dose, der schuld daran war.» Das walte Gott.

Ignaz Wrobel (1930)

DER TELEGRAMMBLOCK

Vor mir liegt ein Pack Blätter, durch zwei Kartonstücke zusammengehalten und auf sonderbare Weise geheftet: statt des dünnen Heftdrahtes hat man dicken Eisendraht genommen, etwa von der Art, wie er an den Kochgeschirren der Soldaten befestigt war.

Es sind blau gedruckte Formulare: «Station... angenommen am... aufgenommen am... befördert am...» Telegrammformulare. Telegramme der Station Neuflise, Fernsprüche vom 30. IX. 1918, 11.56 vormittags, bis 30. IX. 1918, 11.50 nachmittags.

Am 1. Oktober des Jahres 1918, nachmittags um fünf Uhr, erhielt ein französischer Offizier in der Gegend des Chemin des Dames den Befehl, zu erkunden, was sich in der Strohmiete zwischen den beiderseitigen Horchposten im Niemandslande befände. Die Horchposten lagen an dieser Stelle ungefähr dreißig Meter auseinander. Die Gräben an hundert. Es war schon dunkel, als die Patrouille ihren Weg antrat.

In der Miete stak ein deutscher Telegraphist. Er hob, als er der Fremden ansichtig wurde, den Revolver — der Franzose war schneller und schoß zuerst. «Es war ein großer, rothaariger Mensch», sagt der Offizier, der neben mir sitzt, «er trug eine Brille und war gleich tot. Diesen Block habe ich ihm abgenommen.»

Der Block enthielt keine militärischen Geheimnisse — man hat ihn dem Franzosen als Andenken gelassen. Urlaubsgesuche, Ablehnung und Bewilligung von Urlaubsgesuchen, in der Mitte einer jener verlogenen Berichte der deutschen Obersten Heeresleitung, die durch viereinhalb Jahre unentwegt siegte, ununterbrochen, von der Marne-Schlacht an bis zum letzten Tage: bis zur Desertion ihres obersten Kriegsherrn und seines Sohnes. «Örtliche Einbruchsstellen wurden im Gegenstoß wieder gesäubert...» Welche Reinemachefrauen —!

Dieser ganze Dienstkram ist, mit Ausnahme der mit Fernschreiber aufgenommenen Münchhauseniade des Hauptquartiers, fein säuberlich mit der Hand geschrieben.

«gefreiter brannhalter erbittet nachurlaub wegen todesfall bruder bürgermeister sprottau», steht da zu lesen. Irgend so ein uniformiertes Stück Unglück hatte zwar das Recht, seine Familie sterben zu sehen — aber zur Beerdigung hatte er doch erst auf ein Amtszimmer zu laufen und sich alles mögliche bescheinigen zu lassen: daß es ihn gab, daß es das Amtszimmer gab, daß Tote tot sind und auch mitunter beerdigt werden... Laufende Nummer, Name, Dienstgrad — es war alles in schönster Ordnung. Der Block ist musterhaft geführt: da fehlt kein Vermerk der Aufsicht, der Vorgesetzten... Sogar der Gummistempel ist da, ohne den man heute keinen Krieg führen kann: I. Batterie Fuß-Artl. Batl. 124. Und soweit wäre alles gut, wenn die letzte Seite nicht wäre.

Auf der letzten Seite sind noch alle Spalten genau ausgefüllt: die Zeit- und Ortsangaben, die Namen des Telephonisten, das Datum — unten steht noch: «An Absender zurück, mit Angabe, welches Wernow...» Aber da ist kein Text mehr.

An Stelle des Textes finde ich viele mißgestaltete braune Flecke, Spuren einer Flüssigkeit, die auf das Blatt gespritzt sein muß. «Was ist das?» frage ich den Offizier. Er sagt es. Der Telegraphist muß den Block gerade in der Hand gehalten haben. Er fiel offenbar auf den Block. Da, wo der Text stehen müßte, sind nun die Flecke. Weiter hatte er an diesem Tage nichts mehr zu bemerken.

*

Der Mörder sitzt neben mir. Es ist ein honetter Mann, Leiter eines Textilunternehmens, ein anständiger Kaufmann von reputierlichem Äußern, ein Mann, dem niemand einen Mord zutraute. Er sich auch nicht. Er erzählt die Ereignisse des 1. Oktober durchaus nicht ruhmredig. «Es war einfach Notwehr», sagt er. «Er oder ich — einer war geliefert. Sie hätten an meiner Stelle geradeso gehandelt.» Ja.

Es war ein anonymer Mord, ein Mord in der Kollektivität. Ein Massenmörder hat, wenn er acht Personen mordet, eine Idee — wahrscheinlich eine irrsinnige. Dies hier war die irrsinnig gewordene Ideenlosigkeit. Man kommt von der Patrouille zurück, bekommt ein Bändchen angeheftet, läßt sich entlausen und hat eine etwas trübe Erinnerung. Er oder ich.

Und wenn ich nun den Ermordeten kennte, wenn er vielleicht mein Freund gewesen wäre, so stände ich neben einem Mörder, dem ich nichts tun dürfte. Denn jetzt ist Friede — «der Mann hat seine Pflicht getan» —, und es hätte nur einer kleinen Wendung durch Gottes Fügung bedurft, so säße ich jetzt vielleicht in Sprottau neben einem rotblonden, großen Burschen mit Brille, der mir erzählte: «Also — am 1. Oktober — nachmittags — da kommen drei Franzosen in die Strohmiete...» Und eine Frau schleppte in Paris ihr zerbrochenes Leben weiter wie jetzt eine in Sprottau.

Vor vierzehn Jahren fing es an und ist doch schon halbvergessen. Nicht ganz: denn emsig probieren auf allen Seiten die Kommis des Krieges neue Apparate und schmieren die alte Gesinnung mit dem schmutzigen Öl des Patriotismus. Paraden, Orden, Gas, Wachtmeister mit den Generalsabzeichen: gefährliche, in Freiheit lebende Irre. Und so, wie sich ein Hexengericht im tiefsten verletzt gefühlt haben mag, als Friedrich von Spee jene Blutorgien bekämpfte, damit an den Grundlagen des Staates rüttelnd, so glauben heute nicht nur die Nutznießer der Abdeckereien, sondern Philosophen, Zeitungsleute, Dichter, Kaufleute, daß das so sein muß. Und es muß so sein, weil die Geschäfte daran hängen.

Keine illustrierte Zeitung, kein großes Blatt, kein Verlag wagt, gegen die Interessenten dieser Industrien zu sprechen: was weiß die junge Generation von den Schrecken des Krieges — wer sagts ihr so oft, wies nötig ist: also immer wieder? Wunderschön ausgeklügelte Resolutionen bezeugen das taktische Verständnis der Klugschnacker — das Triviale, das Wirksam-Banale ist fast nur auf der andern Seite.

Es gibt ein geistiges Mittel, es ist das Rezept Victor Hugos: «Déshonorons la guerre!»

Ignaz Wrobel (1925)

NEBENAN

Im Schankzimmer einer berliner Kneipe. Nach der Polizeistunde. Der Wirt döst hinter der Theke. Aus den Zapfhähnen fallen monoton Tropfen auf das Blech. Im spärlichen Licht der zwei trüben Gasflammen kauert eine dunkle Gestalt an einem Tisch. Aus dem Extrazimmer tönen Stimmen.

Der Wirt (fährt auf): Na — Willem — nu jeh man nach Hause —! Feierahmt!

Die Gestalt: Laß mir noch'n bisken, Paul! Bei mir zu Hause frier ick zu Puppenlappen. Wir ham keene Kohlen. Du sitzt ja hier doch noch... Wejen die da... Wie lange kann'n diß noch dauern?

Der Wirt: Na, die machen noch lange! Wat'n richtja Kriejerverein is, der hört nich vor morjens sechsen uff. Uah...

Die Gestalt: Sei ma stille! Hör ma —!

(Im Extrazimmer klopft Jemand an ein Glas. Es wird still.)

Eine Stimme: Karaden! Im Andenken an das zweite Garderement zu Fuß bitte ich Sie, mit mir Unsres Allerhöchsten Kriegsherrn und seiner Paladine zu gedenken. Wer wie wir vier Jahre lang Schulter an Schulter im Felde gestanden hat, wer wie wir die gleichen Gefahren, die gleichen Entbehrungen ausgehalten hat — der hat die Pflicht, die über das Reich hereingebrochene rote Gefahr...

Die Gestalt (ist aufgestanden. Alter Mantel mit weiten Ärmeln, abgeschabt und ärmlich): Watn? Wer issn det —?

Die Stimme: ...auch fürderhin die Säulen von deutscher Sitte und deutscher Art zu vertreten die Ehre haben. Von hinten erdolcht, hat unser tapferes Heer, die ungeheuren Opfer nicht scheuend, bis zum letzten Hauch von Mann und Roß...

Die Gestalt: Nanu? Die Stimme kenn ick doch... Det is doch... Paule...!

Der Wirt: Wat hastn?

Die Stimme: Wir Offiziere voran, hat das zweite Garderement zu Fuß immer seinen Mann gestanden, wenn es galt, die Fahnen Unsres Allerhöchsten Kriegsherrn...

Die Gestalt: Paul!

Der Wirt: Schnauze! Wat machste hier sonnen Krach?

Die Gestalt (nähert sich der Tür): Det is er! Det is er! Und wenn ick hunnert Jahr alt wer, die Stimme vajeß ick nich! Det is er!

Der Wirt: Wißte leise sein! Wer is det —?

Die Gestalt: Unsa oller Kompanieführer! Is det son kleena Dicka?

Der Wirt: Ja doch — mit Jlupschoogen!

Die Gestalt: Det is er! Natürlich is er det! Wat saacht er da?

Die Stimme: Folgen Sie auch weiterhin meinem Vorbild, unserm Vorbild, und seien Sie eingedenk...

Die Gestalt: Paul — er hat se alle in Kasten jesteckt! Wer eenen Fußlappen zu wenig hatte: rin in Kasten! Paul, er hat se anbinden lassen, vastehste... die Beljier immer munter drum rum — die ham jelacht, die Äster... er hat ooch jelacht. Wir hatten ihn in Jarneson..., ick ha damals Wache jeschohm. Jede Nacht kam er mit 'ne andre Sau ruff — ick hab imma missen präsentieren! Wat saacht er?

Die Stimme: Solange Deutschland solche Männer hat wie Ludendorff und seine Offiziere, kann es nicht untergehn —!

Die Gestalt: Ick hau...!

Der Wirt: Willem! Jeh von de Dhiere wech! Mach dir nich unjlicklich!

Die Gestalt: Ick habe zweendreißich Mark Rente — un Der?

Der Wirt: Wißte von de Dhiere wech!

Die Stimme: Und so bitte ich Sie, mit mir anzustoßen, auf das Wohl...

Die Gestalt: Hab keene Angst, Paule. Ick kann ja die Dhiere janich uffkriejen. Ick... (Er schwenkt seine weiten Ärmel. Sie sind leer.)

Das Nebenzimmer: Hurra! Ra! Rra —!

Kaspar Hauser (1922)

— «Hauser! Mensch!... lange nich jesehn, was —? Na, wie jehts denn? Mir? Tahllos —!... Ja, nu... ich war ja auch lange wech! Ja, dreiviertel Jahr, nee, warten Se mal, zehn Monate, zehnenhalb Monate, jenau —! Ja, im Dezember bin ich los — wissen Sie jahnich? Na, Mensch, lesen Sie denn keine Zeitungen? In Sibirien! Auf dem K. S. P.! Hauser, Sie leben auf dem Mond! Aufn Kriegsschauplatz —! Kenn Se jahnich? Na, das müssen Sie hörn! Komm Se, wir jehn da rüber in die Stampe und trinken 'n Schnaps! Das wissen Sie jahnich? Also passen Se auf:

Sie kenn doch den General Wrobel, was —? Son kleener Dicker, nich? Na, also der hat doch vor zwei Jahren auf der Fronttahrung in Dortmund den Vorschlag gemacht — mir ein Kührassao — nee, warten Se mal, 'n Kirsch... 'n großen Kirsch! ja, für den Herrn auch — oder nehmen Sie lieber...? also in Dortmund den Vorschlag gemacht, es müßte für alle nationalen und wehrfähigen Elemente ein Kriegsschauplatz einjerichtet wern. Zur Ertüchtigung der Jugend... Wie er auf den Gedanken gekommen ist —? Sehr einfach. Da hattn die radikalen Blätter doch geschrieben: «Wenn die Herren Krieg führen wollen, dann sollen sie sich ihren Kriegsschauplatz allein aufmachen!» Ham wir jemacht! Prost! Burr, Donnerwetter, der hats in sich! Kenn Sie den Witz mit dem Bauer, der im Chausseegraben sitzt und grade einen nimmt und sich schüttelt, kommt der Pastor vorbei und sagt: «Na, Krischan, du saufst zwar; aber ich sehe, daß du dich schüttelst — das ist der erste Schritt zur Besserung —!» Sacht der Bauer: «Nee, Herr Pastor — det tu ick man bloß, damit der Schnaps überall hinkommt —!» Ja, was ich sagen wollte: also einen Kriegsschauplatz zur Ertüchtigung der wehrkräftigen Jugend, der Volkskraft — na, Sie kenn ja die Sprüche. Also gut — mein Wrobel los, aufs Reichswehrministerium, zu den Russen, nach Genf, nach Paris — fein jelebt der Mann... hats aber zustande bekommen. Da ham se uns nu also janz klamheimlich einen kullessalen Kriegsschauplatz in Sibirien hinjemacht! Den Franzosen haben wir jesacht, es wäre jejen die Bolschewiken, Grumbach glaubt, was Breitscheid sagt, die informieren sich jejenseitig, ja, und den Engländern ham wir jesacht, es wär jejen die Franzosen, den Russen haben wir jesacht, wir würden ihr Heer orjanisieren, na und die Reichswehr macht ja sowieso mit. Bon. 'n paar hundert Werst hinter Krasnojarsk, wissen Sie, wo diß is? Also — wenn das hier der Jenissei is un die Streichhölzer die obere Tunguska un Ihre Ziarettendose das Sajanische Jebürge, denn wah diss hier unser K. S. P. Na, 'ne Abkürzung muß det Ding doch ham — ham wa so jenannt. Prost! Sie, tahllos, sag ich Ihnen! Also einfach: feinknorke! Passen Se auf:

Det Janze wah mit Stacheldraht einjezäunt, det keener rin konnte und keener raus. Un alles da, Sie —: Schützenjrehm und Front und Achtilleriestellung und Beobachtungsstände und Feldtelephong und alles. Na, und eine Etappe! Lieber Hauser, da könn Sie jahnich mit! Also jeder Stab hatte ein mächtiges Haus, mit zwei Kasinos,

Ia im wahrsten Sinne des Wochtes. Vapflejung wie sich diß jehört: wunderbare Weine, hat det Rote Kreuz gestiftet, die Leute sind ja sehr international... und Schnäpse, na, dagegen is diß hier das reine Bitterwasser — Ober! Herr Ober! mir noch 'n doppelten Kirsch, ja, für den Herrn auch — und Feldpastöre und Orrnanzen und Nachrichtenoffiziere und Ballon-Abwehr-Kanonen und Flaks und Funk und alles. Ja, unne Flotte ham wah auch jehabt, die fuhr imma den Jennissei rauf und runter, um Exzellenz Ludendorff und Brüninghaus und Killinger — die wahn alle da. Alle. Da beißt keine Maus 'n Faden ab. Prost —!

Ick wah Felllleutnant — erst Felll — und denn Felllleutnant. Ja, 'n Feind hatten wir auch.

Die Herren hatten sich bei der Konschtituierenden Jeneralversammlung so lange rumjezankt, bis da würklich zwei Jruppen waren, eine jrüne und eine rote, und die eine war der Feind von der andern. Na, einmal is es auch zum Jefecht jekomm... sonst ham wa ja mehr organisiert, ja. Aber einmal ist es zum Gefecht jekomm — vierhundert Tote; der Jasoffizier, diß war 'n Jroßaktionär von Leverkusen, der war besoffen und hat nicht aufjepaßt, un da hat seine Jaskanone funktioniert, und so is es denn passiert. Die Panjes? Nee, die wahn nich da. Das heißt: die Mannschaft mußte doch wat ham — zum Requirieren un die Weiber un so. Da ham wa denn zweihundert Meechens reinjesetzt, mit ihre Kerls, das war die Bevölkerung, die machten die Einwohner, sozusagen. Na, un bei die jingen die, und wir auch manchmal, det heißt, wir ließen sie in Stab kommen... ein Budenzauber ham wa da valleicht jemacht! Doll! Prost —!

Wieso ich nu wieder hier bin? Ja, Hauser, Sie wern lachen, es ist ja auch sehr komisch... wie soll ich Ihn das erklären... Hörn Se zu. Es hat mir auf die Dauer keen Spaß jemacht.

Wir hatten doch alles, nicha? Kriechskorrespondenten — ich hab selber einen in Hintern jetreten — Feldrabbiner... die Korrespondenten und die Rabbiner, diß wahn die einzigen Juhn aufn K. S. P. — wir hatten doch wirklich alles... aber, wissen Sie: mir hat was jefehlt. Ich haa manchmal, wenn ich nachts die Posten revidiert habe, und wenn ich denn so mit meinen Gott und meinen Suff alleene war — denn hab ich so nachjedacht, warum mir diß kein Spaß macht. Was mir eijentlich fehlt. Denn mir hat was jefehlt, Hauser... Prost! Wissen Sie, was mir jefehlt hat?

Sie, daß wahn doch alles Freiwillje, die da wahn, nicha? Die wollten doch alle — vastehn Se?

Det machte keenen Spaß. Sie, ich habe doch jedient, vorn Krieje habe ich meine vierzehn Jahre runterjerissen; ich weeß doch, wies is. Sie, wenn sie denn so ankam, die Rekruten — in Zivil sind sie immer an ein vorbeijejangen, aber nu auf einmal wahn se jahnicht mehr. Sie — da wurn se janz kleen! Da kam se denn an, und die Kellner wollten kellnerieren, und die Schohspieler konnten auf einmal schreihm, in die Schreibstube, und die Herren Rechtsanwälte... und denn jing det: Herr Feldwebel vorne und Herr Feldwebel hinten — wir hatten se doch, vastehn Se! und wat se konnten, det machten se

denn vor, wie die kleenen dressierten Hundchen! Und janz nah ran-
jehn konnte man an se, und nicht mucksen durften se sich, janz still
ham se jestanden und ham een bloß anjejlupscht! Ich wußte doch
was die dachten! Aber denken jabs nich. Immer denk man, dacht
ick. Disseplin muß sind! Det wah da nu alles nich. Die Bevölkerung
kniff doch een Oohre zu, wenn wir jebrüllt ham und alles zertep-
pert ham — es war doch vorher alles bezahlt! Wie in die Schmeiß-
küche. Die Mannschaften, die wahn doch ooch bessahlt ... Uns fehlte ehmt der, der nich wollte, vastehn Se? Da fehlte ehmt das Wider-
strehm; der Widerstand, det unbotmäßje Element, sozusagen —
ehmt die Sozis, nee, die nich, die wolln ja ... aber die Kommenisten
und die Pazifisten und die Weiber, die wirklich heulen, wissen Sie,
wo det echt is ... die Meechen, die einen anbeten, weil se an ein
jlauben; die Lümmel auf der Straße, die sich vakriechen, wenn un-
sereiner kommt; die Beljier, die man konnte knuten — Sie! es war
nicht echt — vastehn Se mich? Es war Falle.

Da bin ick denn abjehaun. Die kämpfen da noch ... aber der richtige Frontjeist is det nich mehr. Die meisten ham auch schon 'n kleinen Laden aufjemacht: Ludendorff is Maurer jeworn, der hat 'n
Maurerei, Tirpitz vakauft Bartwuchsmittel, und Noske zücht Blut-
hunde, die vadien schon janz hipsch. Hakenkreuz am Stehl ... am
Stahlhelm — wa doch 'ne schöne Zeit! Aber det richtche war et nich.
Nu willch mich mah in Berlin umsehn — in die Autobranche oder bei
die Industrie — die brauchen ja immer een zum Orjanisieren ...
denn orjanisiert muß sein. Jejen die Arbeiter, wissen Sie —! Ja, nu
bin ich wieder da. Na, un was ham Sie die janze Zeit jemacht —?

Kaspar Hauser (1929)

JUBILÄUM

Seid ihr alle noch da —?
Ja —?

Immer dieselben Offiziere.
dieselben Verschwörungs-Kavaliere,
unfähig, etwas Gescheites zu werden,
ewige, ewige Landsknechte auf Erden;
dieselbe Wichtigkeit mit «Kurieren»,
derselbe Rummel im Organisieren ...
Denn im Felde das Saufen ... das gute Essen ...
das können die Herren nun mal nicht vergessen.
Immer noch Ansprachen mit Hurra ...

Seid Ihr auch alle da —?
Ja —?

Ihr habt so viel Geld. Von Köln bis Berlin
spenden die notleidenden Industrien;
und es spendet auch voller Saft und Kraft
die arme, notleidende Landwirtschaft.
Und mit diesem Geld ist es euch gelungen:
ihr habt auch scharenweise die Jungen.
Und was für Jugend!
            Die muß man sehen,
die Uniformen, die mit euch gehen:
Eine verbrüllte, verhetzte Masse,
mit der ganzen Sehnsucht zur blonden Rasse,
die nun einmal jeden entflammt,
der aus Promenadenmischungen stammt.
Die Gehirne verkleistert im achtzehnten Jahr,
Deutschland im Maul und Schuppen im Haar ...
Abschaum der Bürger vom Belt bis zum Rhein —
Und das soll Deutschlands Zukunft sein —?

Euch stört doch kein republikanisches Schwein?
Nein —?

Die Republikaner sehen in Ruh
euerm klirrenden Getümmel zu.
Kein Staatsanwalt tät ein Wörtlein sagen —
er muß ja die Kommunisten jagen.
Und sie sehen nicht, was in der Reichswehr geschieht ...
Es ist immer dasselbe alte Lied:
Der Bürger hofft. Und zieht einen Flunsch.
Und hat im ganzen nur einen Wunsch:
Es soll sich nichts ändern. Die Bahnen solln gehn.
Er will ins Geschäft, um viertelzehn ...
Das ist schon wahr. Das muß man begreifen.
Ihr habt auch schon recht, darauf zu pfeifen.
Ihr vergeßt nur: die Leute eurer Partie
sind genau dieselben Bürger wie die!
Nur lauter. Nur dümmer. Nur mit mehr Geschrei.
Und was gerne prügelt, ist auch dabei.

Seid Ihr alle wieder da —?
Ja —?

Na, dann man los! Laßt die Gewehre knallen!
Die Leute werden hungern. Die Währung wird fallen.
Arbeiter werden auf dem Pflaster liegen.
Ihr werdet Waffenlose besiegen ...
Sprung auf! Marsch-Marsch!
            Auf zum Tag des Gerichts —!
Und gehts schief —:
            Ihr riskiert ja weiter nichts.

                              Theobald Tiger (1930)

JA, BAUER, DAS ... !

Sämtliche Buchhändlerfenster sind voll
von Kriegsbüchern und Romanen.
Die Presse war schuld! Der Kaiser war toll!
Man hat uns mit allen Schikanen
       belogen,
       betrogen,
       dumm gemacht,
       ums Denken gebracht —
         Großer Katzenjammer.
Natürlich hat es sich nicht gelohnt.
Natürlich hätten wir die andern geschont.
Natürlich ist alles ganz falsch gewesen.
Natürlich ist unschuldig deutsches Wesen.
       Auf ein Mal
       sind sie sentimental,
       gefühlvoll, pathetisch und Kriegsverdammer.
         Großer Katzenjammer.

Aber —:
   Geht das morgen wieder los,
vertauschst du nur die Farben,
dann erleiden Millionen ein schlimmeres Los —
vergessen, wie andere starben.
   Polen zum Beispiel ... der Korridor ...
   Da stürmen zehntausend Freiwillige vor ...
   da knattern die neuen Fahnen im Wind;
   da bilden Großvater und Enkelkind
   das von ihrer Zeitung befohlene Spalier!
      Deutschland seis Panier!
   Flaggen! Geflaggt ist jedes Haus.
      Burschen heraus!
   Und du hörst im Knallen des Salamanders:
      Ja, Bauer, das ist ganz was anders —!
                 Theobald Tiger (1929)

GEBET NACH DEM SCHLACHTEN

Kopf ab zum Gebet!

Herrgott! Wir alten vermoderten Knochen
sind aus den Kalkgräbern noch einmal hervorgekrochen.
Wir treten zum Beten vor dich und bleiben nicht stumm.
Und fragen dich, Gott:
       Warum —?

Warum haben wir unser rotes Herzblut dahingegeben?
Bei unserm Kaiser blieben alle sechs am Leben.
Wir haben einmal geglaubt ... Wir waren schön dumm ... !
Uns haben sie besoffen gemacht ...
                    Warum —?

Einer hat noch sechs Monate im Lazarett geschrien.
Erst das Dörrgemüse und zwei Stabsärzte erledigten ihn.
Einer wurde blind und nahm heimlich Opium.
Drei von uns haben zusammen nur einen Arm ...
                    Warum —?

Wir haben Glauben, Krieg, Leben und alles verloren.
Uns trieben sie hinein wie im Kino die Gladiatoren.
Wir hatten das allerbeste Publikum.
Das starb aber nicht mit ...
                    Warum —? Warum —?

Herrgott!
Wenn du wirklich der bist, als den wir dich lernten:
Steig herunter von deinem Himmel, dem besternten!
Fahr hernieder oder schick deinen Sohn!
Reiß ab die Fahnen, die Helme, die Ordensdekoration!
Verkünde den Staaten der Erde, wie wir gelitten,
wie uns Hunger, Läuse, Schrapnells und Lügen den Leib zer-
                    schnitten!
Feldprediger haben uns in deinem Namen zu Grabe getragen.
Erkläre, daß sie gelogen haben! Läßt du dir das sagen?
Jag uns zurück in unsre Gräber, aber antworte zuvor!
Soweit wir das noch können, knien wir vor dir — aber leih uns
                    dein Ohr!
Wenn unser Sterben nicht völlig sinnlos war,
verhüte wie 1914 ein Jahr!
Sag es den Menschen! Treib sie zur Desertion!

Wir stehen vor dir: ein Totenbataillon.
Dies blieb uns: zu dir kommen und beten!
          Weggetreten!
                                        Theobald Tiger (1924)

DER MANN AM SPIEGEL

Aber auf einmal
ist die glatte Sicherheit deines gebügelten
                    Rockes dahin;
die Angst ist da.
Angst sitzt in den dunkeln Vertiefungen
                    deiner Nase,
mit der du die Luft einschaufelst;
das Blech am Kamin erzittert leise,
du hörst mit den Augen —

                    Der Mann am Spiegel
                    Kaspar Hauser (1928)

LEERE

Manchmal, wenn das Telephon nicht ruft, wenn keiner etwas von dir will, nicht einmal du selber, wenn die Trompeter des Lebens pausieren und ihre Instrumente umkehren, damit die Spucke herausrinnt... dann horchst du in dich. Und was... dann ist da eine Leere —

Dann ist da gar nichts. Die Geräusche schweigen; nun müßte doch das Eigentliche in dir tönen... es tönt nicht. Horche, daß sich dir die Stirn zusammenzieht — vielleicht ist es gar nicht da, das Eigentliche? Vielleicht ist es gar nicht da. Überfüttert mit Geschäften, Besorgungen, mit dem Leben, wie? Und das Fazit? Leere — Der Herr sollten sich wieder mal verlieben! Der Herr sollten nicht so viel rauchen! Schlecht geschlafen, was?... Die Witze rinnen an dir ab; das ist es alles gar nicht. Leer, leer wie ein alter Kessel — es schallt, wenn man dran bumbert...

Das wäre ja wohl der Moment, in den Schoß von Mütterchen Kirche zu krabbeln. Nein, diesem Seelenarzt trauen wir nicht mehr recht — wir wissen zu viel von ihm: wie er das macht, wie das funktioniert... ein Arzt muß ein Geheimnis haben. Das da ist wohl nichts für uns.

Aber die Indikation Gebet ist zutreffend. Was hast du? Lebensangst? Todesangst hast du. Auf einmal ist es aus, auf einmal wird es aus sein. «Ich werde mir doch sehr fehlen», hat mal einer gesagt. Ja, Todesangst und dann das Gefühl: Wozu? Warum das alles? Für wen? Gewiß, im Augenblick, wenn du nichts zu fressen hast, dann wirst du schon herumlaufen und dir was zusammenklauben, aber so ein echter, rechter Lebensinhalt dürfte das wohl nicht sein. Du hast dir zu viel kaputt gedacht, mein Lieber. Du probierst den Altarwein, du berechnest die Ellen Tuch, die an der Fahnenstange flattern, du liest die Bücher von hinten und von vorn... Gott segne deinen Verstand.

Dann wirst du langsam älter; wenn das Gehirn nicht mehr so will, setzt eine laue Stimmung ein, die sich als Gefühl gibt. Du siehst den kleinen Tierchen nach, wie sie im Sande krauchen, Gottes Wunder! du blickst auf deine eignen Finger, jeder eine kleine Welt, ein Wunder an Gestaltung auch sie, es lebt — und du weißt gar nicht, was das ist... Und dann noch einmal: Aufstand, große Aufrappelung, heraus da, vergessen!

Vergessen und zu Ingeborg kriechen wie ein Söhnlein zurück in der Mutter Leib; noch einmal: «Hallo, alter Junge! Na, auch da? — Heute abend? aber gewiß! Wohin? Zu den Mädchen — hurra!» Noch einmal: so ein dickes Buch und die halbe Bibliothek verschlungen, versaufen in Büchern... noch einmal die ganze Litanei von vorn. Nur mit diesem unterkietigen Gefühl als Grundbaß: Vergebens, vergebens, vergebens.

«Jede Zeit», lautet der flachste aller Gemeinplätze, «ist eine Übergangszeit.» Ja. Daß doch einer aufstände und an die Laterne brüllte: daß er nicht mehr mitmachen will — und daß es ein Plunder ist, ein herrlicher, und daß es anders werden soll — und daß nicht die Dinge regieren sollen, sondern der Mensch... ach, du grundgütiger Himmel. Da — hier haben Sie einen philosophischen Sechser: Jedes Leben ist ein Übergang — von der Geburt an bis zum Tode. Machen Sie sich dann einen vergnügten Lebensabend...

Wieviel tun wir, um diese Leere auszufüllen! Wer sie ausfüllt und noch ein Meterchen drüber hinausragt, der ist ein großer Mann. Wo einer seinen Kopf hat, hoch oben in den Wolken —: das besagt nicht viel. Aber wo er mit den Füßen steht, ob auf der flachen Erde oder tief unten... das zeigt ihn ganz. Und wer dann noch lachen kann, der kann lachen. «Sie werden doch nicht leugnen, daß die Entwicklung der modernen Industrien...» Die Trompeter blasen. Ja doch, ich komme schon.

Kaspar Hauser (1930)

MANCHER LERNTS NIE

Zu dir kommt kein Geld — zu dir nicht.

Erstens kommt Geld überhaupt nur dahin, wo schon etwas ist, Geld kommt zu Geld; in den Dalles fallen nur manchmal die Lotteriegewinne, bei deren Eintrudelung die armen, alten Zeitungsabonnentinnen die mürben Hände über dem Kopf zusammenschlagen und vor Fassungslosigkeit zu weinen anfangen. (Fettdruck.) Darauf geloben sie, sich eine Nähmaschine und eine Gurkenfabrik zu kaufen und fürderhin ein andres Leben zu führen. Das sind so Märchen...

Zweitens kommt zu dir kein Geld, weil du es nicht zündend genug liebst. Na ja, du möchtest es gern haben... aber damit ist es nicht getan. Gern haben? Du sollst nicht nur begehren deines Nächsten Bankkonto — du mußt Geld inbrünstig lieben, dich darauf herumsielen, es in die Körperhöhlungen klemmen, na, lassen wir das. Vor allem aber kommt es nicht zu dir, weil es sieht, wie du es ausgibst. Du gibst es falsch aus.

Nicht verschwenderisch... das ist wieder eine andre Sache. Nein, du gibst es aus, so —: «Bitte, was bin ich Ihnen schuldig? Hier...» Ganz falsch.

Solange du nicht weißt, was Geldauszahlen bedeutet, solange wirst du kein Geld haben. Zahlen ist himmlische Gnade, Barmherzigkeit, Manna, Segen und unendliche Herablassung. Die wird nicht so leicht ausgeteilt, mein Lieber.

Zu dir kommt das Geld nicht, weil du immer noch nicht gelernt hast: Wenn man von dir Geld haben will, so mußt du zunächst einmal das sagen, was jeder normale Mensch sagt, wenn man etwas von ihm haben will: Nein. Der, der von dir Geld haben will, sei dein Gegner, der Gottseibeiuns, dein Todfeind. So mußt du ihn behandeln.

Das will gekonnt sein. Nun komme mir ja nicht und erzähle: Ja, aber der andre hat doch für mich etwas geliefert, gearbeitet, getan... Du Hammel. Als obs darauf ankäme! Er ist der Feind, hör doch.

Sag erst einmal zu ihm: Nein. Dann: «Zeigen Sie mal her. Wieso drei Mark vierzig? Sie sind wohl verrückt?» — Und dann nimm einen Bleistift und streiche an der Rechnung herum. Und dann handele ihm die Hälfte ab. Und dann hol die Brieftasche heraus. Und leg die Rechnung hinein. Und zahle nicht. Und laß den andern warten. Wer zahlt dir? Also.

Und wenn du + + + einmal zahlst, so nach langer, langer Zeit und nach Abzug eines Skontos, den du dir am besten nach dem Diskont in Liberia bei 54 Grad im Schatten ausrechnest —: dann mußt du den, der das Geld von dir zu bekommen hat, ordentlich demütigen. Das kannst du doch für dein Geld verlangen, daß er dasteht und Gott dankt und gewissermaßen den Hut in den Händen dreht. «Na...», mußt du dann sagen; «Na... da! Fang auf! Is jut.» So zahlt man. Früher haben einem die Kerle wenigstens die Hände geküßt; heute geben sie einem eine Quittung... verdammte Zeit. Gibs ihm, wenn dus ihm gibst!

Siehst du: das mußt du wissen, für den Fall, daß du einmal in die ärgerliche Lage kommen solltest, etwas zahlen zu müssen. Zahlen ist: Gnade mit einem Fußtritt. Und besonders für den, der sich nicht wehren kann.

Aber du hörst ja nicht. Und daher kommt zu dir kein Geld — zu dir nicht. Mancher lernts eben nie.

Peter Panter (1930)

EIN GENIESSER

Der dicke Mann spricht:

«Wir marschierten damals von Suwalki in den Tannenwald, den Kriegsschauplatz aufzuräumen. Ich war kein Held — ich bin zu dick. Und der Marsch war so beschwerlich —, den ganzen Weg über sprachen wir über Literatur und kühles Pilsener. Und da habe ich mir geschworen: Theobald, habe ich zu mir gesagt, wenn du hier noch mal gesund wieder rauskommst: du wirst dich in Watte legen. Du wirst überhaupt nie mehr marschieren. Du wirst dich pflegen wie eine Wöchnerin. Ehrenwort. (Wir Soldaten geben uns immer das Ehrenwort.) Gut; der Marsch nahm ein Ende, Suwalki blieb da liegen, wo es immer gelegen hat, der Krieg war aus.

Nun, ich habe mich nicht in Watte gelegt. Und ich marschiere auch noch ganz gut. Aber *eine* Gewohnheit ist mir geblieben, und Sie glauben nicht, wieviel Freude sie einem macht:

Sehen Sie, da ist dieses blitzend-kalte Glas Wasser. Wenn ich das... Sie erlauben... trinke, dann sehe ich in die kleine Wasserfläche, die da schräg im Glase steht, und denke mir mein Teil.

Ich denke mir nämlich:

Jetzt auf einer heißen Chaussee, mit der Kompagnie, und ein Staub und eine Hitze, und diese schwere Wolke von Mannsgeruch über den Reihen, das Hemd klebt am Körper, an den Oberschenkeln heult ein Wolf, den ich mir gelaufen habe, und der Tornister drückt ... und was soll das alles ... mein Gott ... jetzt ein Glas kaltes Wasser ... und es ist alles nicht wahr! — Da *ist* das Glas kalten Wassers, und ich trinke es nun nicht einfach so herunter, nein, ich schmecke seine Kühle, ich lasse es gluckernd durch die Kehle rinnen, ich trinke mit den Kiemen wie ein Fisch, ich koste alle Leiden, die ich nicht zu erleiden brauche — Sie! das ist ein großer Genuß.

Und so mache ich es in vielen Lagen des Lebens.

Bei mir geht es, wie Sie sehen, recht bescheiden zu. Aber denken Sie doch, was hier alles nicht ist:

Ich gehe umher, und kein Chef sagt zu mir: ‹Wenn man natürlich morgens nicht pünktlich da ist, dann hat man abends lange zu tun.›

Kein Arzt sagt: ‹Na, da kommen Sie mal rein —, da will ich mich mal ein bißchen an Ihnen vergreifen! Schwester! Das Kokain — Kopf mehr zurück ... noch mehr ...›

Keine Frau sagt zu mir: ‹So! Ach sieh mal an! Und der Brief von Hedy? Das war wohl auch nichts? Nein, das war gar nichts! Und wie Fanny gestern ... meinst du, ich habe nicht gesehen, wie du Fanny deine Glupschaugen gemacht hast, und noch dazu in meiner Gegenwart, ihr könnt ja nicht mal warten, bis ich aus dem Zimmer bin — du bist ein alter Bock! Dir ist das ganz gleich, wer das ist — wenn sie nur ...›

Kein Konsulatsbeamter sagt: ‹Kommen Sie wegen des Visums morgen nochmal. Wir brauchen dazu ein Impfzeugnis Ihrer Großmutter und eine schriftliche Bescheinigung, daß Sie in unserem Lande keine Papageienzüchterei aufmachen wollen. Und ... haben Sie selbst ansteckende Krankheiten? ... oder sind Sie Bolschewist ...?›

Kein stellvertretender Parteivorsitzender gibt mir seine ‹Einstellung› kund.

Keine launenhafte kleine Frau teilt mir mit, daß sie heute nicht wolle und überhaupt nie mehr.

Denken Sie doch, was hier alles *nicht* ist! Sie! Das ist ein großer Genuß.

Stoiker? Ach, gehen Sie. Mark Aurel? Sehe ich aus wie ein römischer Kaiser? Nein, dergleichen ist es gar nicht. Ich habe nur im Kriege gelernt:

Wenn man sich allemal vergegenwärtigt, wieviel Malheur es auf der Welt gibt, und daß man zufällig im Augenblick nicht daran beteiligt ist, dann schmeckt der Augenblick noch einmal so gut. Ich lebe nicht auf den Höhen des Daseins. Aber man möchte doch gern auf den Höhen des Daseins leben. Und da grabe ich mir eben so meine kleine Grube und blicke hinunter in die gähnende Tiefe ... Glück privat.»

Peter Panter (1930)

ES GIBT KEINEN NEUSCHNEE

Wenn du aufwärts gehst und dich hochaufatmend umsiehst, was du doch für ein Kerl bist, der solche Höhen erklimmen kann, du, ganz allein —: dann entdeckst du immer Spuren im Schnee. Es ist schon einer vor dir dagewesen.

Glaube an Gott. Verzweifle an ihm. Verwirf alle Philosophie. Laß dir vom Arzt einen Magenkrebs ansagen und wisse: es sind nur noch vier Jahre, und dann ist es aus. Glaub an eine Frau. Verzweifle an ihr. Führe ein Leben mit zwei Frauen. Stürze dich in die Welt. Zieh dich von ihr zurück...

Und alle diese Lebensgefühle hat schon einer vor dir gehabt; so hat schon einer geglaubt, gezweifelt, gelacht, geweint und sich nachdenklich in der Nase gebohrt, genau so. Es ist immer schon einer dagewesen.

Das ändert nichts, ich weiß. Du erlebst es ja zum ersten Mal. Für dich ist es Neuschnee, der da liegt. Es ist aber keiner, und diese Entdeckung ist zuerst sehr schmerzlich. In Polen lebte einmal ein armer Jude, der hatte kein Geld zu studieren, aber die Mathematik brannte ihm im Gehirn. Er las, was er bekommen konnte, die paar spärlichen Bücher, und er studierte und dachte, dachte für sich weiter. Und er fand eines Tages etwas, er entdeckte es, ein ganz neues System, und er fühlte: ich habe etwas gefunden. Und als er seine kleine Stadt verließ und in die Welt hinauskam, da sah er neue Bücher, und das, was er für sich entdeckt hatte, gab es bereits: es war die Differentialrechnung. Und da starb er. Die Leute sagen: an der Schwindsucht. Aber er ist nicht an der Schwindsucht gestorben.

Am merkwürdigsten ist das in der Einsamkeit. Daß die Leute im Getümmel ihre Standard-Erlebnisse haben, das willst du ja gern glauben. Aber wenn man so allein ist wie du, wenn man so meditiert, so den Tod einkalkuliert, sich so zurückzieht und so versucht, nach vorn zu sehen —: dann, sollte man meinen, wäre man auf Höhen, die noch keines Menschen Fuß je betreten hat. Und immer sind da Spuren, und immer ist einer dagewesen, und immer ist einer noch höher geklettert als du es je gekonnt hast, noch viel höher.

Das darf dich nicht entmutigen. Klettere, steige, steige. Aber es gibt keine Spitze. Und es gibt keinen Neuschnee.

Kaspar Hauser (1931)

BANGER MOMENT BEI REICHEN LEUTEN

Wenn ich bei den reichen Leuten eingeladen bin, also bei so reichen, daß es einen vor lauter Reichtum schon graust, dann ist da immer ein Augenblick, wo mir heiß wird und wo ich denke, daß mir nun gleich der Kragen platzt. Es ist alles so fein und so wunderbar herrlich: die Katzen sind noch hochmütiger als anderswo, die Hunde sind gut gezogen wie artig gebadete Kinder, das Stubenmädchen funktioniert lautlos wie der Teetisch auf Rollen, den sie wie auf der Bühne vor sich herschiebt, die gnädige Frau spricht leise und fast halblaut, diskret, fein — alles ist selbstverständlich und gewiß nicht snobistisch, es klappt wie geölt: und ich habe das lebhafteste Bedürfnis, einmal in die Vorhalle zu gehen, mich in eine Ecke zu stellen und ganz laut: «Scheibenkleister!» zu rufen, nur, damit das innere Gleichgewicht wieder hergestellt ist. So fein geht es da manchmal zu. Was ist es —?

Also es ist zunächst und zu allerunterst: der Neid. Daran darf man nicht zweifeln. Nicht Mißgunst. Es ist die stille Wut, es nicht so weit im Leben gebracht zu haben wie jene — der tiefe Glaube, ohne den man sich ja selbstmorden müßte: genau so viel wert zu sein wie jene; die Ablehnung der Rangordnung, nach der diese den höheren Platz einnehmen, und ihre tiefste Anerkennung. Aber es ist doch noch etwas anderes.

Wenn es bei den reichen Leuten so fein zugeht, dann habe ich immer den Herzenswunsch, mir den Rock auszuziehen und zu der feinen gnädigen Frau und zu dem gnädigen Herrn zu sagen: «Kinder, nun laßt das mal alles beiseite — nun wollen wir uns einmal erzählen, wie es im menschlichen Leben wirklich zugeht —!» Aber das darf man doch nicht. («Man sieht, Herr Hauser, daß Sie noch nicht —» Komm raus in die Vorhalle.)

Sie leben wattiert. Es ist da etwas Anämisches, etwas von einem luftleeren Raum. Sie sind von der Erdkruste durch eine Schicht Geld getrennt — sie sind, media in vita, lebensfremd, unserm Leben fremd. Es gibt doch gewiß alte, reiche Familien, die es schon gewohnt sind, viel Geld zu haben, es zu verwalten, es verdienen zu lassen, solche, die sich höchlich wunderten, als selbstverständliche Geste etwa nicht zur Bank zu schicken: aber auch bei denen, gerade bei denen, fühle ich schärfstens, daß ihre Natürlichkeit so oft nicht natürlich ist, daß sie einen zu engen weiten Anzug tragen, der ihnen übrigens ausgezeichnet sitzt, daß ihre Gelockertheit anerzogen ist, daß sich unter dem ganzen Gehabe von Selbstverständlichkeit etwas regt, das gar nicht reich ist. Ein Dickdarm ist nicht reich. Ein Herzmuskel ist nicht reich. Ein Oberschenkel ist nicht reich. Die Natur fühlt sich wohl im Reichtum — aber sie spielt das Spiel nicht mit; sie ist. Reich ist sie nicht.

Und darum dehne und strecke ich mich auf der kühlen Straße, wenn ich von den ganz reichen Leuten komme, und sage zu Paul: «Paule, wo jehn wir denn jetzt hin —?» Und dann gehn wir noch wohin und trinken einen Topf irgendeiner nassen Sache und bereden es alles miteinander und sind heilfroh, dem Backofen des Reichtums entronnen zu sein. Und für wen bin nun ich: ein Reicher? Wer beneidet mich?

Und dennoch hab ich harter Mann es immerdar gefühlt: mir ist ganz kannibalisch wohl, wenn ich wieder draußen bin.

Kaspar Hauser (1928)

Wenn das Stubenmädchen Wasser und Handtücher gebracht hat, sagt es: «Brauchen Sie noch etwas?» Das ist eine rhetorische Frage, und dann zieht es die Tür hinter sich zu. Nun bin ich allein.

In einem fremden Hotelzimmer öffnet man das Fenster und macht es wieder zu und geht hin und her. Die Bilder an den Wänden sind töricht, natürlich. Wenn man sich gewaschen hat, kann man pfeifen. Dann lege ich den Kopf an die Scheiben und mache ein dummes Gesicht. Die Nägel könnte ich mir auch mal schneiden.

Was tue ich eigentlich hier —?

Jetzt wäre schön, bei Gauclair in Paris mit einer runden, bequemen Dame zu sitzen. Mit einer, die weder Hemmungen noch Probleme geliefert haben will, sie sagt: «Iß nicht so schnell — mein Gott, ich nehms dir doch nicht weg —!» Ja, Paris.

Die Pyrenäen gehn mich überhaupt nichts an. Da treibe ich mich nun schon seit zwei Monaten umher, laufe und fahre von einem Ort in den andern, wozu, was soll das. Für morgen steht im Notizbuch eine besonders schwierige und mühselige Sache, und zwei ältere Bücher darüber muß ich auch noch lesen, vielleicht hat sie die Bibliothèque Nationale ... das ist ja alles lächerlich. Wie kalt die Fensterscheibe ist —

Jetzt schnurren die Gedanken in affenhafter Geschwindigkeit, die kleinlichsten Geschichten kommen wieder angetrabt, kein blutiger Schatten — viel schlimmer: Dummheiten. Herein! Es hat wohl nur einer die Wand geklopft. Was sind das für —

Alles kommt wieder. Es plagen und zwicken mich die verpaßten Gelegenheiten, die Antworten, die ich nicht gegeben habe, die kleinen Demütigungen, eingesteckt und bitter heruntergeschluckt, aber ein Nachgeschmack bleibt. Da stehe ich nun im Hotelzimmer und sage mir alles vor, was ich einstmals hätte sagen sollen, aber versäumt habe, zu sagen — aus Torheit, aus Mangel an Geistesgegenwart, aus Furcht ... Jetzt hole ich alles nach. Ich sage:

«Achttausend Mark, zahlbar am ersten Januar. Etwas andres kommt gar nicht in Frage.» — Ich sage: «Unmöglich? Tun Sie nur erst Ihr Möglichstes, Herr — das Weitere wird sich finden!» — Ich sage: «Deinen Ring, Lisa.» — Ich sage: «Hier liegt wohl ein Mißverständnis vor, ich habe Sie um eine sachliche Angabe, nicht um private Meinungsäußerungen gebeten.» Da war ein Brief ... den habe ich nicht geschrieben, ich schreibe ihn jetzt. Ich gebe es allen ordentlich — sie fragen so recht dummdreist, und meine Antwort kommt wie aus der Pistole geschossen.

Wie dunkel es ist und wie kalt. Sie könnten hier wirklich heizen, das schadete gar nichts. Aber dieser Repräsentationskamin da — pah! Ich mag morgen gar nicht aufstehen. Soll ich krank werden? Ich werde einfach sagen: ich bin krank. Dem Führer mit seinen Pferden wird das übrigens gleich sein, denn er ist bestellt, und ich muß ihn bezahlen. Und hier im Hotel macht das Kranksein auch keinen rechten Spaß. Aber ich gehe ganz früh zu Bett, das sage ich dir. Wem ...?

Das sage ich dir.

Wenn sie guten Rotwein haben, werde ich mir fürchterlich einen ansaufen. Vielleicht gibt es Vieux Marc, aber nicht in diesen kleinen Gläsern.

Jetzt ist es blaudunkel.

Wenn jetzt einer hereinkäme und mich fragte: «Sagen Sie mal, was machen Sie eigentlich hier —?» ich müßte antworten:

«Ich vertreibe mir so mein Leben.»

Peter Panter (1927)

DER MANN AM SPIEGEL

Plötzlich fängt sich dein Blick im Spiegel
und bleibt hängen.
Du siehst:

Die nackt rasierten Wangen
— «Backe»: das ist gut für andere Leute —
den sanft geschwungenen Mund, die glatte Oberlippe,
die Krawatte sitzt — nein, doch nicht:
zupf!

Jetzt bist du untadlig.
Haare, Nase, Hals, Kragen, Rockschultern sind ein gut kom-
    poniertes Bild —
tief bejaht dich dein Blick.
Wohlgefällig ruhst du auf dir,
siehst die seidigen Ränder der Ohrbrezeln,
unmerklich richtest du dich auf —
du bist so zufrieden mit dir
und fühlst das gesunde Mark deines Lebens.

Übrigens haben die Fliegen auf dem Spiegelglas gesessen,
oder ein chemischer Vorgang hat das Quecksilber bepickelt:
kleine blinde Pupillen sitzen darauf . . .

Nun stell den innern Entfernungsschätzer der Augen wieder
    um:

An der rechten Schläfe
— aber nur, wenn man schärfer hinsieht —
stehn ein paar kleine Runzeln,
Schützengräben der Haut —
nein, es sind noch keine Runzeln,
doch da, an dieser Stelle, werden sie einst stehn.

Dann bist du ein alter Mann;
dann sagen die Leute: «Der alte Kaspar —»;
dann wird ein Mädchen leise ausgelacht, der du etwas zu-
    flüsterst —

«Mit dem alten Mann . . .?» sagen ihre Freundinnen.
Alter Mann.

Wie ihr euch anseht:
der Glasmann und du!
Nie
nie wird dich jemals ein anderer Mensch so ansehen,
ohne Beigeschmack von Ironie.
Du kannst dich gar nicht im Spiegel sehn.
Tat twam asi —?

Glatt ist dein Gesicht, sauber gewaschen und frottiert.
Zeit ist darüber hingespült.
Dein Gesicht, den Schuttplatz deiner Gefühle, hast du zu-
sammengelogen, zusammengelacht,
geküßt, geschwiegen, gelitten, geseufzt: zusammengelebt —
sieh, unterhalb des linken Auges bist du leicht fleckig.

Mach dein Spiegelgesicht!
Was in den letzten Jahren alles gewesen ist,
nichts davon ist dir anzusehen.
Alles ist dir anzusehen.

Fakire sollen sich manchmal allein hypnotisieren.
Wenn man sich lange in den Spiegel sieht, steht im Lexikon,
verfällt man in Trance . . .
du siehst den Spiegelmann an,
der sieht, wie du siehst —
du siehst, wie er sieht, wie du . . .
Reiß deinen Blick zurück! Erwache.

So, mit dem aufgestützten Arm, ergäbe das eine gute Photographie für die illustrierten Blätter:
ernst blickt der Dichter den Abonnenten an,
Ehrfurcht erheischend und einen zerstreuten Blick lang auch
zugebilligt; unnahbar, sehr sicher,
wie aus gefrorenem Schmalz gehauen — ein fertiges Ding.

In den zwei glitzernden Pünktchen, die
in der Mitte deiner Augen angebracht sind,
funkt das Leben.
Eigentlich sind wir ganz schön, wie —?
Du betrachtest dich, wie sich die Männer in den Friseur-
läden betrachten,
wenn sie, haargeschnitten, aufstehn:
«Es ist, Gott sei Dank, alles da, und wir sind repräsentative
Erscheinungen —!»
Mit einem langen Blick sehen sie sich im Spiegel an:
Kontrollversammlung der Kompanie, vorgenommen durch
den Feldwebel Auge —
nicht losreißen können sie sich,
dann ziehen sie ihre Weste herunter

und gehen neu gestärkt auf die Straße,
durchaus bereit zum Kampf mit den andern, denen man nicht
    die Haare geschnitten hat.

Aber auf einmal
ist die glatte Sicherheit deines gebügelten Rockes dahin;
die Angst ist da.
Angst sitzt in den dunkeln Vertiefungen deiner Nase,
mit der du die Luft einschaufelst;
das Blech am Kamin erzittert leise,
du hörst mit den Augen —

Sag etwas!
Sprich!
Prophezeie, wie es weiter werden wird!
Ob ich gepflegt sterbe, im Bett: umgeben von einem ernsten
    Professor, einer weißen Krankenschwester und süßlich
    riechenden Flaschen;
oder ob ich auf kalter Chaussee verrecke, ganz allein —
zu den andern Landstreichern habe ich manchmal französisch
    gesprochen, weil ich doch etwas Besseres gewesen bin;
ob ich mich zerhuste oder sacht im Sessel zurücksinke . . .
In das Weiße der Augen steigt langsam Rot auf —
welch ein Mitleid hast du mit dir!
Du betest dich hassend an.

Sprich!
Prophezeie:
Erfolg — Ansehen — Vergessenheit — Geldmangel — Demüti-
    gung; es gleiten die wohlgenährten Kameraden vorbei
    und klopfen dir ermunternd auf die Schulter, in leiser
    Schadenfreude.

Flocke. Geküßter Mund. Belebte Kopfkugel.
Mit mobilisierten Muskeln seht ihr euch beide an.
Noch ist nichts zu sehn. Noch seid ihr beide schön.
Tief unten knistert die Angst.
«Sie haben», so sagt der Spiegelmann zu dem andern Mann,
«da ein Haar auf Ihrem Rockkragen!
Sehn Sie? es glänzt im Schein der abendlichen Lampe — das
    darf, merkwürdigerweise, nicht sein; nehmen Sie es bitte
    herunter —!»
Sorgsam entfernt ihr das Haar.

Ich gehe vom Spiegel fort.
Der andre auch —
Es ist kein Gespräch gewesen.
Die Augen blicken ins Leere,
mit dem Spiegelblick —
ohne den andern im Spiegel.

Allein.

Kaspar Hauser (1928)

KIRCHHOFSMAUER

Die Katholiken sitzen vor ihrer Hütte. Ein Heide geht vorbei und pfeift sich eins. Die Katholiken tuscheln: «Der wird sich schön wundern, wenn er mal stirbt!» Sie klopfen sich auf den Bauch ihrer Frömmigkeit, denn sie haben einen Fahrschein, der Heide aber hat keinen, und er weiß es nicht einmal. Wie hochmütig kann Demut sein!

So verschieden ist es im menschlichen Leben.

Peter Panter (1931)

IN WEISSENSEE

Da, wo Chamottefabriken stehn
— Motorgebrumm —
da kannst du einen Friedhof sehn.
mit Mauern drum.
Jedweder hat hier seine Welt:
ein Feld.
Und so ein Feld heißt irgendwie:
O oder I ...
Sie kamen hierher aus den Betten,
aus Kellern, Wagen und Toiletten,
und manche aus der Charité
nach Weißensee,
nach Weißensee.

Wird einer frisch dort eingepflanzt
nach frommem Brauch,
dann kommen viele angetanzt —
das muß man auch.
Harmonium singt Adagio
— Feld O —
das Auto wartet — Taxe drei —
Feld Ei —
Ein Geistlicher kann seins nicht lesen.
Und was er für ein Herz gewesen,
hört stolz im Sarge der Bankier
in Weißensee,
in Weißensee.

Da, wo ich oft gewesen bin,
zwecks Trauerei,
da kommst du hin, da komm ich hin,
wenns mal vorbei.
Du liebst. Du reist. Du freust dich, du —
Feld U —
Es wartet in absentia
Feld A.
Es tickt die Uhr. Dein Grab hat Zeit,
drei Meter lang, ein Meter breit.
Du siehst noch drei, vier fremde Städte,
Du siehst noch eine nackte Grete,
noch zwanzig-, dreißigmal den Schnee —
und dann:
Feld P — in Weißensee —
in Weißensee.

Theobald Tiger (1925)

DREI BIOGRAPHIEN

«Sie sind der ungeborene Peter Panter —?» sagte der liebe Gott und strich seinen weißlichen Bart, der stellenweise etwas angeraucht war. Ich schwamm als helle Flocke in meinem Reagenzgläschen und hüpfte bejahend auf und nieder. «Für Sie gibt es drei Möglichkeiten», sagte der himmlische Vater und zerdrückte in unendlicher Güte eine Wanze, die ihm über das Handgelenk lief. «Drei Möglichkeiten. Wollen Sie sich bitte überprüfen und mir dann mitteilen, welche Wahl Sie getroffen haben. Es liegt uns viel daran, bei dem herrschenden Streit zwischen Deterministen und Indeterministen es mit keiner von beiden Parteien zu verderben. Suchen Sie hier oben aus, was Sie einmal werden wollen — unten können Sie nachher nichts dafür. Bitte.» Der alte Mann hielt mir einen großen Pappdeckel vor das Gläschen, auf dem stand zu lesen:

I.

Peter Panter (1. Verarbeitung). Geboren am 15. April 1889, als Sohn armer, aber gut desinfizierter Eltern, zu Stettin auf der Lastadie. Vater: Quartalssäufer, das Jahr hat fünf Quartale. Mutter: Abonnentin des Berliner Lokalanzeigers. Studiert das Tierarzneiwesen in Hannover und wird 1912 städtisch approbierter Kammerjäger in Halle. Zwei Frauen: Annemarie Prellwitz, edel, Schneckenfrisur, in Flanell (1919—1924); Ottilie Mann, sorgfältig, korrekt, von großem Gebärfleiß, in Ballonleinen (1925—1937). Vier Söhne; danach Anschaffung eines deutschen Perserteppichs. 1931: Reinigung des Bartes von Hermann Bahr, Bahr kommt heil davon, P. wird katholisch. Wird im Juni 1948 nach Wien berufen, um die Wanzen, die sich in der Feuilletonredaktion der «Neuen Freien Presse» angesammelt haben, zu vertilgen. Da die Operation selbstverständlich mißlingt, wird Kammerjäger P. trübsinnig. Hört in dieser Geistesverfassung am 20. April 1954 einen Keyserling-Vortrag. Tod: 21. April. Panter geht mit den Tröstungen der katholischen Kirche versehen dahin, nachdem er kurz zuvor mit großem Appetit ein Mazze-Gericht verzehrt hat. Beerdigungswetter: leicht bewölkt, mit schwachen, südöstlichen Winden. Grabstein (Entwurf: Paul Westheim): 100,30 Mark, Preis des Marmors: 100 Mark. Stets in Ehren gehaltenes Andenken: acht Monate.

●

«Nun —?» sagte der liebe Gott. «Hm —», sagte ich. Und las weiter.

II.

Peter Panter (2. Verarbeitung). Geboren am 8. Mai 1891 als ältester Sohn des Oberregierungsrats Panter sowie seiner Ehefrau Gertrud, geborene Hauser. Das frühgeweckte Kind hört schon als Knabe auf dem linken Ohr so schwer, daß es für eine Justizkarriere geradezu

227

prädestiniert erscheint. Tritt in das Corps ein, in dem ein gewisser Niedner alter Herr ist —

Der liebe Gott behakenkreuzigte sich. Ich las weiter:

— und bringt es bald zu dem verlangten korrekt-flapsigen Benehmen, das in diesen Kreisen üblich ist. 1918: Kriegsassessor, gerade zu Kaisers Geburtstag. Schwört demselben ewige Treue. 1919: Hilfsbeamter im Staatskommissariat für öffentliche Ordnung; der Staatskommissar Weismann sitzt, aus altpreußischer Schlichtheit, in keinem Fauteuil, sondern auf einer Bank und hält dieselbe Tag und Nacht. Landgerichtsrat Panter leistet der Republik die größten Dienste sowie auch ihrem Präsidenten. Schwört demselben ewige Treue. Beteiligt sich 1920 am Kapp-Putsch, berät Kapp in juristischen Fragen und schwört demselben ewige Treue. Durch das häufige Schwören wird man auf den befähigten Juristen aufmerksam und will ihn als obersten Justiziar in die Reichswehr versetzen. Inzwischen wird Rathenau ermordet, weshalb die Republik einen Staatsgerichtshof über sich verhängt, wo ohne Ansehen der Sache verhandelt wird. Dortselbsthin als Richter versetzt, verstaucht er sich im Jahre 1924 beim Unterschreiben von Zuchthausurteilen gegen Kommunisten den Arm. Eine Beerdigung entfällt, da ein deutscher Richter unabsetzbar ist und auch nach seinem Tode noch sehr wohl den Pflichten seines Amtes nachkommen kann.

•

«Wie kann man so tief sinken —!», sagte der liebe Gott, weil ich inzwischen auf den Boden des Reagenzgefäßes gekrochen war. Ich wackelte mit dem Schwänzchen, der liebe Gott erriet richtig «Nein!», bedavidsternte sich und gab mir

III.

zu lesen:

Peter Panter (3. Verarbeitung). Geboren am 9. Januar 1890 zu Berlin mit ungeheuren Nasenlöchern. Seine Tante Bertha umsteht seine Wiege und hat es gleich gesagt. Gerät nach kurzen Versuchen, ein anständiger Mensch zu werden, in die Schlingen des Herausgebers S. J., der ihn zu mannigfaltigen Arbeiten verwendet: er darf zu Beginn der Bekanntschaft Artikel und Gedichte schreiben, bringt es aber schon nach fünfzehn Jahren zum selbständigen Brieffrankieren und andern wichtigen Bureauarbeiten. Nimmt nacheinander die Pseudonyme Max Jungnickel, Agnes Guenther, Waldemar Bonsels und Fritz von Unruh an. Kann aber niemand darüber hinwegtäuschen, daß hinter diesen Namen nur ein einziger Verfasser steht. Wird von Professor Liebermann in Öl gestochen und schenkt ihm als Gegenangebinde einen echten Paul Klee, den Liebermann jedoch nicht frißt. Panter stirbt, als er alles weiß und nichts mehr kann — denn so kann man nicht leben.

«Nun — ?», fragte der liebe Gott. «Hm —», sagte ich wieder. «Könnte man nicht die drei Biographien kombinieren? Etwa so, daß ich als Sohn des Oberregierungsrats Kammerjäger bei der ‹Welt- bühne› . . .»

«Beeilen Sie sich!», sagte Gottvater streng. «Ich habe nicht viel Zeit. Um zehn Uhr präsidiere ich drei Feldgottesdiensten: einem polnischen gegen die Deutschen, einem deutschen gegen die Polen und einem italienischen gegen alle andern. Da muß ich bei meinen Völkern sein. Also — wählen Sie.»

Und da habe ich dann gewählt.

Peter Panter (1926)

BEFÜRCHTUNG

Werde ich sterben können —? Manchmal fürchte ich, ich werde es nicht können.

Da denke ich so: wie wirst du dich dabei aufführen? Ah, nicht die Haltung — nicht das an der Mauer, der Ruf «Es lebe . . .» nun irgend etwas, während man selber stirbt; nicht die Minute vor dem Gas- angriff, die Hosen voller Mut und das heldenhaft verzerrte Ange- sicht dem Feinde zugewandt . . . nicht so. Nein, einfach der sinnlose Vorgang im Bett. Müdigkeit, Schmerzen und nun eben das. Wirst du es können?

Zum Beispiel, ich habe jahrelang nicht richtig niesen können. Ich habe geniest wie ein kleiner Hund, der den Schluckauf hat. Und, verzeihen Sie, bis zu meinem achtundzwanzigsten Jahre konnte ich nicht aufstoßen — da lernte ich Karlchen kennen, einen alten Korps- studenten, und der hat es mir beigebracht. Wer aber wird mir das mit dem Sterben beibringen?

Ja, ich habe es gesehn. Ich habe eine Hinrichtung gesehn, und ich habe Kranke sterben sehn — es schien, daß sie sich sehr damit plag- ten, es zu tun. Wie aber, wenn ich mich nun dabei so dumm anstelle, daß es nichts wird? Es wäre doch immerhin denkbar.

«Keine Sorge, guter Mann. Es wird sich auf Sie herabsenken, das Schwere — Sie haben eine falsche Vorstellung vom Tode. Es wird . . .» Spricht da jemand aus Erfahrung? Dies ist die wahrste aller Demo- kratien, die Demokratie des Todes. Daher die ungeheure Überlegen- heit der Priester, die so tun, als seien sie alle schon hundertmal ge- storben, als hätten sie ihre Nachrichten von drüben — und nun spie- len sie unter den Lebenden Botschafter des Todes.

Vielleicht wird es nicht so schwer sein. Ein Arzt wird mir helfen, zu sterben. Und wenn ich nicht gar zu große Schmerzen habe, werde ich verlegen und bescheiden lächeln: «Bitte, entschuldigen Sie . . . es ist das erste Mal . . .»

Kaspar Hauser (1929)

REQUIEM

Am 24. Mai ist er sanft entschlafen, und am 27. Mai haben wir ihn begraben. Es war eine erhebende Feier.

●

Es war so überraschend schnell gegangen. Am Mittwoch hatte er noch Spengler gelesen und andern Unfug getrieben, als um dreiviertel sieben Uhr abends zwei Freikarten für eine neue Operette einliefen. War es nun die Gelehrsamkeit des 18prozentigen Industrie-Philosophen oder der Schreck — kurz: Wrobel bekam Atembeschwerden, und, seiner Sinne nicht mehr mächtig, ließ er den Halsspezialisten Dr. Puppe rufen. Bevor der noch in der Eile den letzten Teuerungsindex errechnen konnte, glitt der Patient dahin, und alles war aus. Der schwer erschütterte Mediziner saß im Vorzimmer des Toten — es war die erste Nasenscheidewand in seinem Leben, die unoperiert davongekommen war —, und als ihm nun eröffnet wurde, daß er als Vermächtnis alle Jahrgänge der «Weltbühne» geerbt hatte, da weinte der große und starke Mann bitterlich.

Wir andern aber formierten den Trauerzug und setzten uns langsam in Bewegung. Vorn rollte der Dichter selbst — zum Glück war der Sarg geschlossen, denn der Anblick des im Wagen fahrenden Wrobel hatte stets den Neid und den Abscheu aller Vorübergehenden erregt. Immer hatte er in den großstädtischen Automobilen nach der Melodie gesessen: «Wie gut, daß ihr lauft!» Das konnte er dieses Mal nicht sagen. Schwer zogen die Pferde an der ungewohnten Last. Bekanntlich hatte Wrobel falsch ausgesehen — die tiefe Tragik seines Lebens bestand darin, daß jeder, der ihn kennenlernte, beleidigt fragte: «Sie sind Herr Wrobel? Sie habe ich mir ganz anders vorgestellt!» Und auf die bescheidene Frage, wie man sich ihn denn vorgestellt habe, erfolgte jedesmal die Antwort: «Nun — hager, blau rasiert und mit einer Intellektual-Brille versehen!» Und dann hatte Wrobel jedesmal zu bedauern — aber es half ihm nicht: er sah falsch aus. Das also fuhr im vordersten Wagen.

Dahinter folgte eine unübersehbare Reihe von drei Droschken. In der ersten saß die republikanische Partei Deutschlands; ein Mitglied hatte auf dem Bock Platz genommen, weil es eine Sondergruppe bildete und sich mit den andern nicht vertrug. Im zweiten Wagen saßen die Geliebten des Dichters — von jeder Haarfarbe eine zur Auswahl. Die Damen hatte sich sofort miteinander verständigt, denn sie waren sich über die zahllosen Lächerlichkeiten des lieben Verstorbenen vollkommen einig: er schnarchte, machte Plüschaugen, bevor er mit den Mädchen geschlafen hatte, und war im ganzen von einem stinkenden Geiz. Alle in diesem Wagen hatten ihn wirklich geliebt, ehe sie ihn persönlich kannten; auch gaben sie ihn für eine freundliche Erinnerung aus: an die Zeit der Kopulation selbst mochte keine gern zurückdenken. Die dritte Droschke war leer — der Kutscher fuhr aus Langerweile mit, und weil er hoffte, auf dem Friedhof eine gute Fuhre zu bekommen.

Der Friedhof war stippevoll. Als der Wagenzug räderknirschend das schmiedeeiserne Tor erreicht hatte, senkten sich alle Zylinderhüte. Der Sarg wurde durch das Spalier getragen. Hinter Trauerbosketts aus frischem Suppengrün setzte sich ein unsichtbarer Chor in musikalische Bewegung — der Direktor Rudolph Nelson dirigierte ihn, leicht verärgert, daß man ihn so aus seiner Ruhe gestört hatte, würdevoll und eingedenk der hohen Vorschüsse, die da zu Grabe getragen wurden. Er konstatierte mit Befriedigung, daß auch hier alles ausverkauft war, nickte mit dem kleinen dicken Kopf aus dem tadellosen schwarzen Überzieher, sah zu Käthchen Erlholz, seiner Frau, hinüber, die dastand und sich furchtbar mopste — und der Chor begann:

«Mir ist heut so nach Tamerlan!»

Das war eines jener zahllosen Chansons des Verstorbenen, angefertigt für die Kreise, die er so zu verachten vorgab; mit der einen Hand kritisierte er sie, mit der andern zapfte er ihnen den Sekt ab. Er war eben eine problematische Natur ...

Die Leute schritten langsam zur Trauerhalle.

Unter den Erschienenen bemerkten sich unter anderen:

Herr Pallenberg; Frau Massary; der gefeierte Emil Jannings, der, wie alle vernünftigen Leute, gegen Begräbnisse eine schwere Antipathie hatte, aber gefaßt war, aussah wie ein trauernder ägyptischer Koloß und dachte: «Mensch, wenn ich bloß erst wieder zu Hause wäre —!»; zwei Zeitungsherausgeber, die dem Verstorbenen für alle seine Arbeiten zusammen so viel Honorar gezahlt hatten, wie ihre Autofahrt nach dem Friedhof kostete; kleine Damen, die sich in Rheinsberg hatten verführen lassen und dem Toten dafür dankbar waren, obgleich der gar nichts davon gehabt hatte; mit einer Hand in der Hosentasche: Georg Bernhard; Claire Waldoff; Paul Graetz, der sein wirklich ernstes Gesicht aufgesetzt hatte («Denn er war meiner!») — und der in guter Haltung daherschritt, weil er der einzige Berliner Komiker war, weit und breit; eine Abordnung von Nazis, die der Tote so geschätzt hatte ... Und Gussy Holl stand da, entzückend ließ sich ihr helles Blond zu dem feinen Schwarz ihres neuen Tuchkleides — :«Doktor, rat mal, was das Kleid gekostet hat?» Aber der Doktor konnte es ihr nicht mehr sagen — zum erstenmal in seinem Leben war er pathetisch geworden und lag in seinem Sarg und schwieg. Und alle Lebenden haben Unrecht vor einem Toten.

Die Republik hatte einen amtlichen Vertreter geschickt. Das heißt: eigentlich hatte der bei Wrobels Begräbnis gar nichts zu suchen, sondern er war ausgesandt worden, um namens der Reichsstelle für die Förderung deutscher Gebrauchskatzen zu dem Tode des Oberförsters Karnowsky sein amtliches Beileid auszusprechen. Der hohe Beamte aber hatte sich im Feld geirrt und ging hier nun ahnungslos mit. Er wurde späterhin wegen Teilnahme an einem öffentlichen Unfug pensioniert. Denn die deutsche Republik gibt dem Kaiser, was des Kaisers ist.

Nun war die Menge in die Trauerhalle gelangt. Der Zug stockte, hielt. Ein schwarz begehrockter Herr trat vor und hielt ein weißes

Blatt in der Hand. Alle Köpfe entblößten sich. Alfred Holzbock stand mit völlig kahler Platte da; seine Haare waren im Zylinder verblieben. Und der Redner sprach:

«Geehrte Trauerversammlung! Wir stehen am Grabe von Kaspar Theobald Peter Kurt Ignaz Wrobel. Ein schwerer Schlag hat ihn und uns getroffen. Der Entschlafene wurde geboren am 9. Januar 1890 in Podejuch bei Stettin und besuchte dortselbst bis zu seiner endgültigen Pubertät die Fürsorgeanstalt für geistig zurückgebliebene, aber uneheliche Kinder; im Jahre 1908 wurde er in die Schule für eheliche Kinder versetzt. Nachdem ihm zugleich mit General Mackensen das Doktorat einer deutschen Universität für den Wiederbeschaffungspreis von 350 Mark verliehen worden war, trug er einen vom damaligen Kaiser entliehenen Rock und bekleidete denselben vom Jahre 1915—1918. Nach siegreicher Durchdringung Rumäniens trat der Verblichene in eine Berliner Zeitungsredaktion ein, woselbst er durch rasche Verjagung der zahlungsfähigen Inserenten und Abonnenten bald eine beliebte Persönlichkeit wurde. Als nur noch der Chefredakteur und er das von ihm redigierte Blatt lasen, wurde er Stellungsloser und bezog von der Stadt Berlin eine Rente.

Geehrte Trauerversammlung! Der Verstorbene ist ein glücklicher Mensch gewesen. Das Leben in diesem sonnigen Lande war ihm stets eine Freude, und zauberte dasselbe ewiges Lächeln auf seine reichlichen Züge. Er hat die Stille geliebt und die Unabhängigkeit: wollte er Unabhängigkeit, so ging er spaßeshalber zur U. S. P. D., und wollte er Stille, so ging er zur Deutschen Demokratischen Partei.

Er hat ein schönes Dasein gehabt. Er hat alle Frauen bekommen, die er begehrt hat — und er hat aus Vorsicht nur die begehrt, die er bekommen konnte. Stets in der Lage, seine Neurasthenie für weisen Verzicht auszugeben, war er immer bereit, um eine Arbeit zu ersparen, mehr Arbeit aufzuwenden, als die Arbeit selbst gekostet hätte. Er war Misaut von reinstem Wasser.» (Hier murrte die Zuhörerschaft und verbat sich antisemitische Äußerungen. Aber der Redner fuhr fort.)

«Er interessierte sich für die verschlungenen Fäden der deutschen Justiz — diese Knoten von deutschen Richtern aufgelöst zu sehen, war ihm immer eine schöne Freude. Wie liebte er das muntere Völkchen der freien Künstler, diese unordentlichen Bürger! Wie liebte er die Geschäftsleute, die sich den Künstler heranholten und tief beleidigt waren, wenn er etwa seine Individualität nun auch bei ihnen adhibierte!

Stets ist es ihm gelungen, in der ‹Weltbühne› durch die Grazie seines Stils über die Hohlheit seines Kopfes hinwegzutäuschen! Er hat durchgehalten. Er glaubte an keinen Zusammenbruch. Er sah, daß die Pazifisten zumeist beleidigter Landsturm ohne Waffen waren — und er sah, wie der altdeutsch angestrichene Apparat nur funktionierte, wenn er sich mausig machen konnte.

Und weil die meisten Erfolge auf Mißverständnissen beruhen, so darf gesagt werden: Er hat viel Erfolg gehabt. Und aus diesem Paradeis mußte er hinfort, aus diesem schönen Lande scheiden! Wie wird er es ohne Deutschland da drüben aushalten? Ohne diese Nation von Biertrinkern, Diensttuenden, Diensthabenden und Dienstmännern?

Unser Leben währet, wenn es hochkommt, siebenzig Jahre — und was das angeht, so ist ihm immer nach achtzig zumute gewesen. Wir, die wir nacheinander und unbeirrbar an Kaiser und Vaterland, an Sozialistengesetz und Lex Heinze, an Kriegsanleihe und Ruhrabwehrkampf geglaubt haben — siehe, wir stehen da und grüßen dich! Ich spreche für alle und rufe ich dir ins Grab nach, Ignaz Wrobel:

Glückliche Reise —!»

Der Redner schwieg. Leise spielte der Wind mit den abgeschabten Rockschößen der Pressevertreter, die da auf dem Rasen standen: rechts die besseren Herren, links einige Kommunisten, die am liebsten links von sich selbst gestanden hätten — und auf dem goldenen Mittelweg, wohin er gehörte: Friedrich Stampfer.

Sie hoben den Sarg und trugen ihn hinaus. «Von Erde bist du», sprach einer und warf die drei Handvoll nach unten. Die Schollen verhielten sich vorschriftsmäßig: sie polterten dumpf.

Über und über mit Kränzen bedeckt war der Boden. Atlasschleifen lugten aus dem Grün hervor; Journalisten notierten sich die Inschriften:

«Seinem Ehrenmitglied der Verband Berliner Absteigevermieterinnen.» — «Dies war mein lieber Sohn, an welchem ich Wohlgefallen habe. Jes. Sir. 42, 1. Gustav Noske.» — «1000 Tränen! abzüglich 20 Prozent Freiexemplare gleich 650 Tränen vergießt der Drei-Masken-Verlag.» So lagen da viele schöne Kränze.

Das Trauergefolge zerstreute sich. Die Nazis gingen in ihren Klub, wo sie beim Spielverbot neuen Operetten- und Filmstoff aus dem Begräbnis schöpften; Georg Bernhard organisierte in einer Ecke eine Tarifvereinigung der Totengräber; die jungen Mädchen hielten die von Mama gemopsten Spitzentaschentücher vor die Augen und fuhren dahin, sich wiederum verführen zu lassen; und Pallenberg, Massary, Jannings und Holl — nicht ungefilmt gingen sie davon.

Noch einmal trat Claire Waldoff an die Grube, sah hinunter und sagte mit heiserer Kehle: «Komm ruff!» Und trat ab, um aufzutreten.

Der Friedhof war leer. Der freundliche Schein der Sonne fiel auf den granitenen Grabstein, mit dem sich der gute Ignaz Wrobel rechtzeitig eingedeckt hatte. In silbernen Buchstaben stand da zu lesen:

HIER RUHT EIN GOLDENES HERZ
UND EINE EISERNE SCHNAUZE
GUTE NACHT —!

Ignaz Wrobel (1923)

INHALT

Kurt Tucholsky

Kurt Tucholsky, 1890 in Berlin geboren, war einer der bestbekannten, bestgehaßten und bestbezahlten Publizisten der Weimarer Republik. «Tuchos» bissige Satiren, heitere Gedichte, ätzend-scharfe Polemiken erschienen unter seinen Pseudonymen Ignaz Wrobel, Peter Panter, Theobald Tiger oder Kaspar Hauser vor allem in der «Weltbühne» – nicht zu vergessen seine zauberhaften Liebesgeschichten *Schloß Gripsholm* und *Rheinsberg*. Er haßte die Dumpfheit der deutschen Beamten, Soldaten, Politiker und besonders der deutschen Richter, und litt zugleich an ihr. Immer häufiger fuhr er nach Paris, um sich «von Deutschland auszuruhen», seit 1929 lebte er vornehmlich in Schweden. Die Nazis verbrannten seine Bücher und entzogen ihm die Staatsbürgerschaft. «Die Welt», schrieb Tucholsky, «für die wir gearbeitet haben und der wir angehören, existiert nicht mehr.» Am 21. Dezember 1935 nahm er sich in Schweden das Leben.

Wenn die Igel in der Abendstunde *Gedichte, Lieder und Chansons* (rororo 5658)

Deutschland, Deutschland über alles (rororo 4611)

Sprache ist eine Waffe *Sprachglossen* (rororo 12490)

Rheinsberg *Ein Bilderbuch für Verliebte und anderes* (rororo 261)

KURT TUCHOLSKY
PANTER, TIGER & CO.

Panter, Tiger & Co. *Eine Auswahl aus seinen Schriften und Gedichten* (rororo 131)

Schloß Gripsholm *Eine Sommergeschichte* (rororo 4)

Die Q-Tagebücher 1934 – 1935 (rororo 5604)

Briefe aus dem Schweigen 1932 – 1935 (rororo 5410)

Unser ungelebtes Leben *Briefe an Mary* (rororo 12752)

Gesammelte Werke *10 Taschenbücher in einer Kassette* (rororo 29011)

Ein vollständiges Verzeichnis der Bücher und Taschenbücher Tucholskys finden Sie in der Rowohlt Revue – jedes Vierteljahr neu und kostenlos in Ihrer Buchhandlung.

rororo Literatur

Zahlreiche literarische Essays sind von **Fritz J. Raddatz**, zweifellos einer der wichtigsten Literaturkritiker unserer Zeit und Herausgeber der Werke Kurt Tucholskys, bereits im Rowohlt Taschenbuch Verlag erschienen. Mit der Erzählung «Kuhauge» gab er sein Debüt als Schriftsteller.

Kuhauge *Erzählung*
(rororo 12550)
«Diese Erzählung ist ein sinnliches Erlebnis, vom ersten bis zum letzten Satz.»
Bonner Generalanzeiger

Geist und Macht *Essays 1*
(rororo sachbuch 8551)

Eros und Tod *Essays 2*
(rororo sachbuch 8550)

Revolte und Melancholie
Essays 3
(rororo sachbuch 8552)

Unterwegs *Literarische Reiseessays*
(rororo sachbuch 9103)

Zur deutschen Literatur der Zeit 1
Traditionen und Tendenzen
(rororo sachbuch 8447)

Zur deutschen Literatur der Zeit 2
Die Nachgeborenen
(rororo sachbuch 8448)

Zur deutschen Literatur der Zeit 3
Eine dritte deutsche Literatur
(rororo sachbuch 8449)

Heine *Ein deutsches Märchen*
(rororo sachbuch 8353)

Karl Marx *Der Mensch und seine Lehre*
(rororo sachbuch 8324)

Mohr an General *Marx und Engels in ihren Briefen*
(rororo 8325)

Im Rowohlt Verlag sind von Fritz J. Raddatz außerdem lieferbar:

Lügner von Beruf *Auf den Spuren William Faulkners*
128 Seiten. Gebunden.

Pyrenäenreise im Herbst *Auf den Spuren Kurt Tucholskys*
128 Seiten. Gebunden.

Die Wirklichkeit der tropischen Mythen *Auf den Spuren von Gabriel García Márquez in Kolumbien*
160 Seiten. Gebunden.

Tucholsky – Ein Pseudonym
Essay
160 Seiten. Gebunden.

Der Wolkentrinker *Roman*
240 Seiten. Gebunden.

Die Abtreibung *Roman*
256 Seiten. Gebunden.

Ernest Hemingway, 1899 in Oak Park, Illinois, geboren, setzte sich früh in den Kopf, Journalist und Schriftsteller zu werden. Als Korrespondent für den «Toronto Star» arbeitete er in Paris, wurde des «verdammten Zeitungszeugs» überdrüssig und begann, Kurzgeschichten zu schreiben. 1929 erschien *In einem andern Land* und wurde ein durchschlagender Erfolg. Hemingway reiste durch Spanien, unternahm Jagdexpeditionen nach Afrika, wurde Kriegsberichterstatter im Spanischen Bürgerkrieg. 1954 erhielt er den Nobelpreis für Literatur. Sein selbstgeschaffener Mythos vom «Papa», seine Krankheiten und Depressionen machten ihn schließlich unfähig zu schreiben. Am 2. Juli 1961 nahm er sich das Leben.

Von Ernest Hemingway sind u. a. lieferbar:

Gesammelte Werke *10 Bände in einer Kassette*
(rororo 31012)

Der Abend vor der Schlacht
Stories aus dem Spanischen Bürgerkrieg
(rororo 5173)

Der alte Mann und das Meer
(rororo 328)

Fiesta *Roman*
(rororo 5)

Der Garten Eden Roman
(rororo 12801)

Die grünen Hügel Afrikas
(rororo 647)

In einem andern Land *Roman*
(rororo 216)

Reportagen 1920 – 1924
(rororo 2700)

Schnee auf dem Kilimandscharo
6 stories
(rororo 413)

Im Rowohlt Verlag sind außerdem erschienen:

Gesammelte Werke
Deutsch von A. Horschitz-Horst, P. Baudisch, E. Schnabel u. a.
Kassette mit 6 Bänden. Gebunden.

Ausgewählte Briefe 1917 – 1961
Deutsch von W. Schmitz
640 Seiten. Gebunden

Die Stories
Deutsch von A. Horschitz-Horst
500 Seiten. Gebunden

Sämtliche lieferbaren Titel von Ernest Hemingway finden Sie in der *Rowohlt Revue* – vierteljährlich neu und kostenlos in Ihrer Buchhandlung.